ANDRI SNÆR MAGNASON

LOVESTAR

ROMAN

Traduit de l'islandais
par Éric Boury

Ce livre a été traduit avec le soutien de :

MIÐSTÖÐ ÍSLENSKRA BÓKMENNTA
ICELANDIC LITERATURE CENTER

LOVESTAR

« Quand la plante sent venue son heure ultime, elle convoque ses dernières réserves pour les concentrer en une graine minuscule qu'elle libère juste avant de se flétrir. Il subsiste alors un espoir qu'elle survive par-delà la mort. »

(Manuel d'initiation à la botanique)

GRAINE

Graine devient arbre devient forêt devient tapis vert
    comme la moquette.
Œuf devient oiseau devient oiseaux emplissant l'air
    comme les nuages.
Œuf devient ventre arrondi devient homme devient
    humanité, fabrique des voitures, écrit des livres,
    bâtit des demeures, pose de la moquette, plante des
    forêts et peint des tableaux de nuages et d'oiseaux.
Au commencement toute chose était dans l'œuf et
    dans la graine.
La forêt. les oiseaux. l'humanité.
L'œuf humain ne pèse pas lourd mais le premier œuf
    de l'homme contenait en germe tout ce qui advint
    ensuite :
l'amour, la joie, la haine, le malheur, l'art, la science
    et l'espoir.
Au commencement était la graine et rien d'autre.
toute chose fut engendrée à partir de cette graine.

L'homme pouvait tout créer sauf la vie.
C'était scientifiquement prouvé.
Il avait le pouvoir d'éradiquer la vie, de la détruire,
    de la modifier,

il pouvait la préserver, la multiplier, la susciter à partir
   du vivant
mais il ne pouvait pas la créer non plus que la graine.
Voilà pourquoi rien n'est plus précieux qu'une graine.

Un homme était assis dans un avion au-dessus de
   l'Atlantique au triple de la vitesse du son.
Il avait trouvé une graine.
Qui reposait dans la paume de sa main.
S'il arrivait quoi que soit à cette graine, tout espoir
   s'éteindrait.
Il savait pourtant tout espoir éteint quoi qu'il en soit.
Dans quatre heures, il serait mort.

LA STERNE ARCTIQUE

Lorsque les sternes arctiques ne retrouvèrent plus le chemin qui les menait chez elles, mais apparurent comme des nuages d'orage au-dessus du centre de Paris et vinrent piailler à la tête des passants, bien des gens crurent que la fin du monde approchait et qu'il s'agissait là de la première catastrophe d'une longue série. Les Parisiens se mirent à entasser des boîtes de conserve, à faire des réserves d'eau en attendant l'invasion des sauterelles, les sécheresses, les inondations ou les tremblements de terre mais rien ne se produisit, tout du moins, pas à Paris. Les sternes colonisèrent les parcs publics, les terre-pleins des ronds-points, défendant âprement leurs nouveaux territoires. Les habitants s'habituèrent bientôt à ces belliqueuses créatures, et une fois munies d'un sac de sardines et d'épinoches pour assouvir la faim des oiseaux, les personnes âgées pouvaient en toute tranquillité s'asseoir sur les bancs publics.

Les sternes cessèrent de migrer d'un hémisphère à l'autre. Les nuits claires de l'été arctique se virent privées de leurs cris et de leur clameur, il en alla de même pour les nuits de l'été antarctique. Leur sens inné de l'orientation était perturbé. Leur boussole interne leur confirmait que la latitude était exacte, qu'elles étaient au bon endroit, au nord du cercle polaire arctique, la ville avait donc dû se construire pendant leur séjour dans l'hémisphère Sud. Les sternes les plus âgées étaient de méchante humeur et totalement désorientées mais les premières générations d'oiseaux nés en ville ne connaissaient rien d'autre que le brouhaha de la circulation et de la foule. La sterne devint bientôt l'emblème de Paris. Les touristes pouvaient acquérir des cartes postales représentant une tour Eiffel blanchie d'oiseaux tandis que les commerçants s'employaient à leur fourguer des sachets de poissons exotiques. Les sternes s'en accommodaient parfaitement et, même si elles n'avaient aucun prédateur, l'équilibre de la nature était pour ainsi dire préservé.

Quelques mois plus tard, les mouches à miel envahirent Chicago. La ville se mit à grouiller d'insectes, comme si elle avait été enduite de miel. Et pourtant, c'est à peine s'il y poussait quelques arbres et quelques fleurs. Malgré ça, les insectes affluaient. Les images satellite montraient une dépression noirâtre au-dessus de la métropole, un tourbillon gris qui partait du centre complètement noir et tournait dans le sens inverse des aiguilles d'une montre. Les mouches à miel piquaient, bourdonnaient et rendaient les gens fous. Le seul recours étant le poison, des canadairs déversèrent des tonnes d'insecticide, sans faire cesser le fléau. On poursuivit les largages jusqu'à ce que les derniers habitants abandonnent définitivement les lieux. Les rues étaient tapissées d'une couche de mouches mortes, épaisse de cinquante centimètres. Les insectes continuaient toutefois d'affluer, des graines et du pollen accrochés à leurs pattes. Bientôt, des fleurs germèrent dans chaque interstice, plongeant leurs racines dans les mouches défuntes. La végétation escalada les parois des gratte-ciel et recouvrit les rues, les plus grands immeubles de verre se transformèrent en serres, chaudes et humides, pleines de reptiles, d'insectes et de plantes tropicales qui s'échappaient de façon anarchique de leurs pots pendant que d'autres bâtiments se transformaient en ruches géantes, débordant de miel qui ruisselait sur les murs, inondait les rues et coulait jusque dans les égouts. Ayant perçu l'odeur depuis l'Alaska, des grizzlis vinrent lécher les bâtiments. Les oiseaux papillonnaient de fleur en fleur pendant que les plus démunis mettaient leur vie en péril en s'enfonçant dans la ville en quête de miel et d'objets de valeur.

Au centre de la métropole s'était formé un étang ambré constitué du miel qui avait ruisselé à travers les étages de la plupart des bâtiments, coulant ensuite sur les rues, les places et nappant la ville. En chemin, il s'était gorgé de tous les parfums et substances imaginables et ceux qui désiraient s'offrir l'expérience de sensations étranges tartinaient ce miel sur du pain : ainsi, le monde et le temps lui-même devenaient dorés, épais et doux comme du miel. À première vue, il était simple d'accéder à l'étang par un tapis infini de fleurs sauvages.

Ces dernières toutefois poussaient à la surface d'une fine couche d'humus surmontant quelque vingt mètres d'un miel poisseux qui conservait les aventuriers comme du formol. Ceux qui entreprenaient le voyage en revenaient rarement mais, quand tel était le cas, il suffisait qu'ils rapportent une seule cruche du miel doré pour que leur prospérité soit assurée jusqu'à la fin de leurs jours. On voyait ainsi quotidiennement des jeunes gens se barder de carafes et de bouteilles jusqu'à ce qu'il fût à peine possible de distinguer une vague silhouette humaine ou un visage distordu derrière l'épaisse gangue de verre. Les cruches cliquetaient dès qu'ils se mettaient en route et à chacun de leurs pas dans les rues gluantes. Au bout d'une semaine, on pouvait encore les joindre. Leurs mères envoyaient dans les airs des cerfs-volants auxquels elles accrochaient des sandwichs et des bouteilles de lait jusqu'à ce qu'ils soient finalement hors de portée. Ils devaient ensuite se débrouiller seuls, sans pouvoir se réfugier dans les maisons ou les bâtiments qui n'abritaient que les alvéoles et les nids des insectes. Ni s'enfuir quand un ours ou un essaim d'abeilles tueuses les repérait. Alors qu'un homme normalement constitué avançait à une vitesse maximale de dix mètres à l'heure, les ours en parcouraient vingt. La partie de chasse était aussi lente que terrifiante. Nul besoin cependant d'un ours ou d'un essaim mortel pour amener ces infortunés face à leur destin, la plupart mouraient de faim ou de troubles gastriques après s'être immergés jusqu'aux épaules et alimentés exclusivement de miel, de fleurs et de vers tout un mois durant.

Peu de temps après que les mouches à miel eurent colonisé Chicago, les papillons monarques furent saisis d'un étrange comportement. De mémoire d'homme, ils traversaient chaque année l'Amérique, formant d'immenses essaims pour se rendre au Mexique où ils hibernaient. La Forêt du sommeil était rouge des papillons qui couvraient chaque tronc, chaque branche, chaque feuille et, dans l'esprit de la plupart des gens, c'était un lieu sacré qu'il fallait absolument préserver. Arriva un automne où les monarques dérogèrent à cette habitude et prirent leur envol dans la direction opposée. Au lieu d'aller vers le sud rejoindre leurs quartiers d'hiver, ils se dirigèrent vers le nord. Les hommes tentèrent de modifier leur trajectoire en usant de ventilateurs géants ou de filets ; on les captura à l'aide d'hélicoptères pour les emmener de force vers la Forêt des papillons. Mais leur boussole interne leur commandait de voler vers le nord et c'est ce qu'ils firent dès qu'ils furent relâchés. Ils prirent la direction du pôle Nord autour duquel ils tournoyèrent jusqu'à geler en l'air, puis tomber comme une averse de neige. Ils continuèrent de voler vers le nord jusqu'à ce que la calotte glaciaire devienne rouge de papillons. Depuis l'espace, on aurait dit que la Terre était désormais coiffée d'un bonnet rouge. Les ours polaires qui avaient passé dix mille ans à mettre au point leur camouflage se repéraient maintenant facilement à cent kilomètres de distance. Lorsque les géants blancs se dépla-çaient sur le tapis maculé de papillons, les phoques bâillaient avant d'aller se mettre tranquillement à couvert. Les ours, qui n'avaient pas dix mille ans devant eux pour devenir orangés, mouraient de faim. Ils apprirent cependant bien vite à se rouler sur le tapis de papillons, la fourrure mouillée et, avec suffisamment d'insectes gelés sur leur pelage, ils redevenaient invisibles. Leurs traces de pas demeuraient certes blanches mais les phoques ne montraient aucune méfiance envers des traces blanches avançant à grande vitesse bien que celles-ci eussent des crocs parfaitement aiguisés.

On soupçonna bientôt l'origine de tous ces phénomènes : l'atmosphère était tellement saturée d'ondes, de messages, d'émissions et de champs magnétiques que les animaux y lisaient toutes sortes d'absurdités. Le jour où quatre avions gros porteurs atterrirent pile à sept kilomètres du lieu prévu sur leur plan de vol, on commença à chercher sérieusement un moyen de remplacer toutes ces ondes. Le papillon monarque qui pesait moins de dix grammes était capable de retrouver un itinéraire long de mille kilomètres sans l'aide d'un satellite. La sterne quittait son nid et volait depuis la plaine de Melrakkaslétta jusqu'à sa falaise favorite à l'est du Cap en Afrique du Sud en n'écoutant rien d'autre que son intuition. Des créatures dotées d'un cerveau de la taille d'une noix, d'une graine ou d'un grain de poussière possédaient cette capacité alors que l'homme, avec sa lourde tête, avait besoin de dix-huit satellites, de récepteurs, de radars, de cartes, de boussoles, de stations de télégraphe, de vingt années d'études et d'une atmosphère tellement saturée d'ondes qu'elle en avait perdu toute transparence.

Nul ne fut à même de prouver que les ondes avaient des effets néfastes sur l'être humain, mais bien des gens persistèrent à le croire. Le reste importait peu et voilà pourquoi une étrange industrie se mit à fleurir sur le thème de la protection contre les ondes. Les gens devenaient craintifs et paranoïaques. Le monde était radioactif. Tous ceux qui tombaient malades, qu'ils souffrent d'une leucémie ou d'un simple rhume, mettaient le problème sur le compte de ces rayonnements. Chaque semaine, on intentait des procès contre de célèbres chaînes de télévision ou des stations de radio à cause des problèmes multiples et de la pollution générés par les ondes. « Mets ton bonnet ! ordonnaient les mères de famille, cela te protègera des ondes, sans quoi tes cheveux vont s'électriser et t'enlever toute ton énergie vitale ! » « Enfile donc tes gants, mon garçon ! Les doigts nus fonctionnent comme des antennes qui attirent les ondes. » « Mets une pierre dans ta poche gauche et une petite bouteille d'eau dans la droite. Ça équilibre les flux d'énergie. »

Appeler plus que de raison un ami sur son téléphone portable éveillait les soupçons :

— Salut, qu'est-ce que tu racontes ?

— Tout va bien. Tu as quelque chose de spécial à me dire ?

— Non, j'avais juste envie d'avoir de tes nouvelles.

— *(Froidement :)* Ouais ! *(Tiens, tiens ! Elle essaie de m'assassiner, cette saleté !)*

Tous les jours, les membres les plus radicaux de groupuscules extrémistes faisaient sauter des émetteurs et des tours de radio tandis que les médias essayaient généralement d'étouffer l'événement afin d'endiguer l'épidémie. C'était surtout la presse écrite qui faisait ses choux gras de ces nouvelles, du reste les ventes augmentaient à proportion du nombre de bâtiments touchés par les explosions.

Face à la bêtise de la population, les savants hochaient tristement la tête. Il n'avait jamais été prouvé que les ondes eussent le moindre effet sur la santé, déclaraient les médecins. Quant aux scientifiques sérieux, ils refusaient de se laisser entraîner sur un terrain réservé aux hurluberlus.

Dans un hangar désaffecté de l'aéroport de Reykjavík s'était en revanche réuni un groupe international constitué d'ornithologues, de spécialistes en aérodynamique et en chimie organique qui s'était fixé pour objectif de se pencher d'un peu plus près sur les ondes. Jour et nuit, ils travaillaient à disséquer et analyser des sternes, des colombes, des frelons, des saumons et des papillons monarques. Animés d'une foi inébranlable, ils avaient la certitude qu'il était possible de découvrir le secret régissant le sens de l'orientation. L'entreprise avait été baptisée LoveStar. C'est également sous ce nom qu'on connaissait son directeur. Aucune précision ne fut communiquée sur le choix de cette dénomination. Bientôt, la plupart des gens, n'espérant plus obtenir la moindre explication logique, considérèrent que les employés de LoveStar étaient passablement dérangés. Quand des journalistes venaient les interroger sur leurs recherches auxquelles ils ne voulaient surtout pas que le monde extérieur s'intéresse de trop près, ils se comportaient comme des fous ou des autistes. Conformément aux ordres de LoveStar, seuls des véhicules de plus de neuf ans stationnaient devant le hangar : « Au bout de neuf ans, une Toyota devient invisible. »

Les chercheurs du laboratoire se demandaient comment un banc de poissons pouvait se retourner d'un seul coup, chaque individu à la même fraction de seconde, comme s'ils ne formaient qu'un seul corps et sans qu'il fût possible de déceler le moindre signal propagé à toute vitesse entre eux. Comment un groupe d'oiseaux pouvait-il voler en parfaite cadence, apparemment guidé par un seul et même esprit ?

À l'époque des inventions, les problèmes étaient généralement résolus en faisant réfléchir un nombre adéquat de gens suffisamment longtemps. Ce n'était pas plus compliqué que cela. Un premier homme cassait une pierre, un second cassait la pierre cassée par le premier et ainsi de suite jusqu'à ce qu'on découvre l'atome. Et personne ne cria sur les toits le nom de celui qui avait accompli la fission de l'atome.

LoveStar avait mis au point des instruments de mesure sophistiqués capables de percevoir des phénomènes si infimes qu'ils confinaient à ce que l'on aurait autrefois considéré comme relevant du surnaturel. Voilà ce qui faisait la force de l'entreprise. Le slogan du département de recherche était

simple : « Tout est matière. » Il existe des phénomènes complexes, des phénomènes étranges, des
phénomènes difficiles à cerner et des choses inex-
pliquées. L'imagination existe mais pas le surnaturel, et rien n'est impossible. Le groupe était animé
d'une conviction profonde : les ondes des oiseaux
n'avaient rien d'imaginaire ni de surnaturel.

Il fallut peu de temps aux experts de LoveStar pour
être sur la bonne voie. Ils découvrirent le moyen
de transmettre des sons, des images et des signaux
entre les hommes grâce aux ondes des oiseaux,
lesquelles étaient faibles et inoffensives. Les appareils destinés à les capter étaient aussi légers que
le cerveau d'un papillon.

Alors que la plupart des entreprises étaient dotées
de services de communication qui s'efforçaient de
les placer sur les marchés, de faire monter leur
cours en bourse et de gagner la confiance des
investisseurs par des effets d'annonce, LoveStar
avait opté pour la stratégie opposée. Il s'employait
consciemment à pratiquer l'anti-promotion. Dans
le récit à usage interne de l'histoire de l'entreprise,
les Hommes-oiseaux d'Andreas Vollmer, on pouvait
lire le passage suivant à propos de l'anti-promotion :

> LoveStar détenait la majorité des parts de l'entre-
> prise et trinquait avec ses employés chaque fois
> qu'il était question de la non-valeur des actions au
> marché noir. Pendant les réunions et les interviews,
> tous s'exprimaient dans un charabia incompréhen-
> sible et on ne trouvait dans leurs discours pas la
> moindre trace de rationalité ou d'optimisme quant
> au futur. Les journalistes ne furent autorisés qu'une

unique fois à pénétrer dans le hangar à avions avant que les découvertes de l'entreprise ne soient rendues publiques. Elena Krüskemper, correspondante du *Spiegel*, en faisait partie. Elle décrivit la visite en ces termes dans ses mémoires : LoveStar exigea que le groupe soit constitué de journalistes des plus grands médias de la planète. Il nous accueillit en personne, c'était un homme de haute taille, svelte, avec un regard perçant. Alors que je m'apprêtais à le saluer, je remarquai quelque chose dans ses mains. Il s'excusa en m'expliquant qu'il préparait le repas de midi. Nous vîmes alors un macareux vivant pointer son bec entre ses mains refermées. Il saisit la tête de l'oiseau et lui fit effectuer plusieurs tours pendant que le macareux tentait de résister et de le pincer au pouce. Ils ont la peau dure, commenta-t-il en voyant la tête que nous faisions, parfois, il faut faire dix tours. Il reposa le macareux sans vie et tendit la main, elle était souillée par les déjections de l'oiseau qui avait déféqué dans les affres de la mort. Certains avaient envie de poser des questions mais LoveStar tenait à ce qu'on visite d'abord l'entreprise.

Il ouvrit la porte de la salle principale en murmurant : Faites attention à ne pas énerver le personnel. Il nous accompagna dans un inquiétant espace aux murs presque entièrement tapissés de plumes. Perdant subitement son assurance, il chuchota nerveusement à ses employés : Ne vous inquiétez pas, ils se contenteront de vous observer. Une journaliste du *New York Times* se dirigea vers un homme aux cheveux roux couché sur une table, et qui dissimulait quelque chose sous sa poitrine. Elle lui demanda ce qu'il cachait là. Il ne comprend pas l'anglais, répondit LoveStar à sa place, mais Guðjón est un

brillant physicien. Il ne sursaute pas, même quand on lui donne une tape. LoveStar tapotait la tête de l'homme à qui cela ne semblait ni plaire ni déplaire. Il se retourna brusquement vers nous et déclara, l'air sévère : Il faut que vous fassiez attention. Tous mes salariés ne sont pas aussi doués et calmes que lui et surtout, ne touchez à rien. La journaliste du *New York Times* afficha une expression méprisante et se dirigea vers la table voisine sur laquelle reposait un petit œuf. Elle allait le prendre quand LoveStar s'écria : C'est l'œuf de Jamaguchi ! La journaliste le regarda sans comprendre mais le directeur hurla, encore plus fort : Attention !! Et avant même que nous nous en rendîmes compte, une petite fille japonaise avait traversé la salle en courant et sauté sur la table. Elle émit un hurlement et frappa la femme à la tête avec un crayon à papier. Une vague d'agitation secoua les employés, mais LoveStar les réprimanda dans un islandais incompréhensible. La journaliste s'enfuit en courant vers le sas d'entrée, donnant des coups de pied et de poing dans la porte blindée. Quand LoveStar la rejoignit, elle ressemblait à un animal tout recroquevillé. Il tenta de la calmer, elle se touchait la tête et regardait son doigt ensanglanté : Du sang ! Elle m'a blessée jusqu'au sang ! Vous allez me le payer !
– Allons, allons, répondit LoveStar, ce n'est pas la première fois que cela arrive à un journaliste. Il ouvrit la porte et la femme disparut dans les brumes. Nous avions dérivé jusqu'à un coin du hangar. LoveStar essayait de nous montrer chaque chose sous un jour avantageux. Se retournant à nouveau vers nous, il nous présenta ses excuses : J'espère que cet événement n'entachera pas l'image de notre entreprise. Vous avez des questions ?

Les Hommes-oiseaux, pages 233-234.

Comme il fallait s'y attendre, la vengeance des journalistes fut cruelle. Les vedettes de cinéma prirent la défense du macareux et les investisseurs du monde entier se retirèrent des recherches sur les oiseaux et les papillons. Les milliardaires refusèrent de financer les universités engagées dans ces domaines et les conseillers en image enjoignirent aux hommes politiques de ne pas s'acoquiner avec des oiseaux rares. LoveStar embaucha ceux qui se voyaient privés de leurs bourses de recherche.

Tout cela concordait parfaitement avec ses projets. Contre toute attente, les ondes des oiseaux avaient ouvert un champ inexploré et grandiose qui finirait par libérer les mains de l'humanité et rendre définitivement inutiles les canalisations en cuivre, la fibre optique, les satellites et les générateurs de micro-ondes. En quelques années, les découvertes du département d'Étude des oiseaux et papillons transformèrent le monde. On peut affirmer que les ondes des oiseaux ont permis un grand pas dans l'évolution de l'humanité. Ce fut l'avènement de « l'homme sans fil », doté d'un sens de l'orientation plus développé que le labbe parasite et plus libre que le papillon monarque.

Lorsque l'industrie du satellite fit faillite, le nom de baptême de l'entreprise trouva rapidement une explication. Il était à l'image de la carrière de LoveStar où cause et conséquence n'apparaissaient pas toujours dans l'ordre logique. LoveStar persuada un astronaute chinois d'assembler un grand nombre de satellites afin de les faire clignoter comme une étoile au-dessus des Hraundrangar, les aiguilles de lave de la vallée d'Öxnadalur. D'où le nom : LoveStar.

Ce fut lui qui offrit à la nation la gigantesque statue de la Liberté à l'effigie de Jón Sgurðsson. Elle enjambait le port, c'était la plus grande au monde et elle présentait une ressemblance suspecte avec LoveStar lui-même. Cinq mille hommes travaillèrent pendant cinq ans à sa construction et d'éternels FLAMBEAUX DE LA LIBERTÉ se consumaient dans ses orbites.

Ce fut également lui qui fit creuser une voûte sous le mont Keilir où Davíð fut embaumé et exposé dans un cercueil de verre pour son dernier repos.

« La pyramide noire au milieu des champs de lave trouve là une fonction à sa hauteur en tant que mausolée de notre grand dirigeant ! » avait-il déclaré à l'inauguration, lorsque les premiers touristes furent autorisés à y pénétrer. Tout cela est évidemment antérieur à la création de LoveMort.

Quarante ans après l'avènement de l'homme sans fil, le quartier général de LoveStar avait depuis longtemps quitté le vieux hangar de l'aéroport de Reykjavík. Il était maintenant enfoui sous les montagnes et les aiguilles de lave du parc d'attractions de LoveStar dans la vallée d'Öxnadalur, dans le nord du pays.

Nombreux furent ceux qui tentèrent de lui mettre des bâtons dans les roues lorsqu'il acheta la vallée d'Öxnadalur. Se souvenant de la statue de la Liberté et de la voûte sous le mont Keilir, les intellectuels conservateurs montèrent sur leurs grands chevaux et tentèrent de faire classer l'ensemble de la vallée.

Je n'en ai pas cru mes oreilles quand j'ai appris le projet du titanesque parc de loisirs que LoveStar prévoit de construire sur le lieu même de la naissance de notre plus grand Poète national. Bien que les caisses de LoveStar semblent d'une profondeur abyssale, j'ai cru, à dire vrai, que c'était une plaisanterie. On s'imagine facilement à quoi cela ressemblera d'ici quelques années. Des hôtels en forme de maisons traditionnelles islandaises avec des faîtages en verre et des néons, des casinos décorés de cœurs en plastique et un jackpot trônant sur le haut des aiguilles de lave des Hraundrangar. Les torrents de montagne seront détournés vers des toboggans aquatiques menant au bas de la vallée et les gens dévaleront les pentes vertigineuses de la montagne en combinaison étanche pour finir en une éclaboussure dans le lac de Hraunsvatn. D'énormes ventilateurs souffleront chaque jour une chaude brise à dix, seize puis à vingt heures pendant que des jeunes filles en costume traditionnel feront un strip-tease en se contorsionnant devant un parterre de jeunes bergers anabolisés, les vaches meugleront, les moutons bêleront et le pluvier sifflera sa chanson. Le Poète et son œuvre se noieront évidemment dans toute cette pacotille…
Extrait du courrier des lecteurs du quotidien
Morgunblaðið.

Les cassandres eurent évidemment tort, comme c'est toujours le cas. Le parc d'attractions de LoveStar

n'abritait ni moutons en plastique, ni fleurs artifi-
cielles, pas plus que des casinos ou des spectacles
pornographiques. On ne venait pas s'y faire coiffer
par un robot de sexe féminin pour un billet de cent
couronnes, pas plus qu'on n'y trouvait de papiers
d'emballage, de détritus, de clichés rebattus ou
attractions bon marché. Les montagnes n'étaient
pas équipées de système anti-froid destiné à faire
fondre la neige en plein hiver tandis qu'une chan-
teuse country entonnait : *Souffle le vent du sud*. Il
n'y poussait pas d'herbe nourrie aux hormones et
on n'y voyait pas non plus de jeunes hommes avec
des barbes de père Noël jouant le rôle de paysans
en pull islandais. Le parc d'attractions de LoveStar
n'avait nul besoin de ces stratagèmes car il reposait
sur un pur *concept*. Et, bien que le Poète sombrât
finalement dans l'oubli, son image ne s'était pas perdue parmi les papiers d'emballage, mais simplement
délavée par comparaison avec le reste du concept.
La force d'attraction du parc résidait non seulement
dans l'amour mais aussi dans la mort, car sans la
mort, l'amour n'est que toc. Sans la mort, Roméo
et Juliette, tout comme Tristan et Iseult, auraient été
réduits à des mélodrames plastifiés.

En surface, le paysage était demeuré tel qu'il
était depuis mille ans. Le pluvier doré chantait,
la renarde glapissait, le corbeau croassait et le
berger guidait ses ouailles. De la fumée montait
d'une ferme en tourbe et un paysan barbu laissait
échapper quelques jurons. C'était un paysan pour
de vrai, il occupait sa ferme avec sa femme, ses

enfants et ses bêtes. Dans cette ferme, le plastique n'existait pas, il n'y avait même pas l'électricité. La vallée d'Öxnadalur gardait l'apparence qu'elle avait depuis des siècles, mais ce n'était qu'une écorce et il arrivait parfois qu'une brèche laisse entrevoir aux gens de façon inattendue le monde qui se cachait dans ses entrailles. Parfois, un rocher s'ouvrait et une femme vêtue de bleu venait mettre à sécher des nappes blanches. Parfois, le berger disparaissait dans une anfractuosité pour un rendez-vous amoureux avec une guide touristique, parfois de la fumée s'élevait d'un champ comme si une source chaude bouillonnait sous la surface. C'est qu'il y avait en dessous une cuisine où un chef préparait une bisque de homard. La vallée était une écorce et, comme toujours, les gens s'interrogeaient sur ce qui se cachait derrière les aiguilles rocheuses s'élançant vers le ciel, semblables aux canines d'un grand méchant loup.

Si le berger avait désobéi à son père en s'aventurant dans la rocaille qui surplombait la ferme, s'il avait gravi les pentes parsemées de pissenlits et les plateaux fleuris, escaladé les parois vertigineuses, les éboulis et les amas rocheux pour s'allonger à plat ventre sur l'arête de la montagne et observer de ses yeux le monde de l'autre côté des aiguilles, il n'aurait plus jamais été le même.

Depuis les sommets descendait une muraille de verre scintillante, haute de sept cents mètres, comme si l'on avait coupé la montagne en deux le long de l'arête. Des files de bus attendaient au fond de la vallée, des milliers de gens entraient et sortaient comme des fourmis de l'immense hall d'entrée tout de verre et de pierre polie dont la hauteur sous plafond atteignait six cent quatre-vingts mètres. Parfois des nuages se formaient sous la voûte dans laquelle des fulmars, entrés par les conduits d'aération, planaient en cercle, silencieux, comme des anges immaculés ; le hall d'entrée principal pouvait accueillir cent mille personnes. La pente de la montagne entre la rivière Þverá et les aiguilles des Hraundrangar semblait une coquille couverte de bruyères, mais elle cachait le plus fantastique labyrinthe jamais créé par l'homme, on allait de salle en salle, de voûte en voûte et de chambre en chambre sans jamais ressentir le moindre sentiment de claustrophobie car le panorama sur la vallée d'Öxnadalur, romantique et intacte, était saisissant. Ceux qui avaient vue sur le mur de verre et la vallée de la Hörgá pouvaient contempler les aéronefs noirs qui défilaient dans le ciel. Trois ou quatre dirigeables aussi grands que des bateaux à vapeur flottaient en général au-dessus du glacier de Myrkárjökull. Des caissons de congélation estampillés *LoveMort* (quelques uns portaient toutefois la marque *Maersk*) descendaient vers les chambres froides situées dans le glacier au pied duquel s'étirait une longue file de camions en direction des rampes de lancement de LoveMort qui se dressaient vers le ciel tout en haut de la montagne de Myrkárfjall et du pic de Flöguselshnúkur. À intervalles réguliers, des flashes aveuglants s'échappaient des sommets quand les fusées s'envolaient à travers l'espace, brillantes comme des comètes, laissant derrière elles un panache qui se reflétait sur la muraille de verre où figurait une gigantesque étoile et, gravé en lettres d'or : LoveStar.

Nul n'était autorisé à pénétrer dans la zone protégée d'Öxnadalur sauf les habitants des fermes classées et LoveStar lui-même. Les jours de beau temps, on le voyait parfois arpenter la vallée, vêtu d'un costume blanc, coiffé d'un chapeau, une canne en bois sombre à la main. Un vieux chien noir l'accompagnait, c'était la cinquième version de l'animal. À son passage, les paysans qui occupaient les fermes classées faisaient semblant de ne pas le voir, mais les enfants le regardaient entrer dans la ville de basalte et le prenaient pour Dieu.

Au moment où l'histoire commence, LoveStar est assis à bord de son avion en route vers la vallée d'Öxnadalur. Au creux de sa paume repose une graine. L'atterrissage est prévu dans quatre heures et quinze minutes et il n'a plus que trois heures cinquante à vivre.

L'HOMME MODERNE ET SANS FIL

Indriði Haraldsson appartenait à la catégorie des hommes modernes et sans fil. Lesquels étaient pour ainsi dire débarrassés des fils et des câbles, qu'on avait rebaptisés « chaînes ». Quant aux anciens appareils, on les appelait désormais poids ou fardeaux, ou encore bazar. En les regardant, les gens s'estimaient heureux. Autrefois, disaient certains, nous étions enchaînés à nos fauteuils, empêtrés dans toutes sortes de câbles, loin du chant des oiseaux et des rayons du soleil. Mais c'était à présent une époque révolue. Quand on croisait dans la rue un homme en costume en train de monologuer ou de débiter des indices économiques, il ne fallait surtout pas le prendre pour un demeuré : sans doute discutait-il affaires avec un partenaire invisible. Tel individu assis au bord d'une rivière, et qui semblait se livrer à des exercices de Müller, pouvait être un ingénieur concentré sur la conception d'un pont. Si une femme tranquillement allongée au soleil déclarait de but en blanc vouloir acquérir un quota de pêche de deux tonnes de lieu noir, il n'y avait aucune raison de s'alarmer et quand on entendait un adolescent fredonner une étrange mélodie dans le bus tout en secouant vigoureusement la tête, il ne fallait pas s'imaginer qu'il était atteint d'une forme d'autisme profond, sans doute écoutait-il simplement une radio invisible. Quant à celui qui se mettait à haleter ou souffrait d'une subite érection en un lieu et un moment fort peu appropriés, son nerf optique était peut-être simplement connecté en permanence à des programmes érotiques à moins que son oreille n'ait été branchée sur un service de téléphone rose. Il n'y avait aucune limite à la vulgarité qui se déversait dans la tête constamment connectée de certains individus et on ne pouvait naturellement pas interdire aux gens de se repaître d'obscénités, de violence ou de pollutions de toutes sortes. Dans ce cas, il aurait également fallu bannir toute pensée.

Si une personne à côté de vous demandait à voix haute : « Quelle heure est-il ? » et que vous lui répondiez aussitôt : « Neuf heures et demie », il est probable qu'on vous rétorque alors : « Merci, mais ce n'est pas à vous que je parlais », la réponse ayant déjà été obtenue par le biais d'un interlocuteur aussi invisible qu'absent.

Ainsi, lorsqu'un inconnu semblait désireux d'engager la conversation, il était en général inutile de lui répondre : vous auriez risqué de le déranger.

Indriði Haraldsson appartenant à cette catégorie d'hommes modernes et sans fil, nul n'était en mesure de dire si oui ou non il débloquait. Lorsqu'il monologuait dans la rue, rien ne permettait d'affirmer qu'il n'était pas connecté à un interlocuteur invisible. Quand il riait à gorge déployée, la raison était peut-être la même, ou peut-être écoutait-il une émission comique. Rien n'excluait, par ailleurs, qu'il regarde une comédie sur sa lentille ou encore qu'il soit en train de lire une blague. En réalité, il était impossible de dire ce qui se passait à l'intérieur de son crâne et il n'y avait là rien de foncièrement anormal. S'il descendait la rue au pas de course en criant à tue-tête « La fin du monde est pour demain ! La fin du monde est pour demain ! », la plupart des témoins supposaient qu'il participait à un jeu radiophonique et que ce coup d'éclat lui permettrait de remporter un hamburger. Lorsque, entièrement nu, il avait descendu et remonté sept fois de suite l'Escalator du centre commercial de Kringlan, on avait fait le même genre de déduction : sans doute offrait-on une récompense. Il eût été malaisé de préciser laquelle : il était nu et seuls sa coupe de cheveux, sa corpulence et son âge permettaient de déterminer son groupe cible. Svelte, la peau claire, Indriði avait une pilosité brune peu abondante et des cheveux blonds en bataille. On pouvait en déduire qu'il n'appartenait pas à la cible de cette chaîne de radio fort énergique promouvant la culture physique, les voitures de sport, les colorations capillaires et les salons de bronzage. Il ne portait ni tatouages ni piercings, que ce soit à la lèvre, à l'arcade sourcilière, au front ou au prépuce : par conséquent, il ne se situait pas non plus dans le cœur de cible de la station nihiliste qui diffusait des reprises de rock et de punk entre des pubs pour la bière sur lie, la gnôle artisanale et les cigarettes sans filtre. Nu et ébouriffé, il n'appartenait sans doute à aucun des groupes cibles répertoriés du marché. Peut-être était-ce un artiste en plein happening. Ces gens-là passent leur temps à concocter toutes sortes de performances. L'épreuve de l'escalier roulant valait-elle trois points dans le cours de performance des beaux-arts ? Peut-être faisait-il partie d'un groupe cible isolé et comptant peu de membres. Ces groupes-là étaient légion, mais on s'efforçait en général d'orienter ceux qui les constituaient vers des centres d'intérêt plus banals afin de pouvoir les atteindre plus aisément.

Rien d'anormal non plus à ce qu'Indriði éructe subitement aux oreilles de quelqu'un « Boisson au malt bien frrrrappée ! Boisson au malt bien frrrrappéee !!! » pendant dix longues secondes sans que ses yeux ou son corps en semblent affectés. La raison de ce comportement était toute simple : les annonces publicitaires qu'on lui envoyait arrivaient directement dans les aires langagières de son cerveau. « Boisson au malt bien frrrrappéee !!! » Cela impliquait qu'il était *aboyeur de publicités* ou tout simplement *aboyeur*, comme on les appelait le plus souvent. Dans ce cas, sans doute était-il assez fauché pour se trouver exclu de la plupart des groupes cibles, il était alors vain de lui envoyer des publicités. En revanche, on pouvait se servir de lui pour les transmettre à d'autres personnes : il suffisait de connecter directement les aires langagières de son cerveau aux annonces en utilisant sa bouche comme mégaphone. Croisant la route d'un aboyeur, on pouvait donc s'attendre à de telles déclarations : « BOISSON AU MALT BIEN FRRRAPPÉE ! »

C'était là une méthode plus percutante que les traditionnelles exhortations diffusées à la radio ou par le biais de panneaux publicitaires. Voilà pourquoi, en croisant un homme qui sortait d'un parking, Indriði s'était écrié : « ATTACHEZ VOTRE CEINTURE ET NE ROULEZ PAS TROP VITE ! »

Récemment arrêté pour excès de vitesse et défaut du port de la ceinture, l'homme avait été condamné à écouter, par aboyeurs interposés, deux mille annonces de rééducation dont il payait les frais. Là résidait peut-être l'avantage majeur des technologies nouvelles : elles amélioraient la société.

« AIMEZ VOTRE PROCHAIN ! » s'écriait toutes les demi-heures un homme à la mine patibulaire. Un assassin fraîchement sorti de prison, pensa à juste titre Indriði en faisant un pas sur le côté. Les détenus pouvaient en effet bénéficier d'une remise de peine s'ils acceptaient d'aboyer pour le compte d'associations religieuses ou caritatives.

Les aboyeurs n'étaient pas tous complètement fauchés. Nombre d'entre eux exerçaient cette activité pour obtenir des réductions ou des avantages de toutes sortes et certains ne la pratiquaient que pendant les trois premiers mois de l'année pour financer la dernière mise à jour de leur système d'exploitation sans fil. Sans quoi ils s'exposaient à divers problèmes de communication et à des désagréments lors de leurs transactions commerciales. Les appareils ménagers sans fil et les portes automatiques ne reconnaissaient que la version la plus récente du système. Il en allait de même pour les véhicules dernière génération qui ne ralentissaient pas automatiquement lorsqu'une personne en retard dans ses mises à jour traversait la rue sur leur passage, le piéton avait alors plutôt intérêt à courir vite.

Quand Indriði croisait un groupe d'adolescents, il lui arrivait de s'écrier : « SUPER CHAUSSURES ! QUELLE BRILLANTE IDÉE D'ACHETER D'AUSSI BONNES CHAUSSURES ! »

La tactique en vogue consistait à convaincre le consommateur d'acheter un objet, puis à le féliciter de son acquisition afin d'encourager ce comportement chez les autres. Ainsi, les produits étaient plus rapidement à la mode.

Certaines annonces, constituées d'un seul mot, un slogan ou une expression déconnectée de tout contexte, semblaient totalement incongrues. Ce n'était là que l'amorce d'une campagne plus longue, dite de teasing, dont le but consistait à amener les consommateurs à se triturer sans fin les méninges. Un homme descendant Laugavegur, l'une des rues commerçantes de la ville, pouvait ainsi croiser une vieille dame qui déclarait sans préambule : « DOUCEUR ! »

Un peu plus bas, le même homme entendrait éventuellement un adolescent s'exclamer : « MANIABILITÉ ! »

Et même s'il empruntait une venelle adjacente pour rejoindre la rue Hverfisgata, quelqu'un lui susurrerait immanquablement depuis la fenêtre d'un appartement à l'entresol : « FIABILITÉ ! »

Pour finir, un cycliste descendrait la rue Klap-parstígur à toute vitesse en s'écriant : « Foooord ! Ford ! »

Ces campagnes ne manquaient jamais leur cible et nul ne pouvait y échapper. Tout était calculé au millimètre près : l'annonce correspondait au groupe cible du récepteur, lequel était défini jusque dans ses plus infimes caractéristiques. Le système des aboyeurs était simple, compréhensible et d'un maniement aisé. N'importe qui pouvait y recourir pour une somme modique s'il voulait qu'on lui rappelle quelque chose.

— Vous avez rendez-vous avec le ministre à quinze heures, n'oubliez pas non plus votre anniversaire de mariage !

Les nouveaux venus en ville appréciaient de pouvoir s'offrir les services d'un aboyeur afin d'avoir quelqu'un qui leur dirait bonjour dans la rue ou qui engagerait la conversation avec eux.

— Bien le bonjour Guðmundur, quelle belle journée !

Ainsi, la grande ville n'était plus aussi froide. Les paysans déracinés qui aimaient se réveiller au chant du coq pouvaient demander à leur voisin d'imiter l'animal à six heures du matin pour peu qu'ils aient le privilège d'habiter à proximité d'un aboyeur.

— Cocorico ! Il est l'heure de se réveiller !

Nombre d'hommes d'affaires éprouvaient le besoin d'être constamment encouragés.

— C'est vous le meilleur ! déclarait la femme de ménage.

— Bjarki, décidément, personne ne vous arrête !
affirmait le concierge maussade.

— Vous avez l'air en pleine forme ! complimentait le chauffeur de taxi. Aujourd'hui sera le jour
de votre victoire !

Les passants pouvaient s'attendre à tout de la part
des hommes sans fil, voilà pourquoi personne ne
s'étonna de voir Indriði s'installer dans un café et
y fondre en larmes. Assis dans un coin, il pleurait
sans que personne ne songe à lui demander ce
qui n'allait pas. Sans doute son groupe cible était-il
visé par une semaine dédiée à la tragédie grecque.
Telle était l'explication la plus évidente qui venait à
l'esprit. Mais il pouvait aussi s'agir d'un *traquenard
publicitaire*.

— Pourquoi pleurez-vous ?

— Je meurs d'envie de m'acheter une Honda,
ce sont des voitures tellement fiables et il y a une
promotion incroyable jusqu'à la fin de la semaine.

Ceux qu'on appelait les traquenards publicitaires allaient plus loin que les aboyeurs. Ils ne se
contentaient pas de mettre à disposition les zones
langagières de leur cerveau, mais également de
leurs réactions biologiques et émotionnelles les plus
fondamentales. La méthode était encore inaboutie
d'un point de vue technique et parfois, les traquenards publicitaires n'arrêtaient pas de rire ou de
pleurer pendant des jours et des jours. Évidemment,
on n'obligeait personne à endosser ce rôle, de rire,
pleurer ou uriner dans son pantalon en pleine rue
avant de déclarer à une femme accompagnée d'un
mouflet pleurnichard :

— Et si vous passiez aux Pampers 100 % absorbantes !

Bien des gens se laissaient toutefois convaincre et acceptaient de devenir des traquenards, d'autant que la location des sentiments se négociait à un prix dix fois supérieur à celle des zones langagières. Les traquenards avaient un impact considérable, surtout si on les amenait à faire pipi dans leur culotte ou à se mettre à pleurer comme des petits enfants.

Tout était possible pour l'homme moderne sans fil et constamment connecté, grâce à ses lentilles et son casque invisible. Jamais on ne pouvait, par exemple, circonscrire avec certitude le périmètre précis des activités commerciales. Si Indriði croisait un vieux copain d'école dans une rue fréquentée, rien ne permettait de dire si le camarade en question n'était pas justement en train de l'entreprendre. Après une brève discussion (qui effectivement commençait par les mots « Bonjour Indriði, que puis-je faire pour toi ? »), la conversation s'achevait en général ainsi :

— On dirait que ça se couvre, je ferais mieux d'y aller.

— Pfff, pas de quoi s'inquiéter, j'ai un excellent parapluie. Tu en veux un ?

— Non, merci. On dirait même qu'il va y avoir de l'orage.

— Pfff, j'ai contracté une assurance du tonnerre auprès de LoveVie et j'ai eu le parapluie en prime à la signature du contrat.

Il devenait alors évident que l'ancien camarade d'école était un *hébergeur clandestin* et que l'échange avait pour seul but la vente d'un parapluie ou d'une police d'assurance. Quel que soit le thème abordé, l'offre fonctionnait comme un aimant, un vortex ou un siphon dans lequel chaque conversation était condamnée à sombrer.

La famille :

— Comment va votre mère ?

— En pleine forme, elle est tellement bien assurée, chez LoveVie…

Les arts :

— Que penses-tu des poèmes de Jónas ?

— Je me demande ce qu'il en était des assurances vie au XIXe siècle. La société LoveVie n'avait pas encore été fondée et…

Les sports :

— Quel beau match hier !

— Ah, le pauvre Felix, il s'est déchiré les ligaments croisés, j'espère qu'il a une bonne assurance. Je vais vérifier ça auprès de LoveVie, tu es aussi chez eux, n'est-ce pas ?

Les hébergeurs clandestins n'étaient pas facilement identifiables, et on ne savait jamais vraiment à qui se fier. N'importe qui pouvait l'être, y compris vos amis les plus proches. Contrairement aux traquenards et aux aboyeurs, ils s'adonnaient à la publicité de leur plein gré. Un bon hébergeur ne se dévoilait pas et changeait régulièrement de produits. Certains ne vendaient rien de tangible et se contentaient de faire de la pub en instaurant une ambiance particulière.

— J'ai adoré ce film, tu devrais y aller. Veux-tu que je te prenne une place ?

Les hébergeurs clandestins travaillaient parfois comme *espions* et envoyaient leurs rapports à ÍSTAR (le service Image, Marketing et Promotion de LoveStar). Seul un nombre très restreint de cadres travaillaient dans les locaux d'ÍSTAR, les autres employés étaient des hommes modernes et sans fil, disséminés un peu partout dans le monde, qui puisaient toutes leurs informations dans la base de données installée au Svalbard.

ÍSTAR pouvait aisément reconstituer le profil de tout un chacun relatif à sa consommation de produits culturels, les programmes de télévision qu'il regardait, les émissions de radio qu'il écoutait, ses achats alimentaires, ses goûts musicaux, ses trajets quotidiens, ses principaux centres d'intérêt et ses opinions. Cela dit, réunir des renseignements plus précis et ciblés pouvait également se révéler utile. Les hébergeurs et les espions adaptaient leur discours aux préoccupations de l'entreprise toujours à l'affût d'idées nouvelles et les experts d'ÍSTAR écoutaient les discussions en catimini comme autant de mouches posées sur un mur. Une banale conversation entre copains sur l'amour, la mort, Dieu ou l'amitié prenait tout à coup un virage inattendu lorsque l'espion se mettait à débiter : « Trouves-tu vraiment que la cravate de cet homme politique est de bon goût ? Et ses idées ? Te plaisent-elles ? Te rappelles-tu le nombre de simples citoyens qui sont morts il y a huit ans ? Te souviens-tu à quel endroit ? Supporterais-tu plus de pertes humaines si tu écoutais plus de musique pop ? Notre leader a un chat très mignon qui s'appelle Molly. Est-ce que ça te le rend plus sympathique ? Qu'en est-il des handicapés ? Tu les trouves sympas ? Accepterais-tu d'abaisser ton niveau de vie afin qu'ils soient mieux pris en charge ? Et à propos, que penses-tu exactement de Madonna ? »

Ce jour-là, Indriði rentra chez lui sans croiser personne qui l'apostrophât joyeusement d'un : « Bonjour Indriði ! Tu as l'air en pleine forme aujourd'hui ! » Du reste, il ne pouvait s'offrir un tel luxe. En remontant la rue Rofabær, il se mit à chanter *l'Étoile de mai*. Tous les aboyeurs de la ville entonnèrent cette chanson au même moment, cela faisait partie d'une campagne annonçant la semaine internationale du chant. La mélodie résonnait dans la ville entière. Il était malaisé de discerner ceux qui la fredonnaient de leur plein gré des autres. C'était plutôt mal vu d'être aboyeur. Nombreux étaient ceux qui prétendaient chanter spontanément en s'efforçant de paraître heureux. Aux yeux de la plupart des passants, Indriði était une publicité ambulante et guillerette. Sur leurs lentilles apparaissaient les notes qui s'échappaient de sa tête, accompagnées d'un texte qui virevoltait joyeusement en l'air : « Chante et réjouis-toi ! La semaine internationale du chant commence lundi prochain ! »

À la fin de la chanson, Indriði dut réfréner ses larmes. Une chose incroyablement étrange s'était produite dans sa tête et il avait perdu les pédales dès le début de *l'Étoile de mai*. Sa vie partait à vau-l'eau : tout était sens dessus dessous. Quelques semaines plus tôt, son existence était aussi douce qu'une fraise, et l'amour doré comme le miel, mais aujourd'hui, il n'était pas certain que cette félicité l'attende à son retour chez lui.

INDRIÐI N'AVAIT
PAS L'HABITUDE DE PLEURER

Indriði n'avait pas l'habitude de pleurer, n'ayant jamais eu aucune raison de le faire. Sa vie s'était pour ainsi dire déroulée sans encombre depuis le jour de sa renaissance. C'était un gentil garçon. La plupart des gens s'accordaient sur ce point, même si c'était pratiquement la seule chose qu'ils puissent dire de lui.

Indriði est vraiment un garçon très bien, affirmaient ses amis.

C'était en effet un jeune homme appliqué, gentil et prometteur qui avait reçu une excellente éducation de parents adorables, vivant dans une coquette maison de banlieue. S'il avait la chance d'être en vie, c'est qu'il était né dans une période à l'éthique incertaine. En ce temps-là, la loi autorisait les parents à garder deux éprouvettes congelées conservant des exemplaires de rechange de leur progéniture. Ceux qui perdaient un enfant pouvaient le « ressusciter » en le faisant renaître à l'identique. Il existait des médecins spécialisés en « opérations

43

de sauvetage » (des femmes chinoises, fécondées à l'étranger, puis importées au huitième mois de leur grossesse). Quatre-vingt-dix-sept pour cent de ceux qui perdaient un enfant accomplissaient leur deuil en moins de deux ans lorsqu'ils recouraient à un exemplaire de rechange. En revanche, il fallait plus de temps à ceux qui en concevaient un autre et parfois, ils ne se remettaient jamais. Ceux qui recouraient à un remplaçant n'avaient, d'un point de vue purement technique, pas vraiment perdu leur enfant, le petit avait été *sauvé*, et sa vie avait simplement été différée, remise à une date ultérieure. Les études montraient que les conséquences à long terme étaient comparables à celles observées chez les victimes d'amnésie. En réalité, l'enfant perdait seulement la mémoire et le cours de sa vie était reporté de quelques années.

Comme il en va généralement des nouvelles technologies, celle-ci engendra un certain nombre d'abus. Les règles étaient interprétées on ne peut plus largement autant par les personnes privées que par les entreprises et institutions. L'existence de ces « répliques » rendait certains parents quelque peu irresponsables et ceux d'Indriði se seraient sans doute nettement plus appliqués après sa première naissance si leur compagnie d'assurances n'avait pas stocké ces fameux exemplaires de rechange.

Indriði n'avait pas toujours été un gentil garçon. C'était une réplique de sa propre personne, laquelle était née une première fois cinq ans plus tôt. Il n'avait évidemment conservé aucun souvenir de cette époque, mais sa famille lui ayant montré des photos et quelques films, il lui semblait se rappeler vaguement certains détails. Après sa première naissance, il était bien vite devenu l'un des pires marmots qu'on puisse imaginer. En plus d'être désobéissant, dès les premiers stades de l'acquisition du langage, il s'était montré insolent et mal embouché. Le premier mot qu'il avait prononcé sur une vidéo familiale était : « Salope ! » Indriði devint menteur, violent et influençable, et pour couronner le tout, c'était un insupportable pleurnichard. Les analyses le décrivaient comme un parfait inadapté, totalement dénué de sens moral ou d'empathie, incapable d'établir « le moindre contact émotionnel avec son environnement », concluait le rapport rédigé par l'expert de la compagnie d'assurances au terme de la consultation des quatre ans de l'enfant. Sa mère, devenue alcoolique, était incapable de s'occuper de sa progéniture. Quant à son père, il travaillait toute la journée au chargement des vaisseaux de LoveMort. Lorsqu'il rentrait à la maison, l'odeur de l'argent, celle de la mort, lui collait à la peau. Il avait bien envie de câliner un peu sa femme qui devait avaler quelques doubles whiskies afin de mettre son odorat en veilleuse. En outre, le couple n'avait aucune expérience en tant que parents et à la consultation des cinq ans, la compagnie d'assurances avait jugé que l'éducation du petit était entièrement à refaire. L'expert leur avait exposé les conclusions en les comparant à la courbe normale qu'il projetait sur un mur derrière lui.

— Vous le voyez vous-mêmes, il faudrait un sacré miracle statistique pour que cet individu ne s'adonne pas aux mauvaises fréquentations, à l'alcool, à la cigarette, aux actes de terrorisme et à la drogue. Il n'y aurait rien d'étonnant à ce qu'il s'engage très jeune dans la voie de la délinquance. Vous aurait-il déjà volé quelque chose ?

Ses parents s'étaient accordé un instant de réflexion.

— Il chaparde souvent des gâteaux secs sans nous demander la permission, reconnut sa mère.

— Et l'an dernier, il a volé un kangourou en peluche dans un magasin de jouets, ce qui a déclenché le système d'alarme, compléta le père.

L'expert poursuivit :

— Les analyses indiquent que ça n'ira pas en s'arrangeant, comme vous pouvez le voir sur ce schéma tridimensionnel.

— Superbe, ce truc en trois dimensions ! s'exclama le père.

— C'est nouveau, précisa l'expert, tout fier, avant d'appuyer sur un bouton.

L'une des colonnes de l'histogramme se mit à tourner sur elle-même, des bras et des jambes lui avaient poussé, elle allait et venait sur l'écran en dansant, saisissait un diagramme en forme de camembert et le balançait à la figure d'un autre camembert inquiétant.

Son père et sa mère éclatèrent de rire.

— Comme c'est drôle !

— Le grand histogramme représente votre fils, reprit l'expert d'un ton grave, ce qui fit immédiatement taire leurs rires.

— Ah, je vois, observa le père.

Le groupe cible auquel il appartenait ne s'intéressait pas aux mathématiques et il n'avait compris
qu'en découvrant ce graphique animé et ludique.

— Ah oui, je vois très bien, ajouta-t-il afin
d'enfoncer le clou.

— Que pouvons-nous faire ? s'inquiéta sa mère.

— Je suppose que vous comprenez que nous ne
pouvons absolument pas nous permettre d'assurer
de tels individus, la totalité de vos revenus annuels
ne suffirait pas à payer les cotisations. Je ne parle
évidemment là que de la couverture des préjudices
qu'il ne manquera pas d'infliger à autrui. Dans son
cas, il serait considéré à 100 % responsable et ne
bénéficierait en outre d'aucune assurance santé.

— Cela risque en effet de nous coûter très cher,
reconnut le père, qui venait d'entendre une publicité de la compagnie d'assurances : une cure de
désintoxication pour un adolescent non pris en
charge coûtait autant qu'une maison.

— Est-on certain qu'il tournera si mal que ça ?
s'enquit sa mère.

— Je pourrais passer la journée à vous donner
des exemples. La plupart des détenus de la prison
de Hraunið avaient de meilleurs résultats que votre
fils à cette consultation des cinq ans.

— Mais nous faisons tout pour qu'il progresse,
plaida son père, nous allons enfin prendre des
vacances cet été. En outre, je vais commencer à travailler pour ÍSTAR et quitter LoveMort. Nous sommes
en passe de redresser la situation. Ne pourrions-nous
pas bénéficier d'une contre-expertise cette fois-ci et
attendre la consultation des six ans ?

— Vous le voyez bien, aucun enfant présentant un tel profil ne s'en sort. À six ans, il risque d'avoir causé un nombre incalculable de préjudices irréparables.

À une certaine époque, de tels propos auraient purement et simplement signé l'arrêt de mort d'Indriði en vertu des lois statistiques : les conclusions des recherches ne mentaient pas, fondées qu'elles étaient sur des analyses extrêmement précises, des tests de personnalité validés par des psychologues et les cartes du ciel. Mais Indriði avait eu la chance de voir le jour à une époque en proie à la confusion, une période où plus personne ne savait exactement comment définir l'individu. C'est aux individus eux-mêmes que revient la tâche de définir l'individu, claironnaient les individualistes, coupant ainsi court aux querelles. La définition la plus en vogue parmi les gens qui optaient pour la solution globale proposée par la compagnie d'assurances devenait le mètre étalon moral de chaque époque. En proposant de « rembobiner l'enfant », on offrait aux parents d'Indriði une opportunité unique de tirer un enseignement de leur expérience.

— Nous pouvons vous proposer de le rembobiner de cinq ans, ce qui vous permettra de tout reprendre depuis le début et d'éviter à ce petit une existence malheureuse de bout en bout. Ne vaut-il pas mieux faire machine arrière dès maintenant afin de lui assurer cent ans de bonheur plutôt que quatre-vingt-quinze de malheur ? En outre, il gagnera cinq années. Vous n'aimeriez pas vivre cinq ans de plus si on vous en donnait l'occasion ?

La mère d'Indriði semblait perplexe. Cela dit, le conseiller lui tenait le même discours que la plupart de ses amies. Et elle ne comptait plus le nombre de vieilles dames qui s'étant offusquées du langage de son fils lui avaient lancé : Qu'attendez-vous pour rembobiner ce sale môme, histoire de lui apprendre un peu la politesse ?

— Si je comprends bien, étant donné la situation, nous n'avons pas d'autre choix ? Dire que nous pensions avoir achevé son éducation pour ses cinq ans. Nous avons déjà entièrement réglé notre voyage autour du monde, voyez-vous, regretta-t-elle.

L'expert se pencha par-dessus son bureau, l'air grave.

— À l'étranger, des compagnies d'assurances ont été traînées en justice pour n'avoir pas proposé cette solution à certains parents. Un Anglais est allé en prison suite à l'assassinat perpétré par son fils sur la personne d'une vieille dame. L'enquête a révélé qu'on lui avait proposé de manière répétée de faire rembobiner le gamin, proposition qu'il s'était entêté à refuser. C'est donc en réalité lui qui était responsable.

— Quand pourrons-nous le « rembobiner » ? demanda son père.

— D'un point de vue technique, en vertu de la conception de l'individu qui est la vôtre et des indicateurs alarmants enregistrés au cours de cette année, votre fils pourrait prétendre à une seconde naissance dès la fin octobre, c'est-à-dire dans dix mois. La baisse de vos cotisations engendrée par l'opération compensera les coûts.

Sur le mur où était apparue la colonne dansante de l'histogramme, clignotait maintenant une annonce lumineuse :

10 000 couronnes par an ! 10 000 couronnes par an !
Réduction de 15 % sur votre assurance voiture !
Valable encore cinq minutes !
Faites vite !

Sa mère et son père échangèrent un regard tandis que sur le mur la pendule décomptait les secondes. C'était là une idéologie qui convenait aux gens modernes et sans fil, lesquels avaient été conditionnés dès leur plus jeune âge. Cela équivalait à reformater le disque dur d'un ordinateur ou à débuter un jeu vidéo avec un crédit de trois vies : lorsque les choses se gâtaient, on pouvait toujours repartir à zéro.

— Dès l'automne prochain, oui, répéta le père d'Indriði en observant à travers la vitre le petit occupé à ronger la tête d'une poupée Barbie.

— Mais dans ce cas, son anniversaire tombera un autre jour ? s'inquiéta sa mère. Pour l'instant, on le fête en février, voyez-vous. Ne craignez-vous pas que ce changement le perturbe ?

L'expert leur démontra qu'Indriði s'épanouirait nettement mieux en naissant sous un autre signe astrologique. Ses défauts sous le signe du verseau deviendraient autant de qualités sous celui du scorpion. Son agressivité se transformerait en persévérance et en endurance au lieu d'exploser régulièrement, laissant s'exprimer une colère rentrée et des sentiments contenus. Il serait moins prompt à l'emportement, à l'agacement ou à l'impatience et deviendrait un individu appliqué et méticuleux en naissant sous un signe qui convenait à son patrimoine génétique.

— Il a hérité du caractère de son père, ce qui n'est pas considéré comme une tare dans votre famille, tant qu'il n'y a pas de conflit entre signe astrologique et patrimoine génétique. Mais dans son cas, ça produit le même effet que de l'huile sur…

— Le feu ? suggéra son père.

— AU FEU ! hurla sa mère.

Indriði se tenait derrière la cloison vitrée et la poupée était en flammes.

— Où donc est-il allé chercher du feu ?

En éteignant ce qui restait de la poupée, son père se colla du plastique aux chaussures.

— INDRIÐI, TOUT DE MÊME ! s'écria sa mère en le poursuivant dans la pièce. OBÉIS-MOI ! VIENS ICI TOUT DE SUITE !

— Dès cet automne ? interrogea l'expert, un œil sur sa montre.

Il s'était levé et se tenait face au faisceau du projecteur : les dix mille couronnes clignotaient désormais sur son front. Le compte à rebours en était à vingt-neuf secondes.

— Dès cet automne ! trancha le père d'Indriði en essayant de rattraper le gamin dans le couloir.

L'attente jusqu'à l'automne s'avéra interminable. Surtout le week-end, quand Indriði n'allait pas à l'école. Enfin, le jour de « l'intervention » arriva.

L'expert les accueillit, le sourire aux lèvres. Indriði avait les cheveux gominés, il portait ses vêtements du dimanche et un nœud papillon.

— Maman, où est-ce que je vais ?

— Tu vas entrer par là, répondit-elle en lui montrant la porte noire. Ensuite, quand tu ressortiras par la porte blanche, ce sera ton anniversaire et tu auras un cadeau.

— Super ! se réjouit Indriði avant d'ajouter : Merci, ma petite maman, en l'embrassant sur la joue, puis de traverser la porte noire à la suite du conseiller.

Sa mère n'avait pas eu le temps de prononcer un seul mot qu'une joyeuse mélodie retentissait derrière elle. Une infirmière et le conseiller venaient de franchir la porte blanche avec Indriði. L'enfant avait le visage rouge et fripé, le corps encore couvert de liquide amniotique, et il pleurait abondamment.

— Il pèse plus de quatre kilos ! s'exclama l'infirmière avec un sourire bienveillant. Toutes mes félicitations ! J'espère qu'il sera plus réussi cette fois-ci.

— Mon Dieu, qu'il est petit ! s'attendrit sa mère, en versant quelques larmes.

Elle prit dans ses bras l'enfant qui s'arrêta de pleurer dès qu'on lui mit un biberon dans la bouche.

— Voici ses vêtements, annonça le conseiller, en lui tendant la tenue du dimanche de son fils, soigneusement pliée.

— Où est son nœud papillon ? demanda le père en scrutant les lieux, mais l'expert éluda sa question.

— C'est un garçon magnifique ! Il ne tardera pas à être assez grand pour les remettre.

La question ne se pose même pas, l'éducation d'Indriði fut cette fois une véritable réussite. Sa mère fit une cure, son père obtint un emploi de conseiller chez ÍSTAR et l'odeur de l'argent cessa de lui coller à la peau. Indriði fut l'objet d'un suivi individuel et d'attentions particulières visant à faire de lui un enfant calme et gentil. On lui avait fait regarder des vidéos qui montraient à quel point il avait autrefois été méchant et insupportable en lui expliquant ce qui arriverait s'il ne tirait pas les leçons de cette expérience.

— Voilà comment tu t'es comporté le jour de tes quatre ans, lui dirent ses parents en lui montrant une vidéo où il frappait son cousin sur la tête à l'aide d'une épée en plastique. Maintenant, il faut que tu sois mignon.

— Sinon, nous serons forcés de te rembobiner encore une fois, mon petit Indriði, déclara son père. Et même s'il fallait vingt ans pour que tu deviennes un garçon gentil et bien élevé de dix ans, nous finirons bien par y parvenir !

Indriði était fermement décidé à être à la hauteur et rien ne l'effrayait plus que l'éprouvette qui attendait, tapie dans l'obscurité du congélateur. Doutant constamment de lui-même, il avait l'impression de ne jamais bien faire et voulait toujours se dépasser (né qu'il était sous le signe du scorpion). Il livrait une lutte permanente contre la troisième version de sa propre personne, laquelle était sans doute capable de le surpasser dans tous les domaines.

Ses parents le soutenaient et lui prodiguaient l'amour et la tendresse dont les enfants ont besoin, d'après les experts. Son père, bien que fier de lui, n'était jamais entièrement satisfait et l'encourageait dans cette compétition contre le numéro Trois.

— Tiens, c'est intéressant, murmurait-il parfois en lisant le *Morgunblaðið*, si tu étais né aujourd'hui, tu aurais pu bénéficier de ces toutes nouvelles méthodes. Regarde ! Elles augmentent la vitesse de lecture de 30 %, permettent d'atteindre 9 % de maturité émotionnelle supplémentaire et accroissent de 18 % les facultés de concentration. Regarde un peu le programme de la classe des enfants de huit ans, il est passionnant ! Ils restent à l'école jusqu'à sept heures du soir.

Sur quoi, il avait marmonné quelque chose avant de reprendre sa lecture. Quant à Indriði, l'appétit coupé, il était monté droit dans sa chambre. Quelques semaines plus tard, sa vitesse de lecture s'était accrue de trente pour cent et sa capacité de concentration avait gagné neuf points.

Il avait hâte d'atteindre l'âge de dix-huit ans car à partir de ce moment-là, il ne serait plus possible de le « rembobiner ».

— Il est trop tard pour s'améliorer après dix-huit ans ! Là, il n'y a plus moyen de revenir en arrière, ne l'oublie pas, mon cher petit, lui disait son père en lui donnant sur l'épaule quelques tapes paternelles.

Indriði obtint des résultats mirifiques à l'examen du baccalauréat où il fut reçu deuxième avec une moyenne de 9,3 sur 10. Il avait des amis, prenait part à des activités sociales et sportives, mais alors qu'il aidait ses parents à préparer la fête, plein de doutes quant à son avenir, il n'avait pas pu s'empêcher de les interroger :

— Et maintenant ?

— L'avenir t'appartient, mon petit Indriði, lui dit sa mère d'une voix nasillarde à cause des bandages qui lui couvraient le nez.

Elle s'était fait refaire le nez en vue du succès de son fils à l'examen, du reste, l'ancien était depuis longtemps passé de mode. Ce nouveau nez devait être joliment aquilin, avec des narines élégantes et régulières. Elle avait les cheveux blonds, conformément à la mode estivale, et les yeux marron parce qu'on était mercredi. Indriði avait toussoté.

— Mais qu'allons-nous faire de mon numéro Trois ?

Son père et sa mère sourirent malicieusement en échangeant un regard.

— Indriði, nous voulions te le dire depuis longtemps.

— Les lois ont été modifiées après ta naissance, déclara sa mère. La notion d'individu a été redéfinie à l'ancienne mode.

— Il est désormais interdit de rembobiner quelqu'un, et ce, depuis seize ans.

— Dans ce cas, où est mon MOI numéro Trois ?

Sa mère éclata de rire et son père se frappa les mains sur les cuisses.

— Nous l'avons jeté quand la loi a changé et au moment où le service des renaissances a été fermé par la compagnie d'assurances.

— En tout cas, il aura été pour toi un modèle stimulant, ajouta son père.

— C'est pour cette raison qu'on nous a conseillé de ne rien te dire.

— Il aura été un soutien. Il fait partie de toi. De la même manière que ton moi numéro Un était l'exemple à ne pas suivre et représentait le côté sombre que tu ne voulais pas devenir, le numéro Trois était la perfection que jamais tu ne pourrais atteindre.

— Sans lui, tu ne serais pas devenu quelqu'un d'aussi bien.

— Quoi ? Vous avez mis mon numéro Trois à la poubelle ?

Incrédule, Indriði fixait ses parents qui continuaient de sourire tout en pétrissant la pâte de son gâteau à étages.

— Ne nous regarde pas comme ça. Tu n'aurais jamais été aussi réussi si le numéro Trois n'avait pas été là.

— Mais on ne peut tout de même pas recourir constamment à l'ogresse Grýla ou au gentil lutin des sports pour inciter ses enfants à progresser et à se surpasser, développa son père en cherchant quelque chose sur la table. Rapporte-moi un peu de sucre glace, mon petit.

Indriði avait ouvert le congélateur d'un geste brutal pour en sortir un bâton vert.

— Dans ce cas, qu'est-ce que c'est que ce truc-là ? Ce n'est pas mon numéro Trois ?

— Non ! C'est une glace à l'eau à la menthe.

— Et une glace à l'eau qui danse le break, ajouta sa mère.

56

Ses parents s'étaient levés et gesticulaient dans la cuisine pendant que l'univers tournoyait dans ses yeux. Il ne s'était jamais disputé avec eux. Il se disait qu'il aurait dû être fou de rage, mais son éducation avait tellement bien réussi qu'il était incapable de hurler ou de s'emporter. Ce n'était pas son caractère et en fin de compte, il avait conclu que sa vie avait été plutôt agréable. Voyant que ses parents continuaient à danser le break sans qu'il puisse intervenir, il avait éclaté de rire et s'était mis à danser avec eux.

— Ce n'était qu'une plaisanterie, plaida sa mère.

— Ah, vous m'avez bien eu ! s'exclama Indriði en se contorsionnant.

La nuit suivante fut ponctuée d'insomnies. Toute sa vie, ce numéro Trois lui avait inspiré une telle angoisse qu'il avait même fait l'impasse sur sa crise d'adolescence. Il était souvent descendu en douce à la cuisine au beau milieu de la nuit, caressant le projet de décongeler le numéro Trois, mais se ravisant chaque fois au dernier moment.

Il n'avait jamais eu de raison d'être un adolescent à problèmes. Il s'entendait plutôt bien avec ses parents, il avait le droit de rester dehors aussi longtemps que ses copains et ne manquait de rien. Tout lui était ouvert. Mais ce jour-là, les occasions manquées défilaient dans sa tête : J'aurais dû partir à l'étranger et m'inscrire à un programme d'échange. J'aurais dû aller en Amérique du Sud avec LoveMort. J'aurais dû partir en mer et me battre avec les marins dans le port de Raufarhöfn, j'aurais dû embrasser Gugga sur la bouche quand elle me l'a proposé, j'aurais dû penser à mon avenir et passer mon bac plus rapidement en étudiant aussi l'été, mais bon, dans ce cas, j'aurais dû renoncer à l'Amérique du Sud et à m'embarquer sur un bateau de pêche et j'aurais dû me laisser faire par Gugga...

Il se sentait perdu, les occasions manquées étaient si nombreuses qu'il avait l'impression que sa tête allait exploser. Il se connecta à ReGret pour demander :

— Que serait-il arrivé si j'étais parti en Amérique du Sud avec LoveMort au lieu de m'inscrire en seconde ?

La réponse lui parvint instantanément :

— Vous seriez mort.

— Très bien, pensa Indriði, soulagé d'un poids. Je suis bien aise de ne pas être parti avec LoveMort.

— Voulez-vous savoir autre chose ?

— Non, merci. Ça me suffit. Je suis heureux d'être allé au lycée et d'avoir passé mon bac, sinon je serais mort.

ReGret permettait aux gens d'apurer le passé et de faire face aux situations nouvelles. Le monde obéissait à des règles précises. Si une pierre était jetée depuis une hauteur de cinq mètres, on pouvait calculer sa vitesse au moment de l'impact. Il était également possible de calculer ce qui serait arrivé si, à un instant précis du passé, les soixante-quinze kilos d'Indriði avaient tourné à gauche plutôt qu'à droite. On pouvait prévoir les conséquences de cet événement sur la marche du monde, et ainsi de suite. Créé par LoveStar, ReGret avait la capacité de tout prévoir. Les gens n'avaient qu'à appeler ou envoyer un courriel, le monde était alors « calculé » et la réponse leur parvenait aussitôt. Le plus étrange était qu'à chaque fois qu'on posait la question : Que serait-il arrivé si..., la plupart des réponses revenaient à dire : Vous auriez péri.

Du reste, la mort était un moindre mal. Les autres éventualités incluaient le handicap lourd et permanent, parfois assorti de la fin du monde, mais toutes étaient scientifiquement prouvées. Ainsi, grâce à ReGret, les gens étaient en paix avec leur vie, le monde et leur destin.

Pour Indriði, ReGret venait bien souvent remplacer les rêves et les cauchemars. Il était terrifié de voir à quel point le monde ne tenait qu'à un fil. Rien ne servait d'y penser trop et il n'existait dans la vie aucun mode d'emploi susceptible de vous dire quelles actions vous mèneraient à votre bonheur ou à votre perte. Parfois, il commandait des comptes rendus circonstanciés de la mort sanglante à laquelle l'aurait conduit un simple faux pas :

— Je note que votre bras droit se serait trouvé aux coordonnées : [64°05,536' Nord 21°55,321' Ouest]. Au même moment, la roue gauche d'un autobus serait passée à cet endroit précis. Quarante fractions de seconde plus tard, votre tête aurait été écrasée par la roue arrière gauche du véhicule et quatre secondes après ça, je vois une partie de vous, sans doute vos intestins, enroulée autour de la roue avant d'une Peugeot 205 GR. Désirez-vous un compte rendu sous forme écrite, artistique et symbolique ou vous contentez-vous de ce récit oral ?

— Ça me va très bien. Je suis satisfait et soulagé.
— Éprouvez-vous encore des regrets ?
— Non, aucun.
— Parfait, vous nous devez 1 300 couronnes.

REGRET avait pour fonction de rapprocher le monde du bonheur. Les remords et la peur de l'avenir étaient le terreau sur lequel le malheur s'épanouissait. Plus les choix offerts étaient nombreux, plus la vie devenait complexe. Les gens vivaient dans un monde unique, or il existait des millions d'univers parallèles qui auraient pu devenir réalité. Parfois, ils se prenaient à regretter les innombrables chemins qu'ils auraient pu emprunter dans le passé.

Chaque occasion inexploitée pesait sur le présent, mais ce n'était pas tout. Le futur recelait des millions d'options possibles qui en engendraient elles-mêmes des millions d'autres et pour finir, lorsque les gens avaient fait un choix au profit d'un autre, une chose étrange se produisait. La kyrielle d'options qu'ils avaient écartées se transformait en regrets. Ainsi, constamment comprimés dans le présent, les gens ployaient sous le poids d'un futur et d'un passé conjugués, ce qui n'arrangeait rien. Les options se multipliaient, les regrets augmentaient proportionnellement jusqu'à ce que les individus se voient figés sur place, enferrés dans une toile aussi invisible qu'inextricable. C'est alors que REGRET entrait en scène pour les secourir et les aider à faire table rase du passé. D'après REGRET, chacune de leurs décisions était l'UNIQUE choix ADÉQUAT. Le moindre écart les aurait conduits à une mort certaine ou aurait provoqué la fin du monde. Chaque individu s'était trouvé en danger de mort et en avait réchappé parce qu'il avait pris la seule et unique bonne décision. Voilà pourquoi on avait toutes les raisons de se réjouir, après tout, on était vivant.

Cinq ans plus tard, Indriði était toujours un très gentil garçon, heureux de ne jamais s'être révolté ni fourvoyé dans de quelconques idioties. Nul besoin de REGRET pour s'en convaincre. Dans le cas contraire, il n'aurait jamais rencontré Sigríður. Il était sorti s'amuser un soir après son baccalauréat et l'avait croisée au bar du vieux lycée. Elle occupait, tout comme lui, un emploi d'été au service Jardi-nage du secteur Énergie de LoveMort, mais il n'avait pas encore eu l'occasion de lui adresser la parole. Il avait simplement aperçu de loin cette jolie jeune fille qui arrachait les mauvaises herbes sur la berge opposée de la rivière Elliðará. Les cheveux coiffés en tresses, elle portait un débardeur blanc et un pantalon imperméable orange. La seconde fois qu'il l'avait croisée, elle parlait sur le perron du vieux bâtiment du lycée avec une amie. Elle lui avait souri, ils s'étaient regardés et depuis, ne s'étaient plus quittés. Sigríður était belle, gentille et drôle. Cinq ans plus tard, elle n'avait perdu aucune de ses qualités. Et même si leur couple était à la dérive, Indriði était encore follement épris d'elle. Hélas, il n'était plus certain que cet amour soit réciproque. *L'Étoile de mai* résonnait dans sa tête. L'estomac noué, il gravit les marches d'un pas pesant, ouvrit la porte du deuxième étage et cria :

— Ma petite Sigríður, tu es là ?

Il ferma les yeux, réfréna ses larmes et souhaita ardemment que tout redevienne comme à l'époque où l'amour était aussi rouge qu'une fraise et la vie aussi dorée et douce que du miel en pot.

— Sigríður ? Tu es là ?

UN SOLEIL CITRON

Assis à bord de son avion, LoveStar volait en silence au-dessus de l'Atlantique. L'atterrissage était prévu d'ici trois heures et cinquante minutes au quartier général de la compagnie, dans la vallée d'Öxnadalur. Il n'osait pas bouger car au creux de sa paume reposait une graine. Une heure plus tôt, elle était bien verte et frétillante de vie, mais là, il lui semblait que le frétillement diminuait. Elle paraissait plus grise, même si la couleur était peut-être due à la qualité de l'éclairage.

LoveStar avait l'estomac noué. Tout ce qu'il avait touché au cours de sa vie s'était transformé en or, malgré ça, cette graine s'obstinait à se teinter d'un gris terne. Il avait plus que nul homme imprimé sa marque au monde et dans le creux de sa paume reposait une graine dont il ignorait la nature, mais qui était sans doute plus puissante qu'une bombe atomique.

Et maintenant, il était assis dans l'avion, une graine au creux de la paume. Tout était réglé. Il ignorait toutefois la suite des événements. En général, il avait assez d'idées pour occuper les vingt années à venir, mais là, il se sentait totalement vide. En réalité, il l'était déjà depuis un certain temps, ayant développé un système immunitaire suffisamment efficace pour chasser de ses pensées toute idée saugrenue.

Voilà bien longtemps qu'il n'avait pas dormi une nuit complète. Il se réveillait toujours en sursaut, avec l'impression que quelqu'un lui murmurait des choses à l'oreille. L'impression que quelqu'un était assis sur sa poitrine, menaçant de l'étouffer. Il n'osait même plus éteindre la lumière. Incapable de se concentrer pendant les réunions de direction, il perdait le fil, n'entendait pas les questions et demeu- rait muet quand on l'interrogeait. Souvent, il restait seul des nuits entières dans l'attente du résultat des recherches. Le plus souvent, il était assis à sa table en verre, occupé à dessiner, à écrire ou à résoudre des équations. Il ne pouvait qu'attendre. Les jours précédant son départ, il était resté enfermé dans son bureau à calculer, une feuille vierge devant lui :

Pour Dieu, chaque journée équivaut à 1 000 ans
une heure à 41,67 années
une minute à 0,69 année, soit à 251 jours
une seconde à 0,012 année, ce qui correspond
à 4,2 jours
un instant équivaut à une journée entière.

La lumière voyage à une vitesse de 300 000 kilo- mètres par seconde. Pour Dieu, elle parcourt donc une distance de 300 000 kilomètres en 4,2 jours.

De son point de vue, la vitesse de la lumière est donc d'environ 0,8 kilomètre par seconde, soit 2 800 kilomètres à l'heure, ce qui revient au triple de la vitesse maximale d'un jumbo-jet voyageant à vide.

Dans l'esprit de Dieu, chaque journée équivaut à 1 000 ans.

Il avait levé les yeux, tendu l'oreille et repris ses calculs : Ayant un peu plus de 71 ans, j'ai vécu 25 992 jours. Aux yeux de celui pour qui une journée équivaut à 1 000 ans, je suis âgé de 26 millions d'années. L'être humain dort pendant 300 ans. Lorsqu'il se réveille le matin, il met cinq jours à ouvrir les yeux. Je n'ai pas besoin de dormir pendant trois siècles, autrefois, je dormais un tiers de chaque moment, ce qui en temps divin, équivaut à huit heures. Il est deux heures et demie. Je n'ai donc pas fermé les yeux depuis un siècle.

Il reposa son stylo, se leva pour aller se regarder dans le miroir et ferma les yeux avant de les rouvrir aussitôt. Il se livrait souvent à cet exercice quand il était enfant : en les rouvrant à toute vitesse, il essayait de voir à quoi il ressemblait lorsque ses paupières étaient closes. Il ferma les yeux, puis les rouvrit à nouveau. Ses paumes étaient moites, ses mains tremblaient. Une hôtesse entra dans la pièce et tira les rideaux blancs occultant les baies vitrées, une assiette à la main, dans laquelle reposait une tranche de pain tartinée de miel.

— C'est du Chicago ? demanda-t-il.

L'hôtesse hocha la tête.

LoveStar scruta la tranche de pain ronde et couverte de miel doré. Un soleil posé sur une assiette blanche. Il planta ses dents dans l'astre diminué d'autant et les tremblements qui l'agitaient se dissipèrent aussitôt. Il mâcha lentement les deux morceaux jusqu'à ce que le monde et le temps deviennent aussi dorés que malléables, puis se regarda à nouveau dans le miroir, s'observant un instant, assis, les yeux fermés, tandis qu'il se régalait avec le miel doré.

— Je me vois rêver.

Lorsqu'il se vit rouvrir les yeux au fond du miroir, la nuit était à nouveau tombée. C'est ainsi qu'il parvenait à sauter une journée entière. Sa pensée était encore fluide au moment où il alla s'asseoir pour se remettre à écrire.

Chaque jour équivalant à mille ans et chaque fraction de seconde à une heure, Dieu a le pouvoir de caresser un oiseau ou de compter les mouches. Même s'il va en Afrique pour n'en revenir qu'au terme d'une année de temps divin, peu de choses auront changé car seules deux minutes se seront écoulées dans le monde des hommes. Chaque fraction de seconde équivalant pour lui à une heure, une mouche bourdonnante n'aura eu le temps d'émettre qu'un demi-bourdonnement, le moteur diesel d'un chauffeur de taxi aura effectué deux tours. Le bruit dudit moteur est tel une sirène qui s'étire longuement. Le chauffeur de taxi prononce quelques mots dans sa radio, mais il faut toute une semaine à celui aux yeux de qui chaque journée équivaut à mille ans pour entendre la phrase entière. En l'espace d'une heure, il n'a eu le temps de percevoir qu'un interminable [a :].

D'ici trois cents ans, le soleil franchira la crête des montagnes qui se trouvent à l'est. La lumière mettra cinq secondes environ à éclairer l'ensemble de la ville. En un concentré de citron qui coulerait d'un goulot circulaire, les rayons jaillissent et inondent les lieux telle une pluie de cendres pompéienne, telle la sève d'un arbre qui engluerait les hommes : ceux-ci bougent si lentement qu'il leur faut une année entière pour se brosser les dents, mais sans doute cette clarté ressemble-t-elle bien plus à du miel parce qu'elle passe à travers les paupières d'un homme qui s'éveille en marmonnant : Miam, du miel…

Le vieux téléphone posé sur le bureau retentit, le dérangeant dans la suite de ses calculs. Il sursautait à chacune des sonneries stridentes. Il fixa l'appareil un long moment avant de décrocher.

— Allô !

Le directeur des recherches était au bout du fil.

— Nous sommes arrivés au terme, déclara-t-il d'un ton grave. Nous avons trouvé l'endroit. Tout cela nous a menés jusqu'à un point précis.

— Où est-ce ? s'enquit LoveStar.

— Nous ne le savons pas, mais nous avons trouvé l'endroit.

— Où est-ce ? répéta LoveStar la gorge nouée. Qu'avez-vous trouvé ? Où tout cela vous a-t-il menés ?

Son correspondant se taisait.

— Réponds-moi ! tonna LoveStar, les yeux fixés sur sa main tremblante.

— Personne n'ose regarder. Personne n'ose approcher.

— Nom de... LoveStar balaya son bureau du regard, brusquement saisi de l'impression qu'on l'espionnait : Que comptez-vous faire ? murmura-t-il.

— Je n'en sais rien, répondit le directeur des recherches, je n'en sais fichtre rien.

— Et toi alors ?

— Je refuse de m'en approcher. J'ai une femme et des enfants. Vous pouvez me mettre à la porte si vous le voulez, monsieur, mais je n'irai pas.

LoveStar raccrocha...

Il décida d'aller voir lui-même.

Et trouva la graine.

Voilà pourquoi il était assis à bord d'un avion, une graine dans le creux de la paume, le cœur infiniment lourd, le cœur brisé comme un œuf dont la coquille lui perforait la moelle épinière, le diaphragme et les poumons, entravant sa respiration. C'était une souffrance atroce. Plus jamais le soleil de miel ne traverserait ses paupières. Il ne lui restait plus que trois heures et trente-trois minutes à vivre.

LE MIEL

À l'époque où la vie d'Indriði et de Sigríður n'était que douceur, ils se réveillaient au soleil du matin, comme collés l'un à l'autre par du miel qui n'avait rien à voir avec celui, alcoolisé, venu de Chicago, mais ressemblait plutôt à une gelée royale parfaitement pure, dorée et suave. Leurs paumes étaient plaquées l'une contre l'autre, le corps blotti et les jambes emmêlées en une tresse si serrée qu'on pouvait à peine distinguer auquel des deux chacune appartenait.

— Du miel, murmurait Indriði en ôtant sa langue de la bouche de Sigríður pour lui dire bonjour tandis qu'elle avançait les lèvres et lui aspirait à nouveau la langue, le ceignant plus fort dans ses bras et lui enserrant les hanches entre ses cuisses.

Ils restaient ainsi pendant une bonne demi-heure, sans véritablement faire l'amour, même s'il était en elle. Ce n'était là que le prolongement de leur étreinte : l'acmé de leur union, peau contre peau. Ils constituaient non seulement une âme, mais formaient également un seul et même corps.

Bien qu'il leur semblât impossible de se séparer, ils rejoignaient le salon en rampant, comme une araignée à huit pattes plutôt qu'une roue perdue par une charrette, et lorsque enfin leurs bouches s'éloignaient l'une de l'autre, un mot s'échappait de celle de Sigríður, une parole minuscule qui ouvrait comme une brèche dans une digue et déclenchait une réaction en chaîne dans leur cerveau. Les mots entraient et sortaient de leur bouche en un cycle sans fin. Un biologiste aurait pensé qu'ils se nourrissaient de ce précipité de paroles ou de la chaleur qui s'en dégageait, cycle après cycle. Ils restaient un long moment allongés par terre à parler, à rire et à faire les idiots parce qu'ensemble, ils étaient aussi purs et complets qu'un cercle parfait.

Ils ne se nourrissaient pas uniquement de paroles, mais aussi de silences. Quand ils se taisaient, le moment était si riche, si plein et si intense que lorsque l'un d'eux prononçait un mot ou une phrase, c'était toujours afin de compléter la pensée qui traversait l'esprit de l'autre.

Ils devaient évidemment travailler comme tout le monde et, après avoir fait l'amour sur le sol de la cuisine, en attendant que l'eau de la bouilloire soit chaude, Indriði employait ce qui lui restait d'énergie à se désengluer du miel tandis que Sigríður enfilait son chandail et sa petite culotte. En un effort conjoint, ils parvenaient à s'habiller et à séparer leurs lèvres assez longtemps pour avaler leur petit déjeuner sans cesser de se toucher. Ensuite, ils se regardaient longuement dans les yeux comme pour se dire : Au revoir, et à midi !

L'amour n'avait toutefois pas dit son dernier mot. Ils quittaient la maison ensemble et, posté au coin de la rue, Indriði suivait Sigríður du regard tandis qu'elle descendait à reculons le sentier qui menait à la maison de retraite, plus bas dans le quartier. D'un signe de la main, il la prévenait quand elle risquait de toucher un buisson ou de piétiner un parterre de fleurs. Dès qu'elle arrivait au croisement, elle s'arrêtait pour lui envoyer un baiser du bout des doigts avant de faire le pas décisif : celui qui l'arracherait au regard de son bien-aimé. On aurait dit qu'alors, de sombres nuages venaient occulter les rayons du soleil. Leur cœur battait, solitaire et désespéré dans l'obscurité de leur cage thoracique, et ils éprouvaient une telle sensation de manque qu'ils ne pouvaient s'empêcher de s'appeler au téléphone :

— Où es-tu ? demandait Indriði.
— Je suis là, au coin de la rue.
— Je te manque ?
— Oh oui, tu me manques !
— On se fait un petit coucou ?
— Oui, encore un petit coucou.

Ils revenaient alors sur leurs pas, lançaient un regard au coin de la rue et s'adressaient un signe de la main. Parfois, ils ne pouvaient s'empêcher de courir dans les bras l'un de l'autre pour se murmurer de bouche à oreille quelques mots tendres, bientôt transformés en ce courant électrique qui les chatouillait et les ensorcelait, caressant la surface sombre de leur cerveau comme une aurore boréale. Indriði la tenait par la taille et ils se buvaient des yeux.

— Tu m'as manqué, disait-il.

— C'est toujours tellement dur de se séparer, convenait Sigríður tandis qu'elle jetait un regard angoissé vers la maison de retraite plus bas dans la rue.

— On se voit ce midi, la rassurait Indriði.

— À plus tard, concluait Sigríður.

Après cet au revoir, ils demeuraient silencieux une dizaine de minutes encore. Ni l'un ni l'autre ne parvenait à partir en premier jusqu'au moment où ils déclaraient : À la une, à la deux, allons-y ! Ils prenaient alors leurs jambes à leur cou sans même regarder en arrière, tous deux affreusement en retard.

Le midi, ils descendaient parfois à bicyclette jusque sur le port. Ils s'installaient à la terrasse d'un café, surplombée par la statue de la Liberté, une effigie haute de trois cents mètres de Jón Sigurðsson, dont la réplique enjambait l'entrée du port et dont les pieds faisaient office de brise-lames. Ses yeux fixaient la mer écumante, illuminés par des flammes éternelles. Les flambeaux de la liberté guidaient les paquebots de croisière immaculés jusque dans le port lorsqu'ils accostaient, aussi pleins que des chalutiers chargés à ras bord de capelans. On sortait les passerelles de débarquement et un millier d'infatigables assoiffés d'amour quittaient le navire, puis s'empressaient de rejoindre au plus vite le nord du pays et la vallée éternellement verte d'Öxnadalur. Là, les brebis bêlaient, les renards glapissaient, et l'étoile d'amour de LoveStar, signe indubitable de la force du sentiment, scintillait à l'arrière des nuages.

Les jours de beau temps, les camions rentraient du nord, chargés d'amants roucoulant sur des tas de foin moelleux. Les dockers passaient des liens autour des couples qui planaient au-dessus du port, tels des chevaux à huit pattes. Ensuite, on tirait sur les ficelles pour les faire descendre jusqu'aux navires. Indriði et Sigríður disposaient d'une demi-heure pour se nourrir de mots. Leurs yeux scintillaient d'une authentique félicité, aussi limpide que LoveStar !

Leur amour n'avait fait que croître au cours des cinq années qu'ils avaient passées ensemble. Il ne se résumait pas à une petite graine plantée au fond du cœur, mais ses racines et ses pousses avaient envahi l'ensemble du corps et jusqu'au bout des doigts dont la chair était devenue aussi sensible que des clitoris. Quand ils marchaient en se tenant la main, ils frottaient leurs index l'un contre l'autre, bientôt enveloppés par une sensation étrange et entêtante qui leur faisait monter le sourire aux lèvres.

Beaucoup de gens trouvaient que cet amour entravait leur liberté, la mère de Sigríður le qualifiait même de handicap. Par exemple, Sigríður et Indriði avaient renoncé à leur statut d'employés modernes et sans fil. Ils avaient à maintes reprises essayé d'adopter des horaires flexibles, travaillant à domicile, depuis une maison de campagne ou encore une plage romantique, mais ils n'avaient jamais tenu bien longtemps. Si personne n'exigeait qu'ils se rendent en un lieu précis à une heure fixe, ils ne faisaient rien, tentés de se donner un baiser ou une caresse, et se retrouvaient bien souvent allongés, occupés à roucouler, après avoir assouvi leur désir au fond du lit.

Sigríður quitta donc son poste d'ingénieur sans fil en génie civil pour travailler à la maison de retraite où elle s'occupait des personnes âgées avant qu'elles ne soient envoyées vers le nord, chez LoveMort. Pleine d'ambition pour elle, sa mère affirmait que c'était là un gâchis de compétences doublé d'un manque d'amour-propre.

— C'est Indriði qui t'a poussée à travailler dans cet abattoir ?

— Maman, je t'en prie, ne dis pas des choses pareilles !

— Mais tu n'es pas *libre !*

— La liberté ne nous convient pas, ma chère maman, objecta-t-elle avec un sourire. Libres, nous ne faisons rien.

— Faut-il vraiment qu'Indriði soit constamment collé à toi ?

— Mais ce n'est pas seulement lui, maman, répondit Sigríður, moi aussi, j'ai besoin d'être collée à lui.

Quant à Indriði, il sacrifia son poste de concepteur sans fil de sites informatiques et trouva un travail de jardinier dans le parc autour de l'usine à pluviers dorés. Leurs salaires avaient rudement baissé, mais ils ne regrettaient rien. ReGret affirmait qu'ils avaient bien fait de se mettre en couple car sinon, Indriði aurait péri dans un accident de voiture. Quant à Sigríður, ayant bu plus que de raison, elle se serait noyée pendant une fête au bord d'une piscine au pied de la montagne Úlfarsfell.

Alors que les tourtereaux passaient leurs journées sur un nuage rose bonbon, la mère de la jeune femme ne voyait rien qu'une ombre noire et menaçante planer au-dessus de leur tête.

— Ma petite Sigríður, j'ai pris rendez-vous pour toi chez un spécialiste.

— Ah bon ?

— Tu es si jeune et innocente. Votre séparation sera un choc terrible.

— Ne t'inquiète pas pour moi, rassura-t-elle d'un air taquin, nous ne nous séparerons jamais.

— Les statistiques, ma petite, objecta sa mère en secouant la tête, personne n'échappe aux lois statistiques.

Indriði et Sigríður ne laissaient les statistiques jeter aucune ombre sur leur histoire. Ceux que cela intéressait pouvaient les observer sur le site *Hraunbœr90(3hm). is*. Un homme sans fil et sain d'esprit n'avait rien à cacher (pas plus qu'il ne pouvait du reste se mettre à l'abri où que ce soit). Si quelqu'un venait à écraser ou à maudire les papillons enregistreurs qui volaient partout dans les airs, les gens s'interrogeaient : Quel secret cache-t-il donc ? Et la rumeur allait bon train.

Ils vivaient dans l'interminable immeuble qui s'enroulait en cercle autour de l'ancienne fabrique de Coca, laquelle avait été transformée en usine à pluviers dorés. On ne se contentait pas d'y élever des pluviers pour le parc d'attractions de LoveStar dans la vallée d'Öxnadalur, mais on y cultivait également des roses qui sentaient bon le miel. Quand Indriði ouvrait la fenêtre le matin, les pièces embaumaient les roses et le miel. Un chant mélodieux qui disait : Sublime ! Sublime ! s'échappait de l'usine et résonnait dans tout le quartier.

L'usine à pluviers dorés était un gigantesque hangar. Il fallait qu'on puisse voir ces oiseaux non seulement dans le parc d'attractions de LoveStar, mais également le long de la route qui y conduisait. Des camions partaient chaque matin, chargés de pluviers qu'ils disséminaient sur les touffes d'herbe aux abords de la route nationale. Peinant à se déplacer, les oiseaux étaient des proies faciles pour les prédateurs, mais ce n'était pas si grave : le coût de production unitaire représentait bien peu de chose par comparaison avec la joie qu'ils procuraient à ceux qui passaient par là.

L'usine à pluviers avait été construite suite au succès retentissant des films romantiques sur la vie du Poète, produits par LoveStar à l'occasion de l'inauguration de son parc d'attractions dans la vallée d'Öxnadalur. C'étaient des films magnifiques. Ceux qui faisaient le voyage après les avoir vus nourrissaient de grands espoirs : ils pensaient qu'ils seraient inspirés et entièrement conquis, et risquaient de connaître de lourdes déceptions. Les sondages montraient que deux choses agaçaient particulièrement les gens. En premier lieu, l'étoile d'amour de LoveStar ne brillait pas en surplomb des aiguilles des Hraundrangar et les oiseaux qu'on apercevait depuis les vitres des autobus ne cassaient pas trois pattes à un canard. Lorsque les guides désignaient les pluviers et déclaraient : *That's a lóa, the bird from the romantic poems, the bird from the romantic movies*, on entendait alors invariablement une voix maussade à l'arrière du bus : *Das ist nicht der Vogel in dem Gedicht. Drichf thef of in fluc ! That ain't the bird I came to see !* Alors, à chaque fois, l'ensemble du groupe récitait la strophe déclamée par le Poète dans la scène finale, au moment où sa bien-aimée, la seule, la vraie, l'unique, était emportée par une avalanche. L'étoile d'amour s'abîmait et le Poète épuisé se jetait dans le vide depuis les sommets de LavaRock (les aiguilles des Hraundrangar) :

Oh springbird with the whitest chest
Wings of love and all the rest
So beautiful like babies' hands
Best of birds in all the Lands
Oh Lóa, do your dirrindee
A dream of summer it may be
Oh Lóa will you fly with me ?
Will you bring my love to me ?

Pendant que le Poète déclamait la strophe, le pluvier doré descendait vers lui, bravant la tempête de neige, avec dans le bec un message de sa dulcinée : bloquée à l'intérieur d'une ferme en tourbe, elle avait survécu à l'avalanche. À ce moment-là, le Poète s'était déjà précipité dans le vide depuis les aiguilles des Hraundrangar et la belle finit par mourir de faim, non sans avoir auparavant avalé tout un pot d'abats surets, perdant ainsi une bonne partie de son charme, lequel était à tout le moins considérable.

Intitulés *Wings under LoveStar* et *Boy in Deep Valley*, les films mettant en scène le Poète et le jeune berger JayHey (JH) recouraient à des effets spéciaux numériques afin de recréer le pluvier doré conformément à l'image qu'en donnaient les textes. Les spectateurs suffoquaient d'admiration lorsque l'oiseau fendait les flocons drus, ils pleuraient en le voyant, la lettre au bec, battre frénétiquement des ailes autour du Poète pendant sa chute et le cri déchirant qu'il poussait au moment où l'homme se fracassait sur les rochers attendrissait jusqu'aux plus endurcis.

Mais voilà, le pluvier avait dégénéré. Les autochtones se sentaient affreusement humiliés quand les touristes interrogeaient : *Oh, is that lóa's slave ?* Serait-ce l'esclave du pluvier, autrement dit, un bécasseau ? Les ornithologues (dépêchés par les associations de défense du tourisme) pensaient que le pluvier s'était accouplé de façon répétée avec des bécasseaux violets voire, pire encore, des étourneaux. On l'avait pris sur le fait et des photos étaient parues dans les journaux. En outre, personne ne savait en quels lieux il tenait ses quartiers d'hiver.

Quand LoveStar avait racheté la fabrique de Coca pour la transformer en usine à pluviers dorés, tout le monde avait considéré l'événement comme un acte aussi nationaliste que symbolique. Les scientifiques avaient travaillé sans relâche pendant quatre ans afin d'améliorer le pluvier jusqu'à ce que ce dernier soit conforme aux attentes des touristes les plus exigeants. L'oiseau avait alors acquis la taille d'une dinde (en réalité, c'en était d'ailleurs une à soixante-treize pour cent, mais cela devait rester secret), une dinde altière et magnifique au poitrail d'un blanc immaculé. D'un goût délicieux, il pondait des œufs tachetés de brun et entonnait un chant qui répétait les mots : Sublime ! Sublime !

Chaque jour, Indriði arpentait le parc autour de l'usine avec une brouette et un râteau. Il plantait des potentilles dorées et des myosotis le long des allées, entretenait les bruyères, posait des dalles et arrosait les linaigrettes dans le marais. Il taillait les arbres, arrachait les mauvaises herbes et coupait les fleurs des champs avec une serpe. À la fin de l'été, il cueillait des camarines noires ou des myrtilles qu'il ramenait à la maison et mélangeait au fromage blanc de Sigríður.

Les sons qui s'échappaient de l'usine étaient d'une beauté sans pareille et quand le soleil brillait, les habitants du quartier se promenaient dans le parc, s'allongeaient dans les bruyères, les yeux levés vers le ciel tandis que les oiseaux entonnaient leur chant : Sublime ! Sublime ! Si tout cela existait, c'était grâce aux idées et idéaux de LoveStar.

Depuis plus de cinq ans, la vie d'Indriði et de Sigríður était une vallée de roses qui embaumait le miel. Puis brusquement, tout avait déraillé et Indriði n'était plus certain que Sigríður l'attende à la maison lorsqu'il rentrerait. Il y avait bien longtemps qu'ils n'avaient pas frotté leurs index l'un contre l'autre. Son pas résonnait lourdement dans la cage d'escalier. Son cœur battait à tout rompre dans sa poitrine au moment où il ouvrit la porte et cria :

— Sigríður ? Tu es là ?

LOVEMORT

LoveMort et l'amour étaient intimement liés dans l'esprit d'Indriði et de Sigríður. L'hiver, quand la nuit était claire et étoilée, ils se rendaient souvent au massif montagneux des Bláfjöll juste avant la fermeture du domaine skiable. Dès que s'éteignaient les puissants projecteurs éclairant les pistes, les astres les plus lointains s'allumaient dans le ciel. Ils s'installaient au sommet, à côté d'un chalet couvert de givre et de glace, à demi enfoncé dans une congère, et dont le toit portait un panneau publicitaire :

LoveMort
Énergie propre
Mort propre

Ils levaient les yeux vers la nuit sans rien dire, se murmuraient des mots, écoutaient leur respiration et observaient les volutes de vapeur qui sortaient de leur bouche comme d'une source chaude. Parfois, ces sources bavardaient allègrement. Ils discutaient beaucoup de la vie et de l'amour quand, allongés au sommet des Bláfjöll, ils observaient les astres et le dôme de lumière dorée qu'on apercevait au loin, destiné à prémunir les citadins contre la nuit et les étoiles.

— Là-bas, c'est Orion, notait Indriði.

— Et là, c'est la constellation du Sextant ou Bâton de Jacob, complétait Sigríður.

— Où ça ? interrogeait Indriði.

— Là, juste en dessous de LoveStar, précisait-elle, l'index pointé vers l'astre le plus brillant de la voûte céleste.

Des étoiles tombaient à intervalles réguliers. « En ce moment, il y a quelqu'un qui meurt », murmuraient-ils, les yeux levés vers les lueurs qui filaient à toute vitesse dans l'atmosphère. « En ce moment, il y a quelqu'un qui meurt », et ils avaient parfaitement raison. Il leur suffisait de feuilleter le *Morgunblaðið* du lendemain pour connaître l'identité du défunt et lire les éloges rédigés par ses proches.

Les vents solaires propices faisaient apparaître des aurores boréales. D'abord aussi légères que les irisations sur une flaque d'essence, elles se mettaient bientôt à danser et à osciller comme si une main s'amusait à dessiner la ligne bleu-vert d'un encéphalogramme à la surface des cieux. Ces aurores boréales ne duraient jamais bien long-temps. LoveMort avait besoin de leur énergie. Dès leur apparition, il y avait du mouvement à l'intérieur du chalet, la lumière s'allumait et un vieil homme à grosse moustache s'en extirpait péniblement, vêtu d'un épais manteau de fourrure.

— Einar est réveillé, murmurait Sigríður.

En général, Einar ne disait pas un mot. La neige craquait sous ses pieds quand il montait vers le mât planté au sommet tout en remplissant d'hélium un ballon de baudruche orange sur lequel on pouvait lire en lettres bien nettes l'inscription :

LoveMort
Énergie propre
Mort propre

Il attachait la sonde à l'interminable bobine de cuivre fixée au mât, auquel était reliée une ligne à haute tension qui s'en allait droit vers le nord et vers LoveMort.

— Ne restez pas là, s'agaçait-il en sortant un couteau pour trancher le lien qui retenait le ballon.

Le fil de cuivre se déroulait du mât à toute vitesse et la sonde montait comme une flèche vers la nuit. Entre-temps, l'aurore boréale avait pris de l'ampleur. Elle était maintenant une rivière glaciaire verte et laiteuse qui ruisselait sur le sable noir de la nuit. Le ballon, quant à lui, était une colline flottante au bout d'un fil à pêche. Le vieil homme moulinait, mais avant même qu'Indriði et Sigríður n'aient le temps de penser aux poissons, la sonde avait atteint l'altitude adéquate, le fil reliait la terre à l'aurore boréale et la rivière phosphorescente était happée en un tourbillon le long du câble en cuivre. Le mât était incandescent dans la nuit, les lignes à haute tension crépitaient et chantonnaient sous la caresse de l'énergie qui faisait route vers LoveMort. Einar rentrait dans le chalet, puis éteignait la lumière.

Indriði et Sigríður restaient là à regarder la sonde chauffée à blanc comme le filament d'une ampoule ou un satellite, cernée par le sommet du tourbillon. Ils écoutaient le murmure de l'énergie qui descendait vers la terre et voyaient parfois quelques éclairs s'enrouler autour du fil de cuivre. Indriði pensait à nouveau à la colline flottante et au fleuve que le vieux avait vidé de son eau comme l'abreuvoir dans le conte populaire de la vache Búkolla. Demeuraient les étoiles, tels des poissons posés sur le sol noir. Partout autour d'eux, ils voyaient des sondes monter depuis les sommets. Depuis celui d'Esja, depuis Móskarðshnúkur, Keilir, Hengill et Skjaldbreiður. LoveStar brillait avec une intensité jamais égalée derrière un nuage, puis on apercevait une étoile filante.

En ce moment, il y a quelqu'un qui meurt, pensaient-ils tous les deux. Sigríður versait quelques larmes. Le décès de son arrière-grand-mère, emportée par LoveMort, était encore récent.

Quand Kristólína, l'arrière-grand-mère de Sigríður, quitta ce monde, elle ne fut pas mise au fond d'une tombe glaciale pour s'y décomposer. Elle avait économisé pendant dix ans afin de pouvoir s'offrir les services de LoveMort. Dès que le moniteur cessa d'afficher la présence de signes vitaux, on lui ferma les yeux et, pendant qu'Indriði consolait sa bien-aimée, le corps fut descendu en ascenseur jusqu'aux sous-sols de l'hôpital où LoveMort possédait une antenne. Une employée en tailleur noir d'hôtesse de l'air habilla la défunte d'une combinaison argentée avant de la placer dans le grand caisson noir et réfrigéré, installé devant la succursale. C'est dans ce dernier que la production quotidienne de la mort quittait la ville à dix-sept heures trente.

Le camion fonça vers le nord, emportant les corps, et juste avant d'atteindre le parc d'attractions, il tourna à gauche au panneau indiquant :

Myrkárfjall
LoveMort, base de lancement n° 2
Fusées 18-54

← *Chargement*   *Zone réservée aux proches* →

Le véhicule entra dans un tunnel percé au pied de la montagne puis s'arrêta sous un dôme blanc et aseptisé. Au centre se tenait une fusée sur laquelle on lisait l'inscription LoveMort, orientée à la verticale. Les lettres avaient perdu de leur couleur suite aux nombreux tirs et atterrissages violents sur terre comme en mer. Placé sur un tapis roulant, le corps de Kristólína entra dans la fusée, accompagné par l'ensemble des défunts qu'avait produit le pays ce jour-là et par un important groupe de Féringiens, de Danois et de Norvégiens, qui se trouvaient déjà à bord.

Indriði, Sigríður et sa famille furent installés dans une salle au 57e étage de l'aile réservée à LoveMort dans le parc d'attractions. La paroi de verre offrait une vue superbe sur le glacier de Myrkárjökull, les vaisseaux spatiaux et les rampes de lancement qui longeaient les sommets situés à l'ouest de la vallée de la Hörgá. Au terme d'une journée magique, les enfants couraient, joyeux et sautillants, derrière le clown Lalli LoveMort. C'est que ce voyage dans le nord était destiné aux petits comme aux grands. Lalli LoveMort était un lapin boute-en-train qui portait une combinaison spatiale et il suffisait de passer une journée avec lui pour surmonter le choc de la disparition. Le système fonctionnait si bien que les enfants adoraient LoveMort : « Mère-grand ! Quand iras-tu à LoveMort ? » demandait depuis des années la cousine de Sigríður chaque fois qu'elle voyait Kristólína. « J'ai une copine qui a une sacrée chance, ajoutait la gamine, elle a vu Lalli LoveMort cinq fois ! »

Les adolescents quittèrent le centre commercial en traînant les pieds, leur bouteille d'un demi-litre de soda à la main, puis allèrent bouder dans un coin, jouant à des jeux vidéo sur leurs lentilles ou discutant sur les forums tandis que leurs mères les réprimandaient : « Ta grand-mère s'apprête à quitter ce monde, mon petit Magnús, je te prie de bien vouloir faire l'effort de t'y intéresser ! »

Les hommes burent une bière au bar avant l'heure décisive, puis tous les regards se tournèrent vers la vitre. Dans les entrailles de la montagne, sur le versant ouest de la vallée de la Hörgá, des portes blindées se fermèrent. Le réservoir s'emplit d'hydrogène, on procéda à la mise à feu et le sol se mit à trembler. La fusée s'éleva lentement du sommet avant de se précipiter dans les airs, laissant derrière elle un énorme panache de flammes et de fumée. Les endeuillés fascinés regardèrent le vaisseau monter en quelques instants jusqu'à la stratosphère et ne virent bientôt plus qu'un minuscule point aussi lumineux que le Soleil. Lorsque la lumière disparut, tous comprirent que

Kristólína avait quitté l'atmosphère et que sa dépouille avait été éjectée dans le vide peuplé de noir et de silence avec toutes les autres. Les corps flottaient en apesanteur, en orbite autour du globe terrestre. Mais c'était surtout la suite qui était absolument grandiose.

Dans la soirée, tous les descendants de Kristólína rejoignirent le sommet du mont Esja. Ils garèrent leurs voitures, éteignirent les phares et levèrent les yeux vers le ciel limpide de septembre. Le père de Sigríður essuya le givre sur la lunette de la table d'orientation, puis la tourna, les yeux baissés sur une carte du ciel qu'il éclairait à l'aide d'une lampe de poche. Enfin, il pointa son index vers les cieux.

— Elle devrait être visible au-dessus de la Grande Ourse vers 23 h 18.

Certains s'installèrent sur les pierres et les touffes d'herbe. D'autres s'allongèrent sur les mousses épaisses et moelleuses. Sigríður se mouchait. Indriði la serrait dans ses bras. À vingt-trois heures dix-huit, la grand-mère de Sigríður entama sa descente vers la Terre. À ce moment précis et en un point préalablement réservé sur la carte du ciel, l'attraction terrestre s'exerça sur la dépouille de la vieille dame qui tomba vers le sol à une vitesse grandissante, conformément aux lois de Newton, jusqu'à ne former plus qu'une longue ligne de feu blanche, tracée dans la nuit entre les astres. Une étoile filante ! s'émerveillèrent les enfants en faisant des vœux. Le moment était si beau et douloureux que chacun avait les larmes aux yeux : la mort était à la fois esthétique et symbolique. « La vie n'est qu'un éclair au cœur de la nuit. » L'obscurité qui s'installait après la vie n'était pas le vide, mais un espace infini, scintillant d'étoiles. Tous se réjouissaient de voir le vœu le plus cher de l'aïeule exaucé : se consumer sous la Grande Ourse et s'évanouir en un trait lumineux qui passerait devant la pleine lune. Être décochée comme une flèche depuis l'arc du sagittaire lui-même.

La grand-mère de Sigríður étant à soixante-dix pour cent constituée d'eau, on ne pouvait affirmer sans commettre d'erreur qu'elle avait été réduite en cendres. Il convenait plutôt de dire qu'elle s'était transformée en vapeur, qu'elle s'était évaporée, vaporisée. L'étoile était devenue un nuage. Kristólína s'était changée en nuage et unie à son époux défunt, également transformé en nuage, unie aux millions de gens changés en nuages qui venaient arroser l'herbe et les fleurs. Les poussières d'os et ce qui restait des cellules ne constituaient que trente pour cent et le tout retombait sur la terre, fournissant un excellent engrais. Ceux qui n'avaient pas l'habitude de lever les yeux vers le ciel nocturne étaient pris de vertige à la vue de son indicible profondeur alliée à son infinie beauté. Le simple fait que la mort de Kristólína ait rassemblé la famille pour lui offrir ce moment sur la montagne, sous ce ciel-là, les emplissait de joie :

— Merci d'être née et morte avant moi et de me montrer à quel point le monde est beau, à quel point la vie est brève et fragile. Je ne t'oublierai jamais, petite grand-mère nuage. Je protégerai ma pauvre vie et je m'emploierai à épargner afin d'avoir les moyens de me faire expédier dans l'atmosphère pour te rejoindre le jour où je mourrai.

Les parents montraient un nuage aux enfants en disant : Voilà ! Ton arrière-grand-mère est montée au ciel. Elle a rejoint ton arrière-grand-père. Elle est au septième ciel. En regardant bien, tu verras peut-être la barbe ou les dents de ton arrière-grand-père, et si tu es assez patient, peut-être que ton arrière-grand-mère te dessinera une baleine, à moins qu'ils ne soient tous deux partis au-dessus de l'Afrique et qu'ils n'y dessinent des cachalots pour les enfants qui vivent là-bas. Tu te souviens qu'ils étaient fascinés par l'Afrique. Demain, tu pourras t'allonger dans l'herbe et regarder si ton arrière-grand-mère te dessine quelque chose dans les nuages.

C'est LoveStar qui avait eu l'idée de LoveMort, ou disons plutôt : l'idée s'était emparée de lui et ne lui avait laissé aucun répit tant qu'elle n'avait pas pris corps dans la réalité. Elle l'avait privé de sommeil, d'appétit, de désir sexuel, déversant en lui une telle quantité de matière qu'il fallait bien qu'elle finisse par prendre corps. Et bien qu'au début certains aient trouvé le concept passablement déraisonnable, ce fut un jeu d'enfant de le mettre en œuvre. La technologie existait de longue date et les grandes puissances possédaient un arsenal nucléaire comptant des milliers de vieilles ogives qui n'attendaient que de servir les projets de LoveMort. Les guerres nucléaires n'étaient pas censées se dérouler uniquement par beau temps ; il n'était donc pas plus ardu de lancer une fusée dans une tempête de neige depuis la vallée d'Öxnadalur que de poser un jumbo-jet sur la piste de l'aéroport de Keflavík dans des conditions météo comparables. Toutes choses qui se résumaient à des questions de financement et de marketing, à des questions de production d'hydrogène à bas coût et il n'y avait qu'à envoyer en l'air quelques richissimes célébrités pour piquer la curiosité et installer une ambiance. Il suffisait que l'idée germe dans l'esprit de la personne adéquate. LoveStar n'avait pas besoin d'avoir des connaissances très poussées. Depuis longtemps, il ne s'intéressait plus à ce qu'il avait étudié dans sa jeunesse : les facultés d'orientation et l'activité cérébrale des sternes arctiques, des papillons et des mouches à miel. Il n'avait nul besoin d'être spécialiste en hydrogène, en rampes de lancement, en astronomie, en vents solaires ou encore en nuages. Il pouvait acquérir ces connaissances n'importe où, moyennant paiement. Il lui fallait seulement une idée, un objectif clairement défini, un financement et la force de persuasion qui parviendrait à pousser les gens vers un but unique. Il n'avait besoin ni de conseils ni de sondages coûteux. Persuadé qu'il réussirait, il mit tout en œuvre pour parvenir à ses fins.

Les commerciaux du service Image et Ambiance de LoveMort se rendirent, compatissants, au chevet de vedettes de cinéma et de rockeurs. Ils plongèrent leurs chambres d'hôpital dans l'obscurité, allumèrent leurs ordinateurs portables et leur montrèrent de fascinants montages vidéo promotionnels et interactifs.

— LoveMort vous fera une publicité d'enfer, tout cela est si nouveau que l'événement sera couvert par la presse mondiale. Nous veillerons à ce qu'un extrait vidéo de vos chansons passe au grand journal des chaînes de télévision et avec un peu de chance, un disque de vos plus grands succès, un Greatest Hits, sera diffusé dans le monde entier.

— Je n'ai fait qu'un seul tube, soupirait l'ancienne vedette sur son lit de mort.

— Je voulais parler de votre plus grand succès, *votre* greatest hit, qui sera réédité en 45-tours. Les ventes suffiront à couvrir les frais des services de LoveMort en l'espace d'une semaine. Vous allez gagner beaucoup d'argent. Votre nom sera éternel, vivant parmi les étoiles.

LoveMort savait choisir ses mots et les placer dans le contexte adéquat. Il rendait la mort plus propre, plus belle, plus grandiose et surtout, plus simple. Cela représentait un gain de place. C'en était fini des tombes négligées et de la mauvaise herbe source de mauvaise conscience, fini des pierres tombales dispendieuses, fini de la puanteur, fini de l'horreur des crânes béants.

Le grouillement des vers et les crânes béants étaient les corollaires inévitables de l'ancienne méthode dans l'esprit des gens depuis la campagne choc menée par LoveMort aux premiers temps de son existence. Le vaisseau amiral de ladite campagne était l'annonce publicitaire maintes fois primée, intitulée : *Une mère en décomposition.*

On y voyait les ravages de la première année passée sous terre, en version accélérée : le cercueil d'une jeune mère s'enfonçait dans une tombe froide, son joli corps disparaissait, bleuissait et pourrissait. Il bougeait sans cesse, gonflait et dégonflait, le visage était rongé par la vermine jusqu'à n'être plus qu'un hurlement. Mais heureusement, il y avait la nouvelle méthode :

CIEL LIMPIDE
ÉTOILE FILANTE
LOVEMORT

La méthode propre. C'est que l'hygiène est capitale. Une idée belle et limpide. LoveMort était un beau concept, un concept simple et efficace, même pour un enfant qui ne comprenait pas pourquoi celui qui devait monter au ciel devait simultanément s'enfoncer au creux de la terre.

> *L'enfant : Maman ! Où vont les gens qui sont méchants ?*
> *La mère : En enfer.*
> *L'enfant : Et ça se trouve où ?*
> *La mère : Sous terre.*
> *L'enfant : Alors grand-mère va aller en enfer ?*
> *La mère : Non, elle va monter au ciel.*
> *L'enfant : Dans ce cas, pourquoi est-ce qu'on l'enterre ?*
> *La mère : Ah, tu comprendras tout ça quand tu seras grand.*
> *Le commentateur : Avec LoveMort, aujourd'hui, chacun peut monter au ciel pour seulement 30 000 couronnes*.*
> ** à verser mensuellement pendant douze ans*
> *LoveMort – Le meilleur moment de la vie !*
>   Annonce publicitaire radiodiffusée.

L'ancienne méthode était rudement fade comparée à celle de LoveMort. Ta grand-mère repose-t-elle sous terre ? L'avez-vous envoyée en enfer ou plane-t-elle dans les airs comme un ange ? Non, nous ne pouvions vraiment pas lui faire ça. La méthode traditionnelle n'était ni propre ni convaincante. Cette histoire de corps séparé de l'âme, de matière ici et d'esprit « là-bas » ne tenait pas debout. Une tombe au creux de la terre était-elle la conclusion adéquate d'une belle existence ? Pouvait-on proposer à ses proches un ultime repos où ils n'auraient pas un instant de répit, plongés dans une nuit insondable ? Laisser son bien-aimé reposer en un lieu associé depuis toujours aux ténèbres et à la terreur ? Qui voudrait investir son argent dans la décomposition ? C'était aussi simple que ça : l'ancienne méthode était mauvaise, l'inhumation embarrassante et la décomposition repoussante. La partie était perdue d'avance, cette mauvaise idée était devenue une tradition faute de mieux depuis soixante mille ans. Ni fleurs ni couronnes, que ceux qui tiennent à honorer la mémoire du défunt consacrent leur argent à des choses plus malignes. La mort offrait un territoire commercial que personne n'avait entrevu avant LoveStar :

Pourquoi les gens regarderaient-ils à la dépense s'agissant de leur décès alors même qu'ils consacrent des trillions de milliards à l'achat d'objets inertes et de saletés de toutes sortes ? Pourquoi devraient-ils dire stop, une fois confrontés à un phénomène aussi intéressant que la mort ? Or il faut bien mourir un jour : le groupe cible était l'humanité entière et il ne s'était trouvé aucun spécialiste en marketing pour flairer la bonne affaire. Groupe cible : l'humanité. Thématique : la mort. Cela montrait bien à quel point ces gens-là avaient la vue courte. Ils ne s'attaquaient pas aux grandes idées ni à la profondeur des choses, mais se cantonnaient à la surface. Qu'obteniez-vous pour un million une fois mort ? Un cercueil, un trou dans la terre, une pierre tombale, et voilà tout. Qu'aviez-vous pour un million de votre vivant ? Deux tours du monde avec la compagnie Ingólfur. Un séjour d'un mois en hôtel de luxe, des repas à six plats six fois par jour. Il était évident que ça sentait l'arnaque, certains étaient trop morts pour s'en plaindre et d'autres trop abattus pour y réfléchir.

En compagnie de la mort.
Entretiens avec LoveStar.

LoveMort fut d'abord un privilège réservé aux milliardaires. À Hollywood, lorsque votre chirurgien esthétique s'avouait vaincu et vous disait qu'il ne pouvait plus rien contre vos rides, vos valises sous les yeux, vos varices, votre peau d'orange ou votre poitrine tombante, l'étape suivante consistait à s'adresser à LoveMort. Vous étiez sur la pente savonneuse et une occasion unique se présentait à vous de vous faire envoyer en l'air pour atteindre le point culminant de votre existence. Il suffisait de vous en remettre à LoveMort, la solution radicale pour brûler les mauvaises graisses.

La mort est aussi propre que la neige est blanche. LoveMort est un feu purificateur. Avant de rejoindre l'éternité, vous vous consumerez dans l'atmosphère. Ce n'est qu'à ce moment-là que l'esprit (ou la vapeur) se séparera de la matière.

Extrait du discours prononcé par LoveStar
à l'occasion du lancement du pape Pie III.

Les premières années, les lancements de Love-Mort furent systématiquement couverts par les médias. Les touristes et les admirateurs affluaient de toutes parts pour y assister. Mais bientôt, le succès de l'entreprise permit d'améliorer la qualité du service et de faire baisser les prix.

La méthode traditionnelle coûtait un million, parfois deux, et n'avait pas évolué depuis soixante mille ans. Il ne fallut pas attendre bien longtemps pour que LoveMort devienne compétitif. Le prix passa de mille fois à cent fois et bientôt à seulement dix fois celui de l'ancienne méthode. Le secteur connut alors une croissance fulgurante. Pour finir, il était moins cher de recourir à LoveMort que d'envoyer jusqu'au Japon deux cents kilos de poisson frais par avion-cargo.

Évidemment, la compagnie ne séduisait pas l'ensemble des groupes cibles, mais lorsque ses services étaient devenus moins chers que l'ancienne méthode et avec l'apparition du clown Lalli LoveMort, la séduction n'avait plus grand-chose à voir avec l'affaire. Les enfants ne voulaient plus entendre parler d'une autre solution. Avec Love-Mort, c'était plus pratique, plus hygiénique, plus simple et plus beau. Les grandes vedettes tenaient à sortir du lot en s'abîmant sur terre vêtues de combinaisons hors de prix conçues dans des matières de luxe qui brûlaient à des températures diverses :

Bon de commande :
Combinaison externe en magnésium dont la combustion produit une flamme blanche, sous-couche de mélange soufré destinée à dégager une flamme orangée, seconde sous-couche de sulfate de cuivre produisant des paillettes vertes. Sous-vêtements : 60 % polyester et 40 % coton se consumant en une flamme arc-en-ciel, puis corps lui-même dont les flammes sont naturellement blanches jusqu'au

moment où les prothèses mammaires en silicone explosent comme des pétards mammouth.

Commande pour Pam An qui s'abattit de manière mémorable en étoile filante au-dessus d'Hollywood après avoir été emportée par l'hépatite, âgée de seulement 53 ans.

Les coups d'éclat hautement artistiques orchestrés par LoveMort faisaient figure d'exceptions et ne passaient pas inaperçus. La plupart des gens devaient toutefois se contenter de la combustion naturelle.

Sigríður devait la vie à LoveMort. Âgée de cinquante-cinq ans et ingénieur en aéronautique, sa mère les avait élevées, elle et sa sœur, dans une maison saine, de conception moderne et au style épuré. Quand cette dernière évoquait les débuts de l'entreprise, elle fermait les yeux, s'extasiait sur la magnificence, l'ambiance de l'époque et le parfum de nouveauté. LoveMort était une aventure digne d'une pêche au hareng miraculeuse et ceux de sa génération souffraient autant de la nostalgie que de l'orgueil des précurseurs.

— Vous devriez nous être reconnaissants ! C'est nous qui avons bâti tout ça !

Ses propos recelaient une part de vérité. Au moment où l'entreprise avait véritablement pris son essor, interrogé sur la proportion de salariés islandais qu'il employait, LoveStar avait répondu : « Je dirais environ la moitié. »

La magnificence ne dura que quelques années, à l'époque où d'authentiques stars et millionnaires se faisaient expédier dans les airs avec glamour, couverts par la presse et accompagnés jusqu'au dernier moment par leurs admirateurs. La plupart des employés de LoveMort, alors jeunes et fringants, n'hésitaient ni à s'amuser ni à faire des heures supplémentaires, et les meilleures fêtes étaient organisées dans le nord du pays, chez LoveMort. C'est d'ailleurs pendant l'une d'entre elles que Sigríður avait été conçue. Sa mère était sortie discrètement en compagnie d'un artisan électricien originaire de la région et ils s'étaient allongés tous les deux dans un creux tapissé d'herbe tandis qu'une vedette pop ridée et variqueuse interprétait un vieux tube en échange d'un voyage avec LoveMort. Tous avaient trinqué à la santé de l'artiste qu'ils avaient remercié pour son chant du cygne. Les choristes vêtues de cuir (issues du chœur de femmes de LoveMort) l'avaient enveloppé d'une combinaison en aluminium et d'une aube en feuilles d'argent. Puis la vedette avait été conduite à la prochaine fusée en partance. Les parents de Sigríður batifolaient dans les bruyères au moment où l'éclair avait illuminé la nuit estivale et où la bruine s'était déposée comme la rosée sur les fleurs qui peuplaient la vallée.

Partout, on ne voyait que LoveMort. Chaque jour, les moissons quotidiennes de la Camarde quittaient les grandes villes de ce monde à bord de ses camions et à chaque minute, un bateau ou un avion emmenait sa cargaison de défunts jusque dans le nord du pays. Des vaisseaux noirs battant pavillon des îles Caraïbes affluaient, chargés à ras bord de corps arrivés des cinq continents. Le ciel était zébré de lignes blanches toute la journée après l'atterrissage des supersoniques noirs qui apportaient les corps venus d'Europe. Des dirigeables russes restaient suspendus au-dessus de l'île comme autant de calebasses sombres, transportant cinq mille défunts à chaque voyage. Pendant qu'on remplissait les dirigeables d'hélium, leurs pilotes ne pouvaient s'empêcher d'en aspirer un peu avant d'appeler la radio comique pour imiter Donald Duck en russe sur les ondes.

LoveMort était un conte de fées qui prenait parfois une allure inquiétante, surtout en novembre et décembre quand bien peu de vivants visitaient le pays et que certains d'entre eux (par exemple, ceux qui appartenaient au groupe cible émotif pleurant à la vue de comédies sentimentales) s'affligeaient de ne voir rien d'autre qu'une longue file d'autocars emplis de vieillards chinois ou suédois rouler vers le quartier général de LoveMort, sachant qu'aucun d'entre eux n'en reviendrait vivant.

Tous ceux qui le pouvaient prirent part aux activités de LoveMort de manière directe ou indirecte. Quinze mille pilotes d'avion et dix-huit mille commandants de navires assuraient les liaisons avec l'Islande. Les cargos récupéraient les fusées retombées en haute mer qui croisaient leur route de façon à ce qu'on puisse les réutiliser. Deux mille chauffeurs de bus et de camions transportaient les clients vers le nord. Un millier travaillait dans le secteur marketing, la vente, le conditionnement et la distribution, d'autres encore au chargement, au calcul des coordonnées du point de chute, à la construction de nouvelles rampes de lancement et à la recherche d'un moyen de produire de plus grandes quantités d'hydrogène. S'agissant d'énergie, LoveMort se montrait insatiable. Toutes les lignes à haute tension mènent à LoveMort, disait le proverbe. On construisit des éoliennes en mer, on exploita la force marémotrice et on alla puiser l'énergie géothermique jusque dans les entrailles des volcans afin de séparer les atomes d'hydrogène et d'oxygène et déclencher la réaction chimique bien connue : $2H_2O > 2H_2 + O_2$.

Les premières années, la croissance fut exponentielle et les incidents nombreux. Parfois, les systèmes de réfrigération des cargos tombaient en panne et des vapeurs pestilentielles s'échappaient quand on ouvrait les cales. Tout le monde se bouchait le nez, mais les habitants des villes portuaires étaient habitués à cette odeur qu'ils surnommaient l'odeur de l'argent. Dans le pire des cas, la cargaison finissait en guano, mais le service Image d'ÍSTAR veillait à ce que la nouvelle ne s'ébruite pas. Les proches n'apprenaient jamais que l'étoile qui se consumait si joliment dans le ciel nocturne n'était pas leur parent regretté, mais quatre-vingt-dix kilos de viande chevaline.

Les autochtones ne manquaient ni de travail ni de sujets de conversation même si, quand ils séjournaient à l'étranger, certains d'entre eux déploraient de constater que leurs interlocuteurs ne pensaient à rien d'autre qu'à LoveMort dès qu'ils mentionnaient leur patrie d'origine.

— Ils ne connaissent même pas la statue de la Liberté ! Ils ne savent pas qui repose, embaumé, sous le mont Keilir. Ils se contentent de dire : « Aha ! Yes, LoveMort. Un jour, j'irai là-bas. »

Même si le pays était le centre névralgique de la mort, il bénéficiait d'une image positive, hygiénique et empreinte d'une profondeur mystique, tout comme LoveMort. La presse mondiale désignait l'île comme le Gange du nord, peut-être à juste titre. Elle était à la fois le Gange, Bethléem, La Mecque et Graceland, tous ces lieux saints que chacun se devait de visiter avant sa mort. LoveStar avait le pouvoir de convaincre n'importe qui. Il était parvenu à fédérer l'humanité sous l'étendard de LoveMort, quelles que soient les idées plus ou moins saugrenues de tout un chacun concernant la religion et l'au-delà. Lorsque les gourous indiens étaient envoyés en l'air, de l'eau puisée dans le Gange subissait une électrolyse et on les expédiait avec de l'hydrogène sacré. Quand les papes et les évêques partaient, on faisait subir l'électrolyse à de l'eau bénite et pour ce qui était des pétroliers féringiens, on les expédiait dans d'immenses vaisseaux propulsés au brut, un carburant qu'ils apportaient eux-mêmes par tanker.

De nombreuses nations voulurent proposer des services comparables à ceux de LoveMort pour s'enrichir, mais le brevet avait été déposé par l'empire de LoveStar. En outre, personne ne pouvait rivaliser avec les conditions offertes par le parc d'attractions situé dans la vallée d'Öxnadalur. Le désert et les lacs des hautes terres, la mer immense et écumante qui entourait l'île, tout cela contribuait à limiter le risque de tirs manqués atterrissant sur les villes et villages. Le plus déterminant était la présence d'une énergie propre et renouvelable et d'une quantité d'eau douce infinie pour séparer l'oxygène de l'hydrogène. Ensuite, c'était un jeu d'enfant : Électrolyse ! Chargement ! Mise à feu !

La combustion de l'hydrogène ne dégageait aucune particule polluante, mais seulement de la vapeur d'eau pure qui formait un brouillard sur les landes au nord du pays. Bien que les lancements aient lieu depuis les sommets situés à proximité de la vallée d'Öxnadalur, les étoiles filantes pouvaient retomber n'importe où sur terre. Partout sur la planète, des files de voitures gravissaient les montagnes et longeaient les gorges, les gens s'asseyaient, silencieux et recueillis, autour de feux de camp qui crépitaient en attendant qu'un être cher devienne dans le ciel une étoile filante.

RETENIR SON SOUFFLE

Assis dans son avion, LoveStar prenait garde à ne pas écraser la graine qui reposait au creux de sa paume ouverte telle une poussière sur laquelle on s'apprête à souffler pour l'envoyer aux quatre vents. Il osait à peine respirer.

Ces derniers temps, il s'était isolé au sein de l'entreprise. Il n'entretenait pour ainsi dire de relations qu'avec Ívanov, le directeur de LoveMort, et Jamaguchi, qui était à la tête du département d'Étude des oiseaux et papillons. Ceux-ci s'étant confortablement installés sur des îles du Pacifique, il ne les rencontrait que rarement en chair et en os, mais plutôt à l'occasion de visioconférences que, depuis quelques semaines, il négligeait également.

Il regardait cette graine, connaissait les idées qui étaient nées au sein du service Image et Ambiance, et savait mieux que personne que rien n'arrêtait une idée. Il avait la force de s'opposer à eux, mais que feraient-ils de cette graine après sa mort ? Et lui, que devait-il en faire ? Il avait lancé ces recherches en s'attendant à ce qu'on découvre une grotte, un trésor archéologique, une montagne, une colline, un étang. Mais une graine ? Que fait-on d'une graine ? Qu'en sortirait-il ?

Graine devient arbre ?
Devient fleur ?
Devient seule et unique fleur ?

Les recherches entreprises pour découvrir ce qui s'avéra en fin de compte être une simple graine avaient duré sept ans. Il avait passé le plus clair des derniers mois à attendre les conclusions de ses équipes dans son bureau, se livrant à des calculs pour maintenir son esprit en éveil. Afin de conserver ses connexions neuronales en état de marche, il gribouillait des motifs ou dessinait des paysages. C'était toujours le même motif, toujours le même paysage. Lorsqu'une idée s'emparait de lui, il s'efforçait de rester lucide en dessinant ou en se livrant à des calculs. Le dessin était une forme de méditation qui servait à évacuer le trop-plein en même temps que l'expression d'une idée en gestation. Il était également collectionneur. Dans sa jeunesse, il avait accumulé les écritures manuscrites de tous ceux qu'il avait à sa portée, y compris des étrangers, mais également des restes de tous les animaux terrestres, les ouïes de toutes les espèces de poissons et les ailes de toutes sortes d'oiseaux, son bureau en était rempli. Son iris était serti d'un cercle jaune et phosphorescent, comme les yeux d'un chat. Il observait la vallée préservée d'Öxnadalur. Le bureau vitré de tous côtés offrait une vue panoramique à 360°, mais de l'extérieur, ce n'était qu'une aiguille de lave noire, un Hraundrangi.

Sa manie de la collection s'était développée. Aujourd'hui, il collectionnait le monde. Jamais il ne consentait à le reconnaître, prétendant que c'était le monde qui venait à lui. Un hélicoptère rouge parti d'une plateforme pétrolière norvégienne et arborant les couleurs de la compagnie Statoil surplombait la vallée de la Hörgá. L'espace d'un instant, il s'était demandé l'allure qu'aurait le véhicule, orné de l'étoile de son entreprise et de l'inscription : LoveOil. Il avait envoyé un message succinct à l'ordinateur du service Acquisitions d'ÍSTAR : Statoil / LoveOil ? Il n'en fallait pas plus. L'ordinateur allait étudier la question et, si la transaction s'avérait profitable, la machine achèterait la compagnie pétrolière norvégienne et imprimerait aussitôt un sticker : LoveOil.

L'hélicoptère transportait une vieille église en bois suspendue à un treuil : c'était un cadeau de la nation norvégienne au musée de l'Histoire mondiale fondé par LoveStar. Le don était à mettre au crédit du service Ambiance, qui était parvenu à convaincre le monde entier que ce qui n'était pas exposé au musée de l'Histoire mondiale n'avait aucune valeur. Plus bas dans la vallée de la Hörgá, on avait fermé la route et retiré les bâtons qui matérialisaient son tracé quand la neige recouvrait tout : un gigantesque sphinx gravissait le versant avec lenteur, juché sur la plateforme d'un camion. Toute chose était en route vers le nord et s'apprêtait à rejoindre les voûtes creusées sous les aiguilles de lave des Hraundrangar. L'attraction exercée par le parc de LoveStar touchait à l'infini. L'infini : ∞. Il traçait inlassablement le symbole sur une feuille. L'infini. Il possédait un nombre infini de choses. Il attendait depuis un temps infini les résultats des recherches. Il leur avait consacré des sommes infinies. Si tout allait bien, ils trouveraient une chose infiniment grande. Il tourna la feuille et traça le symbole un nombre infini de fois jusqu'à ce que le papier soit entièrement recouvert de fleurs.

LoveStar promenait son regard sur son empire. Des soudeurs polonais se régalaient en avalant des Prince Polo – des gaufrettes nappées de chocolat et importées de Pologne – dans l'un des abris à ogives de LoveMort, un chalutier renflouait une fusée sur une mer déchaînée, un entomologiste à cheveux longs du département d'Étude des oiseaux et papillons se concentrait pour mesurer l'épaisseur du cerveau d'un moustique tandis qu'un de ses collègues pris de logorrhée semblait peindre un mur invisible avec de grands gestes. Dans une salle de concert en banlieue de Bangkok, cinquante mille animateurs du service Ambiance dansaient le disco à l'occasion du symposium promotionnel international organisé par le secteur Presse d'íSTAR. Des cris de joie assourdissants retentissaient de toutes parts et les animateurs agitaient les bras, comme s'ils étaient en transe. LoveStar modifia l'angle de vue afin d'observer ce qui se passait sur scène. Ragnar Ö. Karlsson, l'ancien animateur en chef d'íSTAR, apparaissait, souriant, sur un gigantesque écran et chantait en duo avec une pop star féminine entièrement nue, en direct depuis le symposium de soixante-dix mille participants, organisé à Moscou par le secteur musique d'íSTAR. LoveStar grinça des dents. Ragnar n'avait manifestement rien perdu de son influence au sein d'íSTAR, même s'il avait été rétrogradé en étant muté à la tête du service Ambiance de LoveMort.

S'intéressant à son environnement immédiat, LoveStar observa le corbeau porté par un courant d'air ascendant. Son regard traversa les roches à l'intérieur desquelles on conduisait les touristes à leurs chambres. Dans l'aile du parc d'attractions réservé à inLove, on voyait d'interminables files d'amoureux venus des quatre coins du monde, qui se câlinaient derrière la paroi de pierre froide. Assis dans des rocking-chairs en attendant leur tour chez LoveMort, les vieux se reposaient en admirant des représentations en trois dimensions des fermes de leur enfance, levant parfois leurs yeux fatigués pour assister aux lancements répétés des fusées.

C'est ainsi que LoveStar parcourait le monde, il lui suffisait de changer d'angle de vue, allant de Paris à la Terre de Feu, puis à Bologne, à Tokyo et à Kiev. Partout, on érigeait des tours comme des termitières qui dominaient les anciens centres-villes de toute leur hauteur et bien qu'elles fussent construites en des matériaux aussi divers que l'acier, la pierre, le verre ou la fibre de carbone, leur marque de fabrique était aisément reconnaissable. Imitant les aiguilles de lave des Hraundrangar, elles s'élevaient sur l'emplacement autrefois occupé par les cimetières, avant que LoveMort n'entreprenne d'y « faire le ménage » et de débarrasser définitivement les grandes métropoles de ce que le maire de Buenos Aires appelait : « *Los miserables restos de la época de descomposición de los cadáveres de ceres humanos* », en d'autres termes, « les vestiges misérables de l'époque de la décomposition humaine ».

LoveStar ne se mêlait pas de la gestion de Love-Mort. Dans un documentaire diffusé sur Sky, il avait déclaré : « La satisfaction que j'ai éprouvée à la création de LoveMort et face au spectacle de la reine Elizabeth II tombant en étoile filante sur le palais de Windsor n'a duré que l'espace d'une journée. Elle a débuté au lancement de la première fusée, à six heures du matin et a disparu à trois heures du matin la nuit suivante, quand Elizabeth II s'est changée en étoile filante. Dès que cet éclair illuminant la nuit s'est évanoui, j'ai compris qu'on pouvait se passer de moi. Les universités forment des dizaines de milliers de spécialistes qui savent, désirent et ont la capacité de faire fonctionner, mais aussi de développer LoveMort. J'ai eu l'intelligence de leur laisser toute latitude. »

Il avait toutefois certaines exigences envers son personnel :

— Que diable entends-tu par là ? Michael Jackson aurait été enterré ?! Il a un billet réservé chez LoveMort et s'il ne rejoint pas le ciel, c'est l'un d'entre vous qui prendra sa place !!!

Le nettoyage des métropoles et la construction des tours étaient entièrement du ressort de Ragnar Ö. Karlsson et du service Ambiance de LoveMort.

LoveStar passa en revue les gratte-ciel et appela
Ívanov, le directeur de l'entreprise.

— As-tu enfin appris ce que ces tours sont censées abriter ? interrogea-t-il.

— Ne t'inquiète pas, c'est du solide.

— Certes, mais quel type d'activités vont-elles
accueillir ?

— Des hôtels, des bureaux et des commerces,
je suppose.

— Tu supposes ?

— Elles sont bâties sur les terrains les plus cotés
et le fait qu'elles abritent ce genre d'activités coule
de source. Cela dit, c'est Ragnar qui s'occupe de
tout ça.

— Donc tu n'es pas certain de ce que tu avances ?
Je veux que tu le surveilles de près.

— Je ne peux pas fourrer mon nez partout. J'ai
bien fait de laisser les mains libres à Ragnar. Le
résultat est probant, comme tu vois.

— Et le coût ?

— Les profits engrangés par les travaux de nettoyage couvrent toutes les dépenses. En outre, les
corps seront tous expédiés dans l'atmosphère pendant les Festivités du million d'étoiles.

— Si je comprends bien, on vous a payés pour
emmener les corps, vous avez récupéré les terrains
gratuitement et vous allez vendre les espaces professionnels dans les tours ?

— Tu as tout compris. Ce Ragnar s'y connaît
en ambiance, je peux te l'assurer, c'est un gars du
tonnerre. Les villes nous ont payé dix fois le prix
habituel pour enlever les corps étant donné leur

état de décomposition, vois-tu. Quant aux Festivités du million d'étoiles, c'est un bonus qui renforcera les facteurs d'ambiance et servira notre image. Tu as bien fait de muter Ragnar chez nous. Je n'aurais jamais imaginé à mon grand âge voir LoveMort connaître cette seconde jeunesse.

— Par conséquent, tout va *bien* ? demanda LoveStar, incrédule.

— La ceinture du million d'étoiles est déjà visible à l'œil nu, tu devrais l'observer.

— Je la regarderai ce soir.

— Elle est visible en plein jour, précisa Ívanov.

LoveStar s'approcha de la baie vitrée et leva les yeux vers la voûte céleste où scintillait un arc de cercle qui ressemblait à une bande de verre finement concassé et étincelant : des paillettes ou du mica dans le lit d'une rivière. Il attrapa des jumelles pour mieux y voir. On aurait dit un banc de harengs argentés nageant à haute altitude, loin au-dessus des nuages. Il modifia l'angle du télescope installé sur son satellite et fut parcouru d'un frisson à la vue du spectacle : le ruban infini de LoveMort s'enroulait autour de la Terre !

Cent millions de corps argentés formaient un anneau de Saturne autour de la planète.

— Tu ne trouves pas ça génial ? s'enthousiasma Ívanov. Il y a là l'équivalent de six années de production.

LoveStar avala sa salive et ferma les yeux en faisant de son mieux pour contrôler sa respiration. Ragnar était en effet loin d'avoir dit son dernier mot.

— À part ça, tout va bien de ton côté ? s'enquit Ívanov.

— Oui.

— Tu me sembles un peu distant depuis un certain temps. Tu devrais discuter plus souvent avec Ragnar, je ne comprends pas ce que tu as contre lui. Je crois au contraire que tu as trouvé là ton digne successeur. Il est temps de laisser la place aux jeunes. Nous ne sommes pas éternels.

LoveStar ne lui répondait pas.

— Allô ! Tu es toujours là ?

LoveStar leva les yeux vers le Soleil. L'astre passait derrière la ceinture du million d'étoiles qui réfléchissait ses rayons, créant un double halo des deux côtés duquel apparaissaient deux soleils supplémentaires, l'un à l'est, l'autre à l'ouest. Deux astres supplémentaires et rougeoyants dans le ciel, semblables à des miroirs solaires brûlants qui se reflétaient dans les baies orientées à l'ouest. Trois soleils, pensa LoveStar.

— Tu es là ? répéta Ívanov.

— Les soleils supplémentaires s'appellent bien Úlfur et Gíll… ?

— Úlfur et Gíll ?

À en croire le dicton : « Rarement Gíll est de bon augure », pensa LoveStar.

LES IDÉES

Même parmi ses plus proches collaborateurs, peu de gens pouvaient se targuer de connaître vraiment LoveStar. Certains se demandaient parfois s'il plaisantait ou s'il était sérieux, ce qui ne l'empêchait pas d'accomplir bien des choses.

Quand on l'interrogeait sur ses idées, il s'en tirait par une pirouette, affirmant qu'il n'en était nullement responsable. Des idées, disait-il, il n'en avait pas, au contraire, c'étaient elles qui s'emparaient de lui. Elles prenaient possession de son corps qu'elles colonisaient comme celui d'un hébergeur afin de pouvoir se faire une place dans le monde réel, puis le laissaient épuisé, éreinté, vide (et surtout immensément riche et puissant, faisaient remarquer les moins compatissants). Il déclarait ne plus rien maîtriser à partir du moment où une idée s'installait dans sa tête. « Une idée est un dictateur », écrivait-il dans l'un de ses best-sellers :

L'idée monopolise l'ensemble de l'activité cérébrale, elle met à l'écart les sentiments et les souvenirs, vous conduit à négliger votre famille et vos amis en vous poussant vers un but unique : sa mise en œuvre. Elle s'empare des sphères langagières du cerveau et prend toute la place. Elle vous prive d'appétit, diminue vos besoins en sommeil, déclenche dans le cerveau la fabrication d'une hormone plus puissante que les amphétamines et peut vous maintenir en éveil des mois durant. Lorsqu'une idée voit le jour, l'homme dont elle s'empare se vide de sa substance. Même si, nimbé par sa lumière, il essaie de s'y accrocher et s'emploie à l'associer à sa personne, voire la baptise de son propre nom, il n'en tire aucune satisfaction. Celui qui a senti en lui une idée grandir et se préciser, celui qui en a été l'esclave pendant des mois, voire des années, sait que l'idée en soi ne vaut rien. Avoir eu une idée un jour et s'en satisfaire revient à se satisfaire d'avoir connu la jouissance une seule fois, assouvi sa faim ou étanché sa soif une seule fois. Celui qui a connu le goût d'une idée ne désire rien plus ardemment que d'en voir arriver une nouvelle, qui le réduira une fois de plus en esclavage. Rien n'est aussi triste qu'un homme qui a inventé une seule chanson, une seule histoire, trouvé une seule idée, puis plus rien. Il ne sera jamais rien d'autre qu'une douille de cartouche vide. Dans ce cas, mieux vaut n'avoir jamais goûté à rien. Les idées sont une drogue. Celui qui y est sensible est condamné à négliger ses filets ou son ordinateur, à sacrifier l'ensemble de ses richesses et de ses biens. Lorsqu'une idée lui ordonne : Suis-moi ! Il va jusqu'au bout.

L'homme contaminé par une idée n'est plus responsable de ses actes. Il ne pense qu'à une chose : s'en débarrasser. Aucun argument ni aucune réserve n'est apte à faire reculer l'idée en question et l'homme n'est pas responsable car cette idée n'est pas la sienne. Elle existait avant lui. La bombe atomique existait avant même d'être conçue et fabriquée. Elle était dans l'air du temps et attendait son heure. Et quelqu'un devait bien la faire exploser. Même si les hommes avaient calculé qu'il y avait 20 % de risques qu'elle déclenche une réaction en chaîne détruisant l'ensemble de l'oxygène présent sur la planète, ils ont quand même essayé. Les calculs prévisionnels ne leur suffisaient pas. Il fallait emmener cette bombe dans le désert et, quand ils ont constaté sa puissance, un désir irrépressible de la voir exploser au-dessus d'une ville s'est emparé d'eux. Il suffisait de le faire une fois ou deux. Celui qui est la proie d'une idée est au-delà des notions de bien et de mal. Sa pensée se situe sur un autre plan. Une idée est telle une faim incontrôlable ou un désir charnel trop longtemps réprimé. Ceux qui en sont la proie sont les gens les plus dangereux du monde parce qu'ils sont prêts à prendre tous les risques. Ils veulent simplement voir ce que ça donnera, leur pensée ne va pas plus loin que ça.

LoveStar, *À propos des idées*.

LoveStar n'était pas dangereux en soi. Il lui arrivait de tenir des discours déments, simplement parce qu'ils lui venaient à l'esprit et non parce qu'il pensait ce qu'il disait. Il voulait simplement voir le résultat que ses mots produiraient.

Il orienta les jumelles vers le double halo et suivit du regard l'hélicoptère de Statoil tandis qu'il disparaissait, délesté de son église, derrière les montagnes. Il se tourna vers sa table de verre pour y tracer une ligne au-dessus de laquelle il se mit à dessiner un oiseau, mais on le dérangea alors qu'il avait tracé la moitié de l'aile.

— Votre biographe est arrivé, informa sa secrétaire. Il voudrait vous soumettre son premier chapitre.

L'écrivain entra. C'était un jeune homme à l'air plutôt arrogant, qui portait des lunettes rondes et une veste en tweed élimée.

— Bonjour, dit-il en toisant son hôte d'un regard étrange.

LoveStar ne semblait guère en forme, il n'avait pas dormi pendant des semaines et sans doute rien mangé non plus. Sa peau était flasque et semblait trop grande pour son corps. Quand l'écrivain se rendit compte qu'il le fixait un peu trop, il se tourna vers la baie vitrée donnant sur la vallée d'Öxnadalur.

— Quelle vue magnifique ! s'exclama-t-il.

— Parfait, observa LoveStar, regardez par la vitre plutôt que de me fixer comme ça.

— Dans ce cas, je commence, annonça le jeune homme, débutant aussitôt sa lecture.

« LoveStar vint au monde le jour où l'homme fit son premier pas sur la Lune. Sa naissance dura neuf heures. Au moment où sa mère, Margrét Pétursdóttir, aide-soignante d'une trentaine d'années originaire du village de Siglufjörður, ressentit les premières douleurs, le monde entier suivait sur le petit écran les astronautes qui sautaient comme des enfants surdimensionnés dans un paysage grisâtre et sans vie. Cinq heures plus tard, le col de l'utérus de Margrét s'était dilaté de sept centimètres, elle hurlait tandis que la sage-femme observait avec intérêt les astronautes penchés en silence sur le moteur de leur véhicule qui, pour une raison quelconque, refusait de redémarrer. Quatre heures plus tard, le moteur était toujours en panne, les astronautes s'attardaient autour de leur fusée sans dire grand-chose, se parlant surtout par signes et lorsqu'il ne leur resta plus que cinquante minutes de provision d'oxygène, ils comprirent qu'ils étaient pris au piège. Ils immobilisèrent la caméra et on les vit partir vers l'horizon en sautillant, main dans la main. Leur démarche ne reflétait sans doute pas ce qu'ils ressentaient, mais pour une raison inconnue, on ne pouvait marcher sur la Lune autrement qu'en sautillant joyeusement. En moins d'une demi-heure, ils avaient disparu du champ de vision. Leurs têtes s'étaient évanouies comme trois soleils au crépuscule. C'est à ce moment précis qu'apparut celle de LoveStar, alors que les astronautes avaient quitté l'écran et que le monde ne voyait plus qu'un paysage morne et immobile. La liaison téléphonique fonctionnait encore, mais ils ne disaient rien, on n'entendait plus que leur respiration. D'autres auraient pu en profiter pour transmettre des messages importants à la planète. Au lieu de ça, on les entendait respirer de plus en plus lentement, puis ce fut le silence. À ce moment-là, LoveStar emplit ses poumons d'air et se mit à crier de toutes ses forces.

« Une heure encore, l'écran afficha une image obstinément fixe et muette. Sable gris, vide intersidéral et noir, silence toute une heure durant. Les jours qui suivirent, les chaînes de télévision et le président firent de leur mieux pour convaincre le monde que ce n'était qu'un canular, une version réactualisée de l'invasion des Martiens

116

immortalisée par Orson Welles. On demanda à Stanley Kubrick d'endosser la paternité de la plaisanterie. Le décor fut ouvert au public : on y voyait des traces de pas sur le sable, une Terre peinte sur un mur noir ainsi qu'un drapeau rigide et amidonné. "Voici la colle utilisée pour le faire tenir bien droit", précisaient les hôtesses en invitant les visiteurs à sentir le pot.

« Le public n'ayant jamais vu d'accessoires aussi platement réalistes sur grand écran, peu de gens voulurent croire à ce démenti. On offrit à Kubrick une bourse d'état de dix millions de dollars pour le tournage d'un long-métrage dont l'action se situait dans l'espace afin de prouver que non seulement la diffusion télévisée était bel et bien un canular, mais qu'en outre on pouvait faire nettement mieux. À la première du film, dix mois plus tard, les spectateurs crurent reconnaître la patte du cinéaste du voyage sur la Lune. Silence interminable, respiration lourde et mort lente.

« Ceux qui se demandaient si aucune des deux grandes puissances n'avait réellement l'intention de gagner la course à la Lune obtenaient pour réponse un haussement d'épaules : pourquoi l'humanité irait-elle dépenser de l'argent afin de grimper sur un bloc de roche inerte et grise alors qu'une si grande partie du règne animal demeurait inexplorée sur terre ? Aujourd'hui encore, nombreux sont ceux qui s'interrogent sur les événements de cette journée et certains ne peuvent lever les yeux vers la Lune sans frissonner en pensant aux astronautes dont les corps reposent là-haut, au fond d'un cratère gris. Moins de gens savent que c'est justement ce jour-là que naquit LoveStar. L'homme qui a marqué le monde plus que n'importe quel voyage sur la Lune ne l'aurait fait. L'homme qui a fait de l'espace inerte le point culminant de la vie grâce à son projet grandiose baptisé LoveMort. L'homme qui a découvert l'amour, non pour lui-même, mais pour le monde entier. L'homme dont le nom sera éternellement associé à la mort et à l'amour dans la mémoire de l'humanité… »

— Qu'en dites-vous ? s'enquit l'écrivain en jetant un œil par-dessus son épaule sans toutefois regarder son hôte.

LoveStar parcourut le texte et lut un extrait à voix haute.

— *Moins de gens savent que c'est justement ce jour-là que naquit LoveStar.* Voilà qui est nouveau ! Je n'étais pas non plus au courant que j'étais né à cette date-là.

Le rouge monta aux joues de l'écrivain qui toussota.

— Il m'a semblé souhaitable d'établir un lien avec un événement important.

— Les grands événements, ce n'est pas ce qui manque, n'est-ce pas ?

— Certes, mais il y en a peu durant votre enfance.

— Vous ne trouvez pas que ça fait un peu cliché de vouloir établir un lien entre une naissance et un grand événement ? Vous savez très bien que ce n'est pas la bonne date. Je suis né le jour où les frères de la rue Reynimelur sont morts de froid sur le haut plateau de Kjölur.

— Reyni quoi ?

— Ils sont tombés en panne d'essence en pleine tempête de neige et sont morts de froid car ils étaient montés là-haut en T-shirts.

— Ça ne me dit rien, répondit l'écrivain en se grattant la tête.

— On n'a retrouvé que leurs ossements et la carcasse de leur Jeep. Des pillards avaient volé tout ce qui avait un peu de valeur : le moteur, les pneus, les essieux, la radio, absolument tout. On aperçoit encore la carcasse depuis le champ de lave de Krákshraun. Je veux dire, celle de la voiture, bien sûr.

Le biographe attendit, patient. Manifestement, il n'écoutait pas son interlocuteur. Il reprit la parole, en s'efforçant d'être convaincant.

— Comme je viens de vous le dire, il m'a semblé judicieux de vous inscrire dans un contexte plus large et plus international. Quant aux frères de la rue Reynimelur, ils ne sont pas connus à l'étranger.

— Mais ce n'est pas conforme à la vérité, ce n'est pas ma date de naissance et elle ne correspond pas à celle mentionnée par les documentaires, sur les sites Internet et dans mes autres biographies.

Le biographe engagé par le service Ambiance haussa les épaules.

— Nous n'avons qu'à les corriger, cela ne nous prendra que quelques minutes.

— Mais puisque je vous dis que la date n'est pas la bonne !

— Toujours est-il que l'année est exacte, c'est loin d'être le cas pour la plupart des célébrités.

LoveStar se leva et toisa l'écrivain qui baissait les yeux.

— Non, même l'année est fausse ! Dois-je modifier ma date de naissance parce que vous avez envie de commencer votre livre de cette manière ou est-ce l'inverse ? Ce chapitre n'a rien à voir avec moi ! C'est un ramassis d'âneries ! En outre, il n'y avait pas de télé à la maternité à l'époque où je suis né.

— Il s'agit surtout d'instaurer un état d'esprit, une ambiance. Les gens d'ístar disent que nous avons besoin de forcer le trait pour renforcer l'image.

— Ma naissance ne serait-elle pas un événement assez important en soi ?

— Si, bien sûr, mais…

— Tout cela est tellement prévisible ! Inspirer sa première bouffée d'air au moment où d'autres rendent leur dernier soupir. Quelle idée d'associer ma naissance à une mort aussi horrible !

— Cela s'explique plus tard dans le livre, au chapitre intitulé « Le père de la mort ».

— Le père de la mort ? On parle de moi ?

— Eh bien, c'est vous qui avez fondé LoveMort…

— Voulez-vous bien me laisser seul ! Je vous prie de sortir d'ici !

— Souhaitez-vous qu'on procède à quelques modifications ?

— Vous n'écrirez pas une ligne de plus ! tonna LoveStar. La littérature ne figure pas parmi les attributions du service Ambiance, lequel est censé vendre des histoires, les pimenter, et non les écrire.

— Parfait ! s'écria le biographe, défiant tout à coup son hôte du regard. Je n'ai le droit d'interroger ni vos amis d'enfance ni vos camarades d'école, si tant est que vous en ayez. On m'interdit d'utiliser de vieilles photos ou de mentionner quoi que ce soit qui puisse avoir le statut de secret commercial ou industriel. Je n'ai pas le droit de savoir ce que sont censées commémorer les Festivités du million d'étoiles. Vous m'interdisez de parler de vos parents, pas un mot non plus sur vos fils, votre fille ou encore sur Helga. Je n'ai même pas le droit de donner votre vrai nom ! Sur quoi diable voulez-vous que j'écrive ?

LoveStar devint écarlate et se mit à trembler de fureur.

— Dehors !

Il tremblait encore au moment où l'écrivain quitta précipitamment la pièce. Il arpenta un moment les lieux en martelant le sol et alla s'asseoir à son bureau, mais sa sérénité ayant été troublée, il ne parvenait plus à dessiner.

— Quelle impudence, maugréa-t-il. Quel culot ! Quel irrespect !

Il suivit le biographe sur sa lentille en se bouchant les oreilles. L'écrivain prit l'ascenseur pour redescendre au quartier général d'ístar en jurant tout ce qu'il savait. LoveStar crut ne pas reconnaître les lieux, entièrement transformés par des artisans. Quelques semaines plus tôt, l'aile tout entière était blanche et, avant cela, elle avait croulé sous les meubles anciens et les fleurs. Instables par nature, les employés du service Ambiance se creusaient

121

constamment la tête afin de semer le chaos. L'écrivain entra dans le bureau avec de grands gestes et balança son manuscrit par terre. Un employé aux cheveux décolorés, vêtu d'un costume impeccable, lui fit signe de se taire en lui montrant le papillon enregistreur posé dans un coin de la pièce. Le biographe leva la tête vers l'insecte et attrapa une affiche roulée pour l'écraser sur le mur. Aveuglé l'espace d'un instant, LoveStar se frotta les yeux et avança à tâtons dans le noir. Il était à deux doigts de trébucher sur une chaise quand le contact fut rétabli. Il jura, grinça des dents et expédia un message à sa secrétaire :

— Envoyez à ce malotru mille *Je vous salue Marie* et un traquenard !

— Un traquenard pleurnichard, tortillard, reniflard, pétard, érectile, aiguilleur, hoqueteur, pisseur ? débita la secrétaire.

— Faites preuve d'imagination et d'initiative, nom de Dieu !

Il zooma avec un autre papillon et observa l'écrivain plié en deux qui se précipitait vers les toilettes en marmonnant à qui mieux mieux : *Santa Maria madre di Dio prega per noi. Santa Maria madre di Dio prega per noi…*

L'avion fendait la nuit avec LoveStar à son bord. Il avait mis en route un processus qui lui échappait et le service Ambiance lui causait bien des inquiétudes. Ces gens étaient capables de tout. Certes, il leur devait beaucoup, ils le suivaient et l'épaulaient dans tous les domaines. Ils l'admiraient, le flattaient, le citaient et embrassaient sans réserve toutes ses idées. Ils s'acquittaient des basses besognes, réglaient les problèmes, qu'il s'agisse d'accidents, de questions éthiques, de politique ou de religion. Ils parvenaient à transformer toutes ses idées et découvertes en ambiance à l'état pur, ils fabriquaient l'air du temps. Même s'ils ne mentionnaient jamais leur objectif ultime, ils avaient peu à peu colonisé le saint des saints de l'entreprise. LoveStar se savait capable de freiner leurs ambitions, mais qu'en serait-il après sa mort ?

L'avion volait au triple de la vitesse du son à une altitude de quarante mille pieds. Au dehors, une étoile filante fendait la nuit noire. Il y a quelqu'un qui meurt en ce moment, pensa-t-il. D'ici trois heures, elles seraient une kyrielle à s'abattre sur terre. La grande fête commencerait.

Au moment où il atterrirait dans le nord et où on annoncerait au monde la plus grande découverte de tous les temps, cent millions d'étoiles filantes tomberaient du ciel. Cent millions de corps se consumeraient dans l'atmosphère, illuminant la nuit comme autant de paillettes. Ce serait le spectacle du siècle.

Au creux de sa paume reposait une graine, elle contenait un noyau qui abritait une chose si grande et si importante. Si cette graine s'abîmait, il craignait de voir le monde se briser comme la coquille d'un œuf.

INDRIÐI ET SIGRÍÐUR

Le monde parfait d'Indriði et Sigríður se brisa comme une coquille d'œuf quelques semaines avant que LoveStar ne découvre la graine. La raison tenait en une petite lettre qui leur parvint un beau jour comme ils le sont tous aux yeux de ceux qui pensent avoir trouvé le bonheur et l'amour véritable. Lorsque Sigríður rentra à midi pour se nourrir de mots, une étrange atmosphère flottait à la maison. Quand elle ouvrit la porte, emplissant les lieux du chant des pluviers mêlé à l'odeur des roses et du miel, Indriði ne l'attendait pas dans l'entrée pour la serrer dans ses bras et l'embrasser comme à son habitude, mais lui tournait le dos, debout à la fenêtre.

— Ohé ! lui cria-t-elle.

Indriði demeura immobile sans dire un mot. Dans la cour intérieure, les peupliers arctiques verdoyants frissonnaient au vent. Les balançoires oscillaient sous la brise. Les yeux rouges et les doigts tremblants, Indriði ôtait les feuilles desséchées d'un yucca mourant.

124

— Indriði, que se passe-t-il ? Tu pleures ?

— Rien, répondit-il, concentré sur sa tâche.

— Indriði, allons, que se passe-t-il ?

— Nous avons reçu une lettre.

— Une lettre ?

— Une lettre d'inLove est arrivée ce matin.

Il attrapa l'enveloppe pour la montrer à Sigríður, rayonnante de bonheur.

— Ce n'est pas trop tôt !

Elle courut vers lui pour se jeter dans ses bras, mais il recula.

— Elle n'est adressée qu'à toi, Sigríður.

— À moi ?

— Oui.

— Et pas à nous ?

— Non.

— Que me veulent-ils ?

— Ils ont procédé à ton calcul.

— Comment ça, *mon* calcul ?

— D'après eux, nous ne sommes pas destinés à être ensemble. Je ne suis pas ton seul et unique.

Sigríður se tenait, immobile et pâle, au centre du salon.

— Tu plaisantes !

— Vraiment pas.

— Il doit y avoir un malentendu, plaida-t-elle. Ta lettre à toi est sûrement en route.

— Ils disent que tu peux faire sa connaissance dans le nord la semaine prochaine, chez LoveStar.

— Sa connaissance ? La connaissance de qui ?

— De ton seul et unique. De ton âme sœur.

— Allons, tu me fais marcher !

— Il est danois.

— Danois ?

— Et il s'appelle Per Møller.

Incrédule, les yeux rivés sur Indriði, Sigríður sentait une boule lui monter à la gorge.

— Tu me fais marcher. Ce n'est pas possible !

— C'est pourtant vrai, Sigríður. C'est la pure vérité, répéta-t-il à voix basse.

Elle devint blême. Indriði continuait de regarder la cour intérieure sans rien dire. Cela n'aurait pourtant pas dû les surprendre. Comme le monde entier, ils savaient que c'était peine perdue de chercher l'amour tout seul dans son coin. LoveStar se chargeait de l'amour autant que de la mort. Nul n'était censé l'ignorer. Ils auraient mieux fait d'aller consulter un conseiller conjugal et de conclure entre eux un contrat à durée déterminée stipulant qu'ils resteraient ensemble jusqu'à ce que les calculs de LoveStar les séparent. Ensemble jusqu'à ce que LoveStar trouve pour eux l'amour et le bonheur véritables. Ils auraient dû s'inscrire dans une salle de sport où ceux qui n'avaient pas été « calculés » pouvaient se rencontrer à la pause déjeuner pour se détendre, faire ça sous la douche avec un ou une collègue après une partie de tennis tonifiante au lieu de se monopoliser mutuellement jour et nuit comme deux imbéciles.

Chacun savait que ça ne valait pas le coup de trop imbriquer sa vie dans celle de quelqu'un d'autre tant qu'on n'avait pas reçu la lettre d'inLove dont plus personne ne remettait en cause les méthodes scientifiquement prouvées. inLove était la plus grande découverte de tous les temps. inLove était l'essence même de l'amour et du bonheur.

« Il existe en chaque être humain deux choses incomplètes », avait déclaré LoveStar à l'occasion d'une conférence de presse retransmise en direct à l'échelle mondiale.

La population brûlait d'en savoir plus. Il y avait eu des fuites, on racontait un peu partout que des volontaires ayant participé à des expériences scientifiques dans le nord du pays en étaient revenus transformés.

« La cellule sexuelle également appelée gamète est incomplète, avait poursuivi LoveStar, elle doit en rencontrer une autre pour engendrer la vie. Chacun sait que le désir visant à unir ces cellules est l'un des moteurs les plus puissants de l'être. Nos recherches ont démontré que la même chose s'applique à l'âme humaine. L'âme est incomplète et elle doit s'unir à une autre afin que la vie puisse réellement s'épanouir. En revanche, son fonctionnement est beaucoup plus complexe que celui des gamètes et surtout : chaque âme ne correspond qu'à une seule et unique autre dans le monde. De la même manière que les deux fragments d'un symbole, une clef dans une serrure ou une pierre cassée en deux s'imbriquent parfaitement, il existe pour chaque individu un autre individu qui le complète. Or, nous venons de découvrir une méthode permettant de déterminer pour tout un chacun, et avec la plus grande précision, celui ou celle qui est son autre moitié. »

La presse semblait incrédule, fermement décidée à malmener LoveStar. Était alors advenue la chose suivante : deux journalistes, une femme aigrie, deux fois divorcée, travaillant à l'*Aftenposten*, le quotidien norvégien conservateur d'Oslo, et un Hongrois employé par *le Journal du peuple,* avaient posé une question rigoureusement identique au même instant. Ils s'étaient interrompus au beau milieu de leur phrase.

— Vous d'abord, avaient-ils déclaré en chœur.

— Mais nous posons la même question, avaient-ils objecté à la même seconde tandis que tous les regards se tournaient vers eux.

Leurs yeux s'étaient croisés à travers toute la salle, leur cœur était descendu, telle une pierre, au fond de leur estomac et ils s'étaient approchés l'un de l'autre en silence avant de quitter les lieux main dans la main.

Il faut dire que la conférence avait été soigneusement préparée. L'autre moitié de chacun des journalistes se trouvait dans la salle, l'événement s'était achevé dans le chaos le plus complet et la plus intense des émotions. LoveStar n'avait jamais eu à fournir d'explication scientifique. On avait brièvement interrompu la retransmission afin que les participants puissent se remettre (même si, en réalité, ils étaient à jamais transformés). LoveStar avait ensuite passé la soirée, assis dans un vieux fauteuil devant un feu de cheminée qui craquait agréablement, à disserter tel un ancêtre :

« Lorsque nous aurons calculé l'autre moitié de chaque personne sur terre, l'amour coulera comme une rivière de lait entre les frontières. Les guerres et les conflits appartiendront au passé parce qu'un Suédois uni à une Chinoise comprendra qu'il est en réalité à moitié chinois et l'Indien qui aura été calculé avec un Allemand ou une Allemande sera, de ce simple fait, à demi allemand. Quand chaque petit d'homme aimera un être humain vivant aux antipodes et n'aura besoin de rien d'autre pour son bonheur, la haine et la cupidité n'auront plus leur place en ce monde. Personne n'osera bombarder qui que ce soit à l'aveuglette, par peur de tuer son seul et unique véritable amour. En deux générations, les gens cesseront de se définir en termes de famille, de richesse, de pouvoir ou de nation, mais se verront simplement comme des Terriens. »

Les experts de LoveStar avaient déjà entrepris le calcul de la terre entière. Évidemment, ils n'allaient pas assez vite, le monde s'impatientait. Des manifestations eurent lieu un peu partout. La France d'abord ! N'oubliez pas les petites nations ! Il avait fallu un communiqué pour faire taire les mécontents : « CEUX QUI SE PLAIGNENT SERONT SERVIS LES DERNIERS ! »

LoveStar convoquait les gens dans la vallée d'Öxnadalur afin de vérifier les calculs et de leur offrir sur un plateau amour et bonheur. Jusqu'à ce moment-là, chacun était censé vivre sa vie comme si de rien n'était. LoveStar se charge de l'amour comme de la mort, affirmait le dicton. En dehors de ça, les hommes étaient libres d'agir à leur guise.

inLove avait été bâti avec une passion et des procédés comparables à ceux qui avaient fait le succès de LoveMort. Afin de susciter l'intérêt et d'engranger des sommes suffisantes, politiciens et vedettes avaient été placés sur une liste prioritaire où figuraient également les critiques, les éventuels saboteurs et les oiseaux moqueurs. Pendant longtemps, les fêtes calculatoires d'inLove étaient l'un des programmes télévisés les plus populaires de la planète, retransmis en direct depuis le parc d'Öxnadalur.

L'émission inLove ne comportait ni violence ni tristesse, on n'y voyait que bonheur et amour infinis. Les chargés de programmation s'arrangeaient pour tendre des traquenards à bonheur aux gens les plus improbables et les réunir sur un plateau. Ainsi, un fort maussade prix Nobel de chimie, dégoûté par ce qu'il appelait la pseudo-science vaudou de LoveStar, et un guide religieux furieux de savoir que les gens étaient calculés sans que soient pris en compte leur sexe, leur race ou leur religion avaient été placés côte à côte sur un plateau de télévision belge au prétexte d'un débat qui promettait d'être enflammé.

Les spectateurs virent les deux hommes fondre comme deux mottes de beurre l'un face à l'autre, en dépit de leurs efforts pour garder contenance. Quand ils se saluèrent à la fin de l'émission, ils fusionnèrent littéralement. Renonçant à toute résistance, chacun se mit à pleurer, à rire, à parler et à serrer son âme sœur dans ses bras. On les emmena hors du plateau sous les applaudissements et les hourras du public. Les semaines suivantes, le monde entier fut témoin de l'évolution de leur vie quotidienne grâce aux papillons enregistreurs. On les voyait ensemble à

130

bicyclette, ensemble à la plage, ensemble au ski ou simplement blottis l'un contre l'autre dans leur lit. C'était ça qui plaisait le plus : les voir allongés dans un lit, chacun blotti contre sa moitié.

> C'est en réalité un sentiment indescriptible qui semble n'avoir ni commencement ni fin. Nous formons un seul être et il n'y a aucun moyen de mettre des mots sur cette sensation. Les gens doivent faire eux-mêmes l'expérience de ce moment où l'on est blotti contre sa moitié pour comprendre. Je dirais que cette pratique est sous-estimée depuis longtemps. Il s'agit là d'un acte de nature spirituelle. Deux personnes allongées l'une contre l'autre sous une couette ou sur un canapé, occupées à se vider l'esprit, on ne trouve pas plus proche du nirvana.
> *Réponse de Salman Rushdie à la question :*
> Comment définiriez-vous l'amour véritable ?
> *après avoir été uni par calcul avec Sonja Henie,*
> *la reine norvégienne du patinage artistique.*

Ce serait verser de l'eau dans un ruisseau déjà fort plein que de mentionner tous les articles parus et les débats qui animèrent les premières années suivant la découverte de l'amour par l'entreprise LoveStar. Les poètes incalculés s'élevèrent contre cette invasion froidement scientifique d'un domaine dont le caractère spirituel et irrationnel était imprescriptible, mais LoveStar avait réponse à tout :

> Il n'existe rien qui soit de nature plus physiologique que l'amour. Rien ne produit autant d'effets sur le cerveau, le cœur et les poumons. Ce sentiment a des retombées mesurables sur la pression

et la circulation sanguine, l'influx nerveux, les globules et le teint. Les carences amoureuses sont plus graves que celles en vitamines et leurs conséquences bien pires que celles du scorbut. L'amour influe directement sur le système immunitaire, la chimie corporelle, le métabolisme, les acides digestifs, l'appétit, la santé mentale, le désir de vivre, la division cellulaire, la production hormonale et celle des enzymes. Il agit sur presque chaque cellule et chaque nerf du corps humain, impliquant toutes les branches de la médecine. Or, qui a étudié l'amour ? Les médecins ? Les spécialistes en biologie cellulaire ? Les biochimistes ? Eh bien non, seulement LES POÈTES ET LES PHILOSOPHES ! Ils se penchent sur la question depuis cinq mille ans et ne sont encore arrivés à aucune conclusion. On ne s'étonnera pas qu'ils l'aient assez mauvaise.

À propos de l'amour et autres bêtises.
Extrait d'une interview avec LoveStar.

Si les poètes n'avaient jamais décrit l'amour authentique, c'est parce qu'il était tout bonnement au-delà des mots. Ils avaient passé leur temps à accumuler de belles paroles vides de sens et ne s'épanouissaient qu'en la lointaine absence de leur amour, lequel se trouvait par-delà les montagnes et les océans, voire dans l'au-delà. Ils parlaient de désir, de douleur, de distance, mais aucun n'était parvenu à décrire l'amour véritable, partagé et incarné. Dès qu'ils se trouvaient couchés aux côtés de leur belle, les poètes devenaient muets comme des carpes. C'est tout juste s'ils ne marmonnaient pas, l'air maussade : Ne me dérangez pas dans mon écriture.

Les propos tenus par Aristophane dans *le Banquet* de Platon approchaient assez bien la vérité :

> Qu'il arrive à celui qui aime les jeunes gens ou les femmes de rencontrer sa moitié, et la tendresse, la sympathie, l'amour les saisissent d'une manière merveilleuse : ils ne veulent plus se séparer, fût-ce pour un court moment. Ces mêmes êtres qui passent leur vie ensemble ne sont pas en état de dire ce qu'ils attendent l'un de l'autre : car il ne paraît pas que le plaisir des sens soit ce qui leur fait trouver tant de bonheur à être ensemble. Non, leur âme veut quelque autre chose qu'elle est incapable de dire.
> *Le Banquet* de Platon.
> Traduction d'Eyjólfur Kjalar Emilsson.

Indriði et Sigríður avaient fréquenté l'université, ils étaient éclairés et constamment connectés. Ils auraient dû comprendre qu'inLove se fondait sur certains idéaux. Mais leur naïveté les avait amenés à croire que leur relation était un amour pur et véritable : à leurs yeux, la confirmation d'inLove relevait d'une simple formalité. Alors que la plupart des Terriens non calculés voyaient, verts de jalousie, le bonheur absolu s'étaler sur leur écran, et que parallèlement ils observaient au quotidien le manque de tendresse et de confiance qui caractérisait les relations malheureuses, tous les beaux discours sur l'amour véritable produisaient l'effet inverse sur Indriði et Sigríður. Leur foi ne faisait que se renforcer et ils vivaient leur amour au grand jour.

— Comment ça ? Qu'entendez-vous par ce : « Auriez-vous signé devant notaire un contrat établissant une relation à durée déterminée au mépris des lois scientifiques ? », avait rétorqué Sigríður, vexée, à la conseillère le jour où elle était allée à la banque ouvrir un compte joint à son nom et celui d'Indriði. Voyez-vous, nous avons déjà trouvé l'amour !

— En avez-vous reçu la confirmation scientifique par inLove ? s'était enquis l'employée.

— Il s'agit là d'une pure formalité, avait-elle répondu d'une voix douce et ferme, nous savons ce que nous faisons.

La conseillère avait hoché la tête.

— C'est à vos risques et périls.

Ils se préservaient de tout ce qui aurait pu jeter une ombre sur leur relation et trouvaient un réconfort positif dans tout ce qui touchait à l'amour.

— Pfff ! s'exclamait Indriði en lisant l'interview d'un couple récemment uni par LoveStar. Dire qu'ils osent appeler ça l'amour véritable ! Ça ressemble plutôt à ce que nous vivons quand nous passons une mauvaise journée.

— Regarde ! disait Sigríður, blottie contre lui sur le canapé où ils croquaient du pop-corn. (Sur l'écran, on voyait un jeune homme que les calculs avaient uni à une femme âgée d'une quarantaine d'années.) J'étais exactement comme ça quand tu m'as rencontrée et je n'ai pas changé, ajoutait-elle en l'embrassant.

— Je crois que je sais à quel endroit se trouve le bonheur, avait-il observé en désignant un point au milieu de sa poitrine, juste au-dessus du dia-phragme. Il est ici.

Sigríður lui avait caressé le torse.

— Alors Indriði, où est le bonheur ? Montre-moi. Ici ? lui avait-elle demandé en le chatouillant pour le faire rire. Et l'amour, il est ici ? avait-elle ajouté en l'effleurant du bout de ses doigts si doux.

Indriði avait un instant repris son sérieux et l'avait regardée droit dans les yeux.

— À chaque inspiration, je ressens comme un point de chaleur et je me dis que je voudrais respirer à ton rythme pour l'éternité.

— Mais ce n'est pas ton bonheur qui se trouve à cet endroit, avait murmuré Sigríður, c'est le mien. Le mien oscille doucement au rythme de ta poitrine comme un eider endormi à la surface des flots. Le tien se trouve ici. Elle avait pris sa main et l'avait posée sur son sein : Ton bonheur est ici, avait-elle répété tandis qu'il caressait sa poitrine douce et chaude et si joliment blanche sous la peau hâlée de son cou.

Certains trouvaient Indriði et Sigríður un peu trop fleur bleue, mais ils revendiquaient le droit de vivre dans une bluette, d'être honnêtes, fidèles, de parler à cœur ouvert et de sentir ce chatouillis dans leur poitrine, juste au-dessus du diaphragme.

Le parc d'attractions de LoveStar n'était pas uniquement la citadelle de la mort et le terminus de la vie. Il abritait aussi le siège de l'amour et du bonheur scientifiquement prouvés, et depuis l'avènement d'inLove, c'était le tremplin de la félicité calculée. Nul lieu au monde n'était autant chargé de symboles.

Dès que l'amour avait été prouvé, on envoyait des lettres aux quatre coins du monde. Toute une foule

arrivait, puis repartait d'Islande sur de grands paquebots d'un blanc immaculé. Cela changeait un peu
des noirs vaisseaux de LoveMort. En outre, l'odeur
de l'argent qui s'en dégageait était nettement plus
fraîche que celle apportée par LoveMort. La ville
tout entière se transformait quand les heureux élus
descendaient à terre, leur missive dans la poche, un
bouquet de roses à la main et qu'ils scrutaient les
lieux, tremblants d'impatience, assurés de trouver
sous ces cieux un bonheur sans nuage. Un bonheur
et un amour scientifiquement prouvés.

Le spectacle des couples de tourtereaux collés l'un
à l'autre en sandwich et hissés à bord des navires de
croisière sous la statue de la Liberté était largement
plus réjouissant que celui des vieillards qu'on entassait
dans les autocars de LoveMort. Et il suffisait qu'on
oublie d'ajouter une bonne dose d'antidépresseurs
au café pour que les vieillards se lèvent d'un bond,
fondent en larmes et appellent chez eux en demandant si quelqu'un allait venir leur faire ses adieux ou
les accompagner jusqu'au bout du voyage. Même la
procédure de LoveMort était en passe d'être modifiée.
Dans un avenir plus ou moins proche, on ne verrait
plus s'abattre sur terre que des étoiles filantes jumelles.

Indriði et Sigríður passaient leurs journées blottis
l'un contre l'autre, la lettre d'inLove n'étant dans
leur esprit que pure formalité. Quand ils la recevraient, ils resteraient collés l'un à l'autre pendant
quelques jours sous les voûtes creusées dans le nord
et continueraient de vivre leur amour, goûtant un
bonheur qui ne s'achèverait qu'au moment où ils

retomberaient sur les montagnes des Bláfjöll sous la forme d'une double étoile filante qui se consumerait en un flamboyant brasier d'amour.

La mère de Sigríður avait prévenu sa fille. « On ne défie pas les lois de la statistique », lui avait-elle dit. Ainsi, à part eux, personne ne fut surpris de la terrible nouvelle. Sigríður avait reçu cette lettre, elle regardait Indriði qui, abattu, tenait dans la main quelques feuilles de yucca desséchées.

— Tu iras ? demanda-t-il.

— Bien sûr que non ! Quelle idée !

— Je croyais qu'on n'avait pas le choix.

— Tu veux que j'y aille ?

Indriði fondit en larmes.

— Si tu y vas, je m'en irai sur-le-champ avec LoveMort.

Sigríður s'approcha et lui caressa la joue. Elle plongea ses yeux dans les siens, passa ses doigts dans ses cheveux et embrassa les larmes qui baignaient son visage.

— Mon amour, nous constituons déjà un être unique. Nous formons une seule personne et c'est ce que nous resterons jusqu'à la fin.

Elle attrapa la lettre des mains d'Indriði pour la réduire en confettis. Ils se blottirent l'un contre l'autre avec une rare intensité et ne se séparèrent qu'au petit matin, au moment où les rayons du soleil les couvraient de leur miel. Les Sublime ! Sublime ! résonnaient dans le quartier, leur amour était plus solide et plus fort que jamais, en tout cas, pour l'instant.

VICTIMES DE LA LIBERTÉ

LoveStar aurait dit de Sigríður et d'Indriði qu'ils figuraient parmi les dernières victimes de la liberté. Ils auraient mieux fait de s'abstenir, de se comporter raisonnablement et d'attendre qu'arrive leur tour. Ou, comme il l'avait déclaré un jour :

> S'il existe une idée parfaitement inepte, c'est bien celle du libre arbitre quand il s'agit du choix de son conjoint. Cette expérience a eu cours pendant un peu plus de cent cinquante ans et s'est soldée par un désastre. À l'apparition de la civilisation, la première tâche du genre humain fut d'interdire le prétendu libre choix du partenaire. Évidemment, il n'y avait là aucune liberté qui tienne. L'homme primitif a mis en place un système semblable à celui qui a cours dans le règne animal et dont les conséquences sont bien souvent d'un ridicule achevé. Celui qui possède les plus belles plumes, le singe au cul le plus rouge, celui qui a les plus grandes cornes, le plus fort et le plus téméraire ont accès aux femelles et peuvent se reproduire.
>
> Quand l'humanité eut atteint un plus haut degré de maturité, le système fut perfectionné et devint

plus civilisé. La famille décidait pour vous. Son choix se fondait sur une froide réflexion qui faisait abstraction du désir, de l'intérêt personnel des individus et de toutes ces inepties adolescentes. Afin de sécuriser le système, les parents prétendaient que ceux qui se séparaient de leur conjoint ou le trompaient allaient droit en enfer. Cette idée plutôt astucieuse a fonctionné des milliers d'années. Ceux qui étaient malheureux dans un couple créé par leurs parents avaient en outre des gens sur qui rejeter la faute. S'ils tombaient éperdument amoureux d'une autre personne, ils pouvaient la voir en cachette et s'enfuir avec elle en toute bonne conscience. Ce genre d'aventures a d'ailleurs donné lieu à quelques belles histoires.

Mais voilà, ces récits ont embrouillé l'esprit des gens, qui se sont mis à croire que le libre choix était quelque chose de palpitant. Décider seul leur semblait tout aussi exaltant que se voir en secret ou s'enfuir au galop sur un noir destrier. Or en réalité, c'est le hasard qui tenait les rênes. Telle jeune fille était assise dans ce café par la plus pure coïncidence. Une personne en rencontrait une autre quelque part, les deux s'engageaient dans des relations sexuelles, comme par abonnement, et ne parvenaient plus ensuite à résilier ledit abonnement parce qu'en fin de compte, c'était un système sûr et confortable.

On avait beau parler de libre choix, la vérité était tout autre. La plupart des gens se résignaient à la seule option qui s'offrait à eux. En réalité, presque tous désiraient une autre personne qu'ils croisaient dans la rue et doutaient constamment de leurs décisions. Coucher avec une personne revenait à s'en interdire un millier d'autres. Le libre choix donnait lieu à quantité d'histoires ennuyeuses peuplées de quadragénaires solitaires, de femmes aigries et insatisfaites, de remords, de regrets et d'enfants de divorcés. Personne ne semblait à même de mettre fin à ce cercle vicieux qui ramenait les êtres humains à l'état animal de singes au cul rouge. Afin d'attirer l'autre sexe, ils se faisaient gonfler les seins ou les lèvres, ou encore ils gâchaient l'énergie qu'ils auraient dû consacrer à leur travail en tentant d'acquérir des abdominaux parfaitement inutiles. On ne pouvait plus revenir à l'ancien système, du reste, la volonté conjointe des parents était de l'histoire ancienne et plus personne ne croyait à Dieu ni à l'enfer. Mais lorsque chez LoveStar nous avons découvert la méthode de calcul permettant d'unir les gens, tous les problèmes se sont trouvés résolus une bonne fois pour toutes. Et nous n'avons pas besoin de l'enfer.

Une liberté menottée.
Interview de LoveStar parue dans The Economist.

LoveStar et ses experts avaient le pouvoir de soustraire les hommes à ce fardeau qu'était la liberté. Si Indriði et Sigríður avaient été plus patients, s'ils avaient attendu les conclusions de la science au lieu de se bercer d'illusions avec leur « libre choix », jamais ils n'auraient eu à s'acquitter d'un tribut émotionnel et sentimental aussi lourd. Ils auraient mieux fait d'y réfléchir à deux fois.

RELANCE

Considérant qu'ils avaient trouvé leur seul et véritable amour sans aucune aide extérieure, Indriði et Sigríður pensaient que s'ils ne répondaient pas à cette lettre, inLove les oublierait pour s'occuper d'affaires plus urgentes. Quatre-vingt-dix pour cent de la population mondiale n'ayant pas encore été « calculée », ils étaient persuadés qu'on les laisserait tranquilles pour leur plus grand bonheur : ils s'appartiendraient l'un à l'autre jusqu'à ce que la mort les sépare. Mais ce n'était pas si simple. Sigríður reçut plusieurs relances d'inLove, lui confirmant qu'on avait trouvé son âme sœur et qu'elle pouvait la rencontrer au parc d'attractions de LoveStar la semaine suivante. Le courrier était accompagné d'un numéro de réservation au nom de Sigríður Møller, d'un ticket de bus et d'un livret illustré en couleurs, qui présentait LoveStar. Sur la première page trônait le fondateur de l'entreprise, satisfait et souriant. Le projet inLove était ensuite détaillé et exposé par des interviews de gens récemment calculés, qui avaient découvert à la fois une nouvelle vie et le bonheur véritable.

— Sigríður Møller !!!

— Indriði, calme-toi !

— Sigríður Møller ! Quel culot ! Ils osent t'enregistrer sous le nom de Sigríður Møller ! Ce sont des imbéciles ! Des ânes bâtés ! Des malades mentaux ! Sigríður, nous allons nous serrer les coudes. Nous ne céderons pas !

Bien évidemment, ils sous-estimaient la puissance de l'empire LoveStar. L'entreprise savait que certains fuyaient le bonheur et, constatant que Sigríður ne répondait pas aux relances, se montra de plus en plus insistante. D'étranges événements se produisirent alors. Quoi qu'elle écoute ou regarde, partout, il n'était question que d'un seul sujet, que ce soit aux informations ou dans les débats télévisés :

Le présentateur : Vous pensiez pourtant avoir trouvé votre seule et unique sans aucune aide extérieure ?
L'interviewé : Eh oui, parfois, on est complètement aveugle, mais les gens d'inLove ont calculé que ce genre de situation ne peut perdurer au maximum que cinq ans et sept mois. (Indriði et Sigríður étaient justement ensemble depuis cinq ans, six mois et trois semaines.)
P : Où aviez-vous fait connaissance ?
I : Dans un bar.
P : Ça me rappelle une phrase de LoveStar : Imaginer rencontrer sa moitié dans un bar revient à demander au serveur de vous faire une greffe du cœur.
I : Je n'ai jamais compris cette phrase. Je ne vois vraiment pas le rapport entre l'amour et les transplantations cardiaques !

P : Sans doute aurait-il pu exprimer cette idée plus clairement, mais ce qu'il voulait dire, c'est que pour des choses aussi importantes que l'amour, il vaut mieux s'en remettre à des professionnels et adopter une démarche scientifique plutôt que tâtonner, sinon, on court à la catastrophe.

I : J'étais jeune et bête, j'avançais à l'aveuglette, puis un jour, nous avons eu un peu plus de plomb dans la tête et nous nous sommes fait calculer. Depuis, nous sommes heureux. C'est bizarre d'imaginer qu'il y a quelques années à peine, ni LoveStar ni LoveMort n'existaient, et encore moins inLove. On se demande vraiment comment les gens vivaient.

C'était une soirée calme à la maison de retraite. Les pensionnaires avaient reçu leurs somnifères. Sigríður en profita pour appeler sa sœur Hildigunnur et se confier à elle. En réalité, Hildigunnur ne lui avait jamais donné de bons conseils, bien qu'étant d'un an son aînée. Elles se chamaillaient comme chien et chat depuis l'enfance, aussi différentes l'une de l'autre que peuvent l'être le Coca et le Pepsi. Sigríður écoutait les boys bands, Hildigunnur n'en avait que pour le rap. Sigríður regardait des comédies romantiques, Hildigunnur passait toutes ses nuits devant des films d'horreur. La première préférait les tenues blanches ou beiges, la seconde affectionnait le noir et les couleurs fluo, et ainsi de suite. La raison n'avait que peu à voir avec le fait qu'elles étaient foncièrement différentes. Elles auraient très bien pu être constamment collées l'une à l'autre, mais comme les données recueillies par ístar indiquaient que l'aînée s'intéressait au rap et qu'elle était devenue une cliente fidèle de tous les produits touchant au phénomène, on s'était efforcé d'aiguiller la cadette sur une autre voie. Diverses études montraient en effet que la consommation de frères ou sœurs d'âge voisin ne correspondait qu'à celle d'un acheteur et demi. Afin d'empêcher la jouissance commune et le recyclage des jouets, des appareils, de la musique ou des cosmétiques, le monde du commerce s'employa à orienter les deux sœurs dans des directions opposées.

— Tu plaisantes ? interrogea Hildigunnur qui attendait toujours les calculs d'inLove et n'avait pas trouvé de petit ami provisoire disponible. Tu reçois une lettre de LoveStar et tu refuses la proposition ?

— Oui.

— Ça ne m'étonne pas de toi, s'agaça Hildigunnur. Laisse-moi te dire les choses en toute honnêteté. Indriði est tellement gnangnan qu'il en est écœurant. Enfin quand même, un type qui plante des potentilles dorées et des myosotis autour de l'usine à pluviers, non mais, franchement ! Quel genre d'homme est-ce donc là ?

— Tu ne lui as jamais donné sa chance, fit remarquer Sigríður.

— Ma petite ! On a trouvé ton seul et unique ! Ça ne fait pas décoller ton imaginaire ? Ça ne t'empêche pas de trouver le sommeil ? Tu ne t'es pas demandé à quoi il ressemble ? Ce qu'il pense ? L'effet que font ses caresses ? Serais-tu complètement anesthésiée ou quoi ?

— Je n'ai pas fermé l'œil de la nuit en pensant à lui, avoua Sigríður, agacée.

— Alors, il était comment ?

— Il ressemblait énormément à Indriði, mais il était moins gentil et moins drôle.

Hildigunnur suffoqua :

— Sigríður, ressaisis-toi ! Prends ce Per Møller ! Pour l'amour de Dieu, écoute la science ! Crois-tu vraiment qu'Indriði résistera à la tentation le jour où il recevra son calcul ?

Sigríður lui raccrocha au nez, préférant se détendre devant un film. L'écran d'accueil recommandait particulièrement un « Documentaire saisissant sur le projet inLove ». Elle commença à le regarder, persuadée que c'était une critique sans concession du système.

Il y était question d'un artiste français jeune et beau, prénommé Pierre. Celui-ci avait été uni par calcul à une certaine Sue, qui vivait dans l'Arkansas. Aussi terre à terre que traditionaliste, cette dernière avait décidé de rester fidèle à Bob, son mari. Les spectateurs voyaient pourtant bien à quel point tous deux étaient mal assortis. Par exemple, il racontait à ses amis qu'il se fichait qu'elle parle d'art et de philosophie à longueur de journée tant qu'elle le laissait éjaculer en elle le soir, ce dont d'ailleurs il ne se privait pas. Tous les soirs, Bob s'allongeait sur Sue et l'emplissait inlassablement de sa semence, qu'elle le veuille ou non. Quant à Pierre, son seul et unique, c'était une âme sensible. Il avait décidé de se faire expédier dans l'atmosphère avec Love-Mort en apprenant que Sue refusait de le rencontrer, sachant très bien qu'il était scientifiquement prouvé que l'amour et le bonheur véritables lui seraient à jamais interdits. Quelques jours après que Pierre s'était consumé dans l'atmosphère, Bob avait été uni par calcul à Miss Texas. Cette dernière avait dit à l'une de ses amies qu'elle se fichait de savoir qui était cet homme, tant qu'il l'emplissait tous les soirs copieusement de sperme. Bob n'avait pas tardé à abandonner Sue qui s'était retrouvée seule parce qu'elle avait refusé le bonheur et laissé passer l'occasion, mais surtout, et c'était bien pire encore : elle s'était comportée de manière irrationnelle en s'opposant à la science. Tel était le message principal du documentaire.

Indriði traînait à la maison en écoutant sa radio préférée. La station passait et repassait une chanson country (produite par LoveSong, une filiale de LoveStar) où il était question d'un homme et d'une femme qui avaient été en couple à l'ancienne mode avant d'être unis à leur moitié par calcul. Ils étaient restés bons amis et riaient tous les deux de cet amour de jeunesse qui, comme le dit le refrain (en traduction approximative) *ne dure jamais plus de cinq ans et sept mois.*

Ils chantaient en duo (la traduction est une fois encore approximative) :

> L'homme : C'est toujours difficile quand les routes se séparent. Mais la peine s'est évanouie dès que nous avons rencontré…
> En duo : notre seul(e) et unique.
> La femme : J'ai rencontré ma seule et unique et j'ai abandonné mon compagnon pour elle. Pendant tout un mois, il a vécu…

En duo : un chagrin d'amour.

L'homme : C'était une période difficile, mais elle m'a permis de mieux me comprendre et d'acquérir plus de profondeur dans mes sentiments.

Refrain en duo : Les amours de jeunesse ne durent jamais plus de cinq ans et sept mois.

L'homme : Je suis heureux qu'elle soit partie car, juste après ça, j'ai rencontré…

En duo : Ma seule et unique…

Indriði et Sigríður voyaient bien qu'on les attaquait de toutes parts. Ce harcèlement durerait tant qu'ils ne céderaient pas. Chaque fois qu'ils croisaient un aboyeur, ce dernier leur murmurait à l'oreille ou s'écriait à tue-tête : « Cinq ans et sept mois au maximum ! » « Rends sa liberté à celle que tu aimes, Indriði ! » « Sigríður, ne gâche pas ta vie ! » « Indriði, pense à l'avenir du monde ! » De tels messages leur étaient transmis où qu'ils soient, mais ils étaient plus que jamais résolus à se serrer les coudes et à ne pas laisser de fichus calculs les séparer. Au plus profond d'eux-mêmes, ils étaient persuadés d'avoir été créés l'un pour l'autre, convaincus que leurs deux âmes n'en formaient d'ores et déjà qu'une seule. Et en effet, il y avait une certaine probabilité pour qu'ils aient raison : une contre quatre milliards.

Indriði n'était pas le genre d'homme à céder face à la pression des images ou des spots vidéo. Jamais il ne sautait sur les prétendues promotions du siècle. Il suffisait de comparer les dates des innombrables campagnes publicitaires à celles qui figuraient sur ses relevés de carte de crédit pour constater à quel point il était réfractaire à ces sollicitations. ÍSTAR savait, par exemple, qu'Indriði était une tête pensante et qu'il s'estimait assez intelligent pour repérer l'esbroufe. On savait également que sa confiance en soi se renforçait chaque fois qu'il décelait l'arnaque en question. On lui envoyait donc quotidiennement une bonne dose de publicités outrancières afin de s'assurer qu'il soit plus réceptif à celles qui ne l'étaient pas : des publicités honnêtes qui s'adressaient directement à l'homme intelligent et raisonnable qu'il était. « Vous êtes un individu éclairé et doué qui ne se laisse pas abuser par les attrape-nigauds ni les promotions mirifiques. Nous ne voudrions pas vous insulter en vous communiquant de telles publicités, mais nous souhaiterions tout de même vous dire qu'en tant qu'individu responsable et doté de pensée, vous constatez sans doute que le moment est venu de changer de voiture… »

Indriði et Sigríður ne cédaient pas, quelle que soit la méthode employée, mais des pans entiers de leur existence commençaient à vaciller. La presse qu'ils consultaient regorgeait d'annonces étranges qui brouillaient leur système de communication. Puis ce fut le coup de grâce : Indriði se vit interdire l'accès à leur compte commun, lequel était au nom de Sigríður, puisque c'était elle qui l'avait ouvert. Étant donné la situation, LoveBank estimait préférable de séparer leurs finances. En effet, en cette période troublée, Indriði risquait de vider le compte avant de se tirer avec l'oseille pour empêcher Sigríður de s'offrir cette « inoubliable semaine incluant pension complète, boissons, massages, luxe et interminables câlins, blottie contre sa moitié ». Au moment précis où Indriði n'eut plus accès au compte, il reçut un message émanant de la Caisse des prêts étudiants :

« Les termes du contrat qui nous lie nous autorisent à habiliter une tierce personne pour le recouvrement de votre emprunt étudiant en cas de doute quant à votre capacité de remboursement. Attendu que vous ne possédez rien en propre, nous avons eu recours à un organisme qui accepte les paiements sous d'autres formes. Votre contrat a donc été transmis aux services d'íSTAR qui seront chargés du recouvrement des trois millions huit cent quatre-vingt-huit mille six cent quatre-vingt-neuf couronnes. »

Indriði relut la lettre et s'étrangla presque avec le café de son petit déjeuner au moment où il s'écria :

— HOURRA ! ME VOILÀ ABOYEUR !

Pris d'une quinte de toux, il scruta les alentours. C'était bien de sa bouche que les mots étaient sortis. Un texte se formait sous ses yeux, tel un nuage, tandis qu'une voix énergique résonnait dans sa tête.

« Hourra ! Vous venez d'accéder au service de recouvrement d'íSTAR ! Pourquoi suer sang et eau pour payer vos traites alors que vous pouvez vous en acquitter en toute simplicité ? Recevez toutes nos félicitations, vous faites maintenant partie des millions de personnes qui font confiance à íSTAR pour le règlement de leurs créances. Nous avons versé à la Caisse des prêts étudiants la somme de (*une voix féminine éthérée prend le relais*) : trois millions huit cent quatre-vingt-huit mille six cent quatre-vingt-neuf couronnes. (*La voix reprend un ton enjoué.*) Et vous n'avez pas besoin de nous verser la moindre couronne. Les quelques mots que nous vous mettrons en bouche serviront à vous acquitter de votre dû. Nous utiliserons la sphère langagière de votre cerveau et, à l'occasion, nous induirons chez vous certaines réactions physiologiques. ÍSTAR est avant tout un moyen sûr et agréable de payer ses dettes. »

Indriði appela immédiatement l'organisme : il n'avait aucune intention de se transformer en l'un de ces satanés aboyeurs.

— ÍSTAR, bonjour, répondit une femme à l'autre bout de la ligne.

— Bonjour, je suis victime d'un malentendu. Je suis devenu aboyeur...

— Bienvenue dans nos services...

— Je vous dis qu'il y a malentendu, notre compte en banque était au nom de ma petite amie et...

— Appuyez sur *un* pour le suivi des commandes, sur *deux* pour les aboiements...

Indriði appuya sur *deux*. Un homme décrocha.

— ÍSTAR, service des aboyeurs.

Le murmure des vagues et les cris des mouettes constituaient le fond sonore de la conversation. Vêtu d'un pull islandais, son correspondant était assis sur la jetée du port de pêche de Patreksfjörður, il fumait sa pipe, pêchait à la ligne et parlait en plein air. C'était un de ces hommes modernes et sans fil.

— Bonjour, je suis...

— Indriði Haraldsson.

— Exact, je suis...

— Vous êtes aboyeur.

— Oui. Ou plutôt non, je veux résilier...

— Nos contrats sont résiliables avec un préavis de trois mois…

— Je n'ai jamais signé aucun contrat. Je refuse d'être impliqué dans de telles pratiques…

— Aux termes du septième alinéa de l'article huit…

— Est-ce que vous m'écoutez ? Ce n'est pas possible, je refuse d'aboyer ces publicités…

— Un instant, répondit l'employé, je vous prie de rester en ligne…

Indriði patienta. Il n'entendait plus que les cris des mouettes et le ressac, puis vinrent quelques bribes de conversation. « Rien qu'un chaboisseau et un malheureux carrelet… »

— Je vous prie de m'excuser, reprit l'employé, j'avais autre chose sur la ligne. Vous disiez ?

— Je ne dirai rien. Je resterai enfermé chez moi. Je me cloîtrerai complètement. Je me couperai la langue…

L'homme gardait le silence. On n'entendait plus que le clapotis des vagues et le teuf-teuf d'un petit bateau de pêche.

— Vous êtes là ?

— Je voulais vous aider à retrouver votre calme, observa l'employé. Les cris des mouettes et le clapotis sont connus pour être apaisants.

— Mais je suis calme, rétorqua Indriði.

— Très bien. Je veux simplement vous informer que d'autres contrats nous sont parvenus. Apparemment, plusieurs organismes ont des doutes sur votre solvabilité. Nous sommes également chargés de recouvrer 50 % du loyer de votre domicile au numéro 90 de Hraunbær, 50 % des traites et des assurances afférentes à la Subaru immatriculée R-72623, ainsi que tous les frais d'abonnement, les factures de carte Visa, les frais de transfert de données, y compris par le biais du nerf optique et enfin, les frais de connexion permanente. Vous dépassez hélas largement le plafond d'endettement maximal de la catégorie des aboyeurs, la location des zones langagières de votre cerveau ne suffira pas à payer le tout. Vous nous devrez aussi un traquenard par semaine. C'est à vous de choisir la procédure.

— Je ne choisis rien du tout ! hurla Indriði.

— Attendez une seconde. Nous avons en ce moment une campagne géniale. PleinAirSport veut conquérir des parts de marché pour installer sa ligne de vêtements d'automne. Les traquenards éclatent de rire à chaque fois qu'ils croisent un homme vêtu d'un anorak Millet bleu. Et quand quelqu'un vient leur demander pourquoi ils rient ainsi à gorge déployée, ils s'écrient : « JE N'ARRIVE PAS À CROIRE QUE CE GARS-LÀ AIT ENCORE SUR LE DOS UN ANORAK MILLET BLEU ! »

— NON ! C'est hors de question ! C'est un malentendu ! hurla Indriði. Je vais aller à la banque cet après-midi pour arranger tout ça. Je ne suis pas fauché, je vais en parler à ma petite amie, qui va virer de l'argent sur mon compte.

— J'attire votre attention sur le fait que le virement sera dans ce cas enregistré comme donation. Or vous êtes imposable sur les donations à hauteur de 30 %.

L'homme attendit que trois vagues retombent et que deux goélands marins poussent un cri pour continuer d'une voix bienveillante :

— Vous avez un préavis de trois mois et vous êtes lié jusqu'à l'échéance du contrat. Si vous n'aboyez pas jusqu'au terme, nous serons dans l'obligation de clore votre connexion sans fil et de vous renvoyer à l'ancien système.

Ce qui ressemblait à une menace présentait certes quelques avantages pour peu qu'on accepte de redevenir esclave des fils et des câbles et de ne plus disposer d'une connexion permanente. Cette possibilité n'était toutefois que théorique : la plupart des appareils de la vie quotidienne fonctionnaient sans fil ni boutons et se télécommandaient à l'aide des lentilles. On pouvait toujours décrocher son téléphone et appeler le 234.415.333.333 pour ouvrir le robinet de la baignoire (à moins que les derniers chiffres ne soient 334 ?), composer la même série terminée par 537 pour tirer la chasse d'eau, appeler le 395.506.432.664, puis entrer le code à cent chiffres pour neutraliser l'alarme et enfin, ouvrir sa voiture.

— Je n'ai pas le choix, conclut Indriði.

— Vous êtes libre, objecta l'employé. La liberté est une chose merveilleuse, c'est à vous de choisir.

Derrière lui, on entendait les cris des eiders et des goélands.

— Je n'ai pas le choix, répéta Indriði.

— Au revoir.

Indriði se demandait comment il devait réagir, il réfléchissait, quand tout à coup, il se mit à hurler :

— DALLAS COMMENCE ! DALLAS COMMENCE !

— Merci ! renvoya le vieil homme qui occupait l'appartement voisin.

Écarlate, Indriði faisait les cent pas. Le générique du feuilleton traversait la cloison. Il l'écouta quelques instants, puis se boucha les oreilles, alluma sa chaîne hi-fi et poussa le son au maximum. Le voisin tambourina sur le mur, mais Indriði avait quitté les lieux en laissant le volume à fond. Il s'employa à se comporter de manière tellement indigne qu'aucune entreprise ne puisse envisager de voir son nom associé à pareil individu. Voilà pourquoi il avait monté et descendu sept fois de suite en tenue d'Adam l'Escalator du centre commercial de Kringlan. Mais les entreprises obéissaient à la règle selon laquelle « Mieux vaut une mauvaise publicité que pas de publicité du tout » et, au septième tour, une femme s'était intéressée à lui. Sans doute appartenait-elle au groupe cible de ceux qui se passionnaient pour les happenings et les performances car en la croisant, Indriði avait aboyé :

— N'oubliez pas le vernissage à Kjarvalsstaðir ! Happenings et réjouissances au programme !

UN HÉBERGEUR CLANDESTIN

La plupart des gens percevaient en Símon Smári Magnússon un de ces analystes-programmeurs sans fil doté d'un goût médiocre en cinéma, et sa petite amie María qui entretenait avec lui une relation provisoire depuis trois ans était aussi de cet avis. Personne ne savait que depuis plus de dix ans, Símon était l'un des espions et hébergeurs clandestins les plus actifs de sa génération.

Dès l'âge de treize ans, il était apparu comme le garçon en passe de devenir l'un des plus populaires de l'école, l'un de ceux dont les autres recherchaient le plus la compagnie. Grand et beau, débordant de vie, les cheveux châtains, il semblait toujours sortir de chez le coiffeur. Il savait s'exprimer et tout laissait prévoir qu'il donnerait le « la » à l'ensemble de ses camarades dans le domaine de la musique et de la mode. Les boutiques tiraient plus de profit à lui faire porter les vêtements qu'elles vendaient qu'à les exposer en vitrine sur des mannequins. À seize ans, Símon était titulaire d'un contrat avec un centre commercial, deux cinémas et un opérateur téléphonique, du reste, il recevait plus de coups de fil que quiconque. Sur chaque communication facturée quarante-six couronnes la minute, il en empochait vingt-deux. N'importe quelle gamine pouvait l'appeler, il la gardait en ligne aussi longtemps qu'elle le désirait.

— Attends un moment, ne coupe pas, disait-il aux collégiennes timides et inexpérimentées, il faut que j'enfile mon JEAN EVILS. Mais je vais te faire écouter un nouveau morceau vraiment super du groupe BOYZ pendant que je passe mon JEAN EVILS.

Parfois, il était en communication avec deux jeunes filles en même temps sans qu'elles en aient conscience, il les laissait parler en leur faisant écouter des chansons chacune à son tour.

Il n'invitait que très rarement une fille au cinéma, mais s'arrangeait pour que toute l'école soit au courant lorsqu'il allait voir un film avec ses copains. Ainsi, dix à vingt gamines d'autres classes venaient assister à la même séance, exaltées à l'idée d'entrer en contact avec lui ou avec ses amis. Ensuite, ses copains hébétés suivaient les filles, espérant les connaître d'un peu plus près. Quand ils se croisaient à l'entracte, toujours de bonne humeur et sûr de lui, Símon affichait son sourire le plus enjôleur et complimentait les gamines des achats qu'elles avaient effectués chez les bons commerçants.

Le printemps était la saison la plus propice à la chasse. Il emmenait alors une ou deux filles au centre commercial de Kringlan pour les aider à dépenser l'argent qu'elles avaient reçu à leur communion et empochait jusqu'aux trois quarts des bénéfices du magasin : c'était la moindre des choses qu'en tant que vendeur il ait droit à une petite commission.

— Si tu ne sais pas lequel prendre, tu n'as qu'à acheter les deux pantalons, tu es aussi mignonne avec l'un qu'avec l'autre, disait-il en souriant à la gamine qui s'empressait de suivre son conseil. Tu pourrais aussi t'offrir un tatouage assorti…

En dépit de son succès, Símon était plutôt isolé. Il ne connaissait aucun hébergeur clandestin et ignorait s'il en existait d'autres dans sa classe d'âge. Il soupçonnait cependant tel ou tel de l'être et parfois il avait des doutes sur tout le monde, mais il s'employait à faire échouer toute tentative d'approche. Halldór le rouquin s'était efforcé de le convaincre de prendre des cours de golf et de s'acheter des clubs. Après ça, il avait toujours veillé à étouffer dans l'œuf chacune des idées de Halldór et à les détourner à son profit. Il suffisait que Halldór veuille aller voir un film pour que Símon entraîne la bande à aller en voir un autre et les escarmouches étaient fréquentes entre eux.

Símon refusait de partager avec quiconque son succès en tant qu'espion et hébergeur clandestin. Toutes les transactions transitaient par l'espace personnel qu'il avait chez ístar et en général, les offres et promotions lui parvenaient automatiquement par ordinateur. Il ne connaissait pas ceux qui dirigeaient le système. Símon n'avait personne auprès de qui s'enorgueillir d'avoir gagné trois mille couronnes en gardant deux gamines en ligne pendant cinquante minutes tandis qu'il prenait un bain tout en suivant d'un œil un film d'action.

Il roulait dans de belles voitures et mangeait au restaurant presque tous les soirs. Pourtant, il n'avait jamais acheté aucun véhicule, ne payait pas ses vêtements ni ses repas. Partout, il était enregistré sous la rubrique « frais de marketing et de publicité ». Il n'avait payé de sa poche aucun de ses voyages à l'étranger et s'était toujours arrangé pour se joindre subrepticement à des voyages organisés dont il détournait le but initial en se débrouillant pour bénéficier d'une gratuité. Par exemple, lorsque le groupe se détendait au soleil sur une plage, il s'éclipsait un moment, allait conclure un accord avec un centre commercial ou un restaurant et promettait de ramener dix personnes pour peu qu'on lui verse un pourcentage.

Símon avait beau être sollicité, il n'avait que peu d'amis et c'était par le biais de María qu'il avait rencontré la plupart de ses fréquentations quotidiennes. Tous deux s'étaient inscrits à un club où des couples se rencontraient régulièrement pour cuisiner, boire du vin rouge et passer de bons moments. Cela dit, il ne considérait aucun d'entre eux comme un véritable ami. Les membres du club s'envoyaient des courriels, mais les relations personnelles étaient pour ainsi dire inexistantes. Símon s'employait toutefois à maintenir la cohésion du groupe qui constituait un marché d'importance non négligeable. Il mettait à profit les soirées en leur compagnie en collectant des renseignements précieux pour ÍSTAR et n'hésitait pas à vanter les mérites de tel ou tel produit tout en se gardant soigneusement de conclure aucune vente. Il appâtait le poisson qui serait ferré par d'autres.

Autant dire que tout allait très bien pour lui jusqu'au jour où María rentra à la maison, furieuse. Confortablement installé sur le canapé, il était plongé dans un livre, un futur best-seller, quand l'ombre noire de María s'abattit tout à coup.

— Símon ! hurla-t-elle. Je viens de recevoir une proposition envoyée par un chirurgien esthétique !

Il leva les yeux.

— Ce livre est tellement passionnant que je n'ai même pas entendu ce que tu viens de dire, répondit-il en lui montrant l'ouvrage.

— Aujourd'hui, un chirurgien esthétique m'a envoyé une proposition.

— Et quoi ? marmonna Símon d'un ton innocent.

— Sais-tu ce qu'il me conseille ?

— J'imagine qu'il mentionne ce que tu m'as montré.

— Exactement !

— Et tu vas accepter sa proposition ?

— Símon, comment peuvent-ils être au courant de ce truc-là ?

— Hein ?!

— Comment ont-ils appris ce détail ?

— Tu es sûre qu'ils sont au courant ?

— Ils me proposent d'enlever justement le truc que je t'ai montré.

— Tu parles de cette zone située autour de ce bouton, à droite de… ?

— Exactement ! Comment est-il possible qu'ils soient au courant de ça ?

— Je te jure que je n'ai rien dit à personne.

— Tu es le seul à savoir ça, le seul à avoir mis ton nez à cet endroit précis. C'était un secret !

— Hé ! Arrête de m'accuser ! Tu es certaine de ne jamais en avoir parlé ?

— Oui, j'en suis certaine !

— Eh bien, dans ce cas, c'est un simple hasard. Où prévois-tu de manger avec tes copines ce soir ? Vous devriez aller à The Thing, leur sandwich au pluvier est génial...

— N'essaie pas de changer de sujet. Tu crois que nous sommes beaucoup à avoir ce genre de particularité physique ? Comment veux-tu que ce soit le fruit d'un simple hasard ?!

— Tu en as forcément parlé à quelqu'un...

— Je ne l'ai confié à personne d'autre que toi ! Même mes copines ne sont pas au courant ! C'est toi qui les as informés ?

— Non, avait répondu Símon, les yeux baissés, le ton peu convaincant.

— Cette proposition m'a été envoyée le lendemain du jour où tu as vu ça !

Símon était écarlate et gardait le silence.

— Bon sang ! J'avais confiance en toi ! Tu n'es vraiment qu'un pauvre minable ! Combien es-tu censé empocher, espèce d'ordure ? 30 % ? 40 ? Le devis qu'ils m'envoient monte à 150 000 !

Símon ne savait pas quoi répondre. L'employé d'Ístar qui écoutait la conversation via l'oreillette en connexion permanente lui souffla une suggestion : Hé, je crois que tu ferais bien d'aller voir un psy.

160

L'idée ne lui plaisait guère, mais il marmonna tout de même :

— Hé, tu devrais peut-être aller voir un psy.

— TU AS QUELQU'UN À ME CONSEILLER ? SALOPERIE D'HÉBER-GEUR CLANDESTIN !

La suggestion suivante parvint à Símon par le biais de sa lentille : [Conseil : Sigtryggur, psychologue – tél. 551 9550.]

Símon allait recommander le professionnel en question, mais il se ravisa et préféra décliner toute assistance jusqu'à nouvel ordre.

— Qu'est-ce que tu racontes ? maugréa-t-il.

— Hier, tu as conseillé à mes copines d'aller voir un film que tu disais génial.

— Beaucoup de gens le trouvent très bien.

— Elles l'ont trouvé complètement nul.

— C'est leur problème.

— Tu n'as donc aucun amour-propre ?

Silence.

— Réponds-moi ! Tu n'as pas d'amour-propre ou quoi ?

— Tous les goûts sont dans la nature et chacun a le droit d'avoir les siens.

— Mais tu n'as même pas vu ce film ! Elles m'ont dit que tous les films que tu leur conseillais n'étaient que des navets ! Tu es un hébergeur clandestin, n'est-ce pas ? Avoue ! Et tant qu'on y est, tu es peut-être également espion. Tes esgourdes sont sans doute ouvertes en ce moment, hein ?

María lui hurla dans l'oreille :

— OHÉ ! IL Y A QUELQU'UN ? CE QUELQU'UN A-T-IL ENVIE DE SAVOIR CE QUE JE VEUX ? JE NE VEUX PLUS JAMAIS REVOIR

Símon ! Vous m'entendez ? Je ne veux plus jamais le voir !

Símon quitta la maison et déambula à travers la ville, déprimé et maussade. Un adolescent lui remonta un peu le moral en le complimentant sur sa veste.

— Géniale, ta veste !

— Hé, merci, répondit-il. Je l'ai achetée chez Hommes du monde !

Avant la fin de la journée, plusieurs personnes lui avaient aboyé des choses positives. L'équipe d'ÍSTAR, qui avait tout entendu, lui avait envoyé neuf encouragements au hasard afin de l'aider à recouvrer son équilibre émotionnel.

— Tu es le meilleur, il faut battre le fer quand il est chaud, mon petit Símon ! s'était exclamé un vieil homme à barbe blanche en le croisant.

— Símon, tu es vraiment un type génial ! lui avait crié une femme qui poussait un landau.

— Zímon, avait zozoté le bébé dans le landau (tout le monde trouvait ça très mignon d'entendre les enfants dire des choses intelligentes, surtout s'ils étaient petits et qu'ils savaient à peine parler).

Quelques semaines plus tard, plusieurs chirurgiens esthétiques avaient envoyé à María des devis, des conseils et des informations diverses jusqu'à ce qu'elle cède et fasse retirer la chose dont seul cette saloperie de Símon, espion et hébergeur clandestin, avait connaissance. Il encaissa ses trente pour cent, assortis d'un règlement de cinquante mille couronnes pour le rapport final et détaillé qu'il avait rédigé sur la vie de María.

Paragraphe 12B : Elle ignore où se situe l'Afrique et ne supporte pas les films policiers suédois. Elle est plus émue par un chien malade que par un enfant souffrant. La sauce à pita finit toujours par être périmée (NB : prévoir conditionnement plus petit). Elle préfère être prise en levrette (vidéo ci-jointe – NB : à ne pas commercialiser au sein de son groupe cible !). Elle ne connaît rien à la science, mais gobe tous les discours pseudo-scientifiques (argument choc pour les shampoings : leur formule chimique).

Símon calcula que le coût émotionnel subi était acceptable en comparaison du bénéfice qu'il avait empoché. De toute façon, María n'était pas sa seule et unique. Le fait était scientifiquement avéré. Un mois plus tard, il ne s'était toujours pas complètement remis. Il appela ReGret pour s'enquérir de ce qui serait arrivé si cette rupture n'avait pas eu lieu et s'il avait continué de servir María et ses amies. Il avait opté pour une réponse courte :
— Vous seriez mort.
— Comment ?
— Vous auriez été écrasé par un bus le 18 février.
Il ferma les yeux pour se concentrer : « Heureusement que nous avons rompu, sinon, je serais passé sous un bus le 18 février. Dieu soit loué, nous avons rompu, sinon, j'aurais été broyé par les roues d'un bus le 18 février. » Pourtant, il avait beau faire de son mieux pour se convaincre, rien ne parvenait à combler le vide laissé par María au fond de son cœur, pas même ce compliment qu'on lui adressait pour la quatrième fois à propos de sa veste

(les compliments classiques avaient pour fonction de convaincre les gens que le vêtement concerné était une valeur sûre et constituait un bon investissement).

María était partie, entraînant avec elle bon nombre de ses meilleurs « amis », mais surtout clients. Il allait devoir changer de décor, s'intégrer à un nouveau groupe dont il lui faudrait gagner la confiance. L'amitié en chaîne était le destin de l'hébergeur clandestin. Il se liait avec une personne, se concentrait sur elle pendant un certain temps, puis s'intéressait au camarade de la personne en question avant de se tourner vers le camarade du camarade un an plus tard et ainsi de suite. Celui qui faisait partie de la chaîne bénéficiait de l'intérêt sans partage de ses autres membres pendant un moment, puis chacun se concentrait sur autre chose. Símon s'étant introduit dans cinq groupes d'amis au cours des sept années précédentes, il disposait d'un réseau de connaissances assez vaste, mais plutôt superficiel. Après avoir perdu le contact avec María, il devait rivaliser d'énergie, son chiffre d'affaires chutait à toute vitesse et sa cote de fiabilité publicitaire chez ÍSTAR menaçait de s'effondrer. Il fut donc forcé de se tourner vers sa famille pour un temps :

— Papa, tu devrais essayer une Saab. Maman, qui donc t'a fait une coiffure pareille… ? Grand-mère, je refuse de t'emmener faire tes courses chez Bónus, tu ferais mieux d'aller chez 10-11, c'est plus rapide et moins cher.

Il caressait le rêve d'être remarqué par ÍSTAR afin de cesser d'arpenter les rues de la ville pour entrer dans l'usine à publicité elle-même. Il voulait faire partie des concepteurs, mettre au point des projets, obtenir un travail comme conseiller ou suivre un groupe cible tout au long de sa vie, le guider, le téléguider, le trier et le répertorier. Mais ÍSTAR n'avait donné suite à aucune de ses candidatures et toutes les idées qu'il leur avait communiquées lui avaient été aussitôt renvoyées. Il vivait dans l'espoir et chaque fois qu'il recevait un message d'ÍSTAR, il frissonnait. Justement, il venait d'en recevoir un, qui lui présentait la mission suivante :

[Type de problème : Victime de la liberté.
Intéressé(e) : Sigríður Guðmundsdóttir, unie par calcul à Per Møller.
Problème : SG refuse les conclusions de nos calculs à cause d'Indriði H.
Objectif : Amener SG à rencontrer son seul et unique dans le nord.
Frais de renseignements, relances, aboyeurs publicitaires, traquenards, figurants, etc. : 167 000 couronnes.
Ces frais seront déduits de vos pourcentages de vente.
En cas d'échec, le coût de l'opération sera imputé sur votre avoir chez ÍSTAR.]

Símon rappela immédiatement.
— Bonjour, lança-t-il joyeusement. Je vous appelle au sujet de la mission. Vous n'en auriez pas une autre à me confier ? Indriði et Sigríður font partie des amis que j'avais avec María et ça m'ennuierait un peu de...

— Aucun problème, répondit son correspondant d'un ton sec. Nous trouverons quelqu'un d'autre.

— Ce serait vraiment bien, merci beaucoup. Je dois accorder un peu de répit à mon entourage, voyez-vous...

— Votre refus sera enregistré et accompagnera votre candidature au poste de conseiller en marketing pour les hébergeurs clandestins d'íSTAR. Souhaitez-vous le justifier par quelques explications ? Votre champ d'action connaît-il d'autres limites ?

Símon ne savait pas vraiment quoi répondre.

— Non, non. Je voulais simplement vous demander si vous n'aviez pas d'autres choses plus intéressantes à me confier...

— Tout refus entraîne une mise en congé d'une semaine.

— Depuis quand ?

— C'est une nouvelle disposition. Nous peinons à trouver des gens compétents pour les affaires complexes. Le système ne peut pas fonctionner si tout le monde n'accepte que les missions faciles et intéressantes.

— Excusez-moi, mais je voulais simplement vous dire que ces gens étaient parmi les amis que je fréquentais avec María.

— Votre dernière rencontre remonte à deux mois et trois jours. En outre, les documents dont je dispose indiquent que vous n'êtes plus avec María.

— Nous connaissons quelques difficultés passagères...

— Ça ne correspond pas à mes renseignements. Niez-vous vos responsabilités ? Dois-je le noter sur votre candidature ?

Símon sursauta violemment. Cet employé du service Ambiance était particulièrement désagréable. Pourquoi lui parlait-il de María et de la candidature qu'il avait envoyée ?

— Je vais réfléchir, répondit-il, s'apprêtant à raccrocher.

— Je reste en ligne, nota l'employé.

— Pardon ?

— Votre semaine de vacances commencera dans deux minutes.

Une pendule apparut devant Símon et le compte à rebours débuta.

— Deux minutes ?

Perdu, il consulta à nouveau le dossier en vitesse et pesa le pour et le contre. Si je refuse, quelqu'un d'autre acceptera, pensa-t-il, et ce quelqu'un d'autre risque d'employer des méthodes de voyou encore plus radicales.

— Je m'en charge, déclara-t-il sans le moindre enthousiasme alors qu'il ne restait plus que quinze secondes.

On lui donna un accès immédiat et total ainsi qu'une vue d'ensemble des médias individuels (la presse taillée sur mesure) qu'Indriði et Sigríður recevaient. Au début, il trouva le procédé scandaleux, mais finit par se convaincre qu'il rendait à Sigríður un service dont elle lui serait plus tard reconnaissante. Sa mauvaise conscience laissa place à son esprit de compétition et il se mit rapidement au travail en les aiguillant vers les documentaires, les publicités et les films de propagande adéquats. Il modifia les paroles de chansons et les propos tenus dans les débats avant de les leur envoyer : « L'amour véritable ne dure jamais plus de cinq ans et sept mois. » Il tira sur quelques ficelles afin de leur compliquer la vie en triturant quelque peu le système bancaire et les horaires à la maison de retraite.

Mais voilà, Indriði et Sigríður étaient coriaces, incroyablement coriaces. Or les frais alloués par ÍSTAR étaient déjà presque épuisés. Si ça continuait ainsi, cette mission ne lui rapporterait pas un sou et sa cote de fiabilité publicitaire en prendrait encore un coup. D'ici peu, il en serait réduit au statut de traquenard ou d'aboyeur. Il décida d'inviter Indriði à déjeuner au restaurant afin d'évaluer sa combativité et de voir s'il n'était pas suffisamment affaibli pour se laisser convaincre par les arguments classiques.

— RÉGLISSENOIRCORBEAU ! souffla Indriði en décrochant son téléphone.

C'était jeudi. Ce jour-là, ÍSTAR proposait à la location une partie du vocabulaire usuel de ses aboyeurs. Les entreprises pouvaient faire figurer leur nom à la place des traditionnels : Allô.

Salut. Ah oui. Ouais. Non. Noir. Blanc. Ainsi, les conversations avaient toutes les chances de finir par s'orienter vers leurs produits.

— Je me demandais si nous pouvions nous voir ce midi ?

— ORANGE DÉLICE, hélas, répondit Indriði, j'ai rendez-vous avec Sigríður.

168

— Je lui ai envoyé un courriel et elle m'a dit que ça ne posait aucun problème de son côté.

— Gorgée de mangue, elle t'a dit ça ?

— Retrouvons-nous vers midi à The Thing, le nouveau restaurant dans la salle de l'ancien Parlement.

— Biscuits Frón !

Símon se prépara soigneusement afin de tirer un profit maximal de ce rendez-vous. Il éplucha tous les comptes rendus concernant Indriði, décrit comme un individu terre à terre, honnête, fiable et fidèle. D'après le conseiller chargé de son suivi, Indriði souffrait presque d'une forme d'autisme dans ses comportements de consommateur. Cela expliquait sans doute pourquoi il s'accrochait tant à Sigríður. Il achetait toujours du fromage blanc aux myrtilles, des Bounty, des chaussures Adidas, des crêpes Bonne Maman, des skis Blizzard, du pâté de foie et du pain de la marque coopérative Samsala. S'il sortait manger le midi, il prenait généralement de l'eau pétillante et du pain aux olives au restaurant norvégien installé dans l'ancienne prison ou bien il allait déguster du poulet au restaurant indien dans l'ancien bâtiment du Conseil des ministres, rue Lækjargata. Il lisait le *Morgunblaðið*, aimait particulièrement les pizzas hawaïennes au jambon et à l'ananas. Chaque fois que l'emballage de ses produits préférés changeait, qu'ils n'étaient plus disponibles suite au progrès technique ou à cause de leur trop faible volume de ventes, il était terriblement déstabilisé. En général, ce n'était pas rentable de le solliciter et lorsque de nouvelles découvertes ou une nouvelle ligne de produits étaient mises sur le marché, ce n'était pas du gâteau que de l'appâter. Doté d'une grande empathie, Indriði se rangeait en général du côté des perdants ou de ceux que la vie avait malmenés. Jamais il n'achète de best-sellers, il essaie plutôt de faire grimper les ventes des bons livres qui ont moins de succès, disaient les rapports.

Les cheveux ébouriffés, les yeux cernés, Indriði n'était pas rasé et avait mauvaise mine. Le serveur apporta à Símon une bière gratuite pendant que son « invité » avalait le sandwich au pluvier que Símon lui avait si chaudement recommandé.

Símon posa sur la table un best-seller qui s'était vendu à des millions d'exemplaires dans divers groupes cibles. Indriði le prit pour le regarder.

— C'est un super livre, précisa l'hébergeur clandestin. Dommage que d'autres lui aient fait de l'ombre simplement parce qu'ils ont bénéficié d'une meilleure promotion. C'est triste de voir qu'on fait passer le volume des ventes avant la qualité.

— J'en ai entendu parler, et j'ai bien envie de le lire.

Símon asséna le coup de grâce.

— Je suis membre d'un club du livre, je peux te le faire envoyer au tarif adhérent.

— Aiglefin bien frais, merci, répondit Indriði en secouant la tête.

Símon prit cela pour un oui et conclut la transaction sur-le-champ.

Ils étaient assis à côté d'une fenêtre dans la salle de l'ancien Parlement. Un écran affichait en surplomb la Machine de la République, connectée en permanence aux instituts de sondage d'ístar. Cette dernière donnait une image si précise des désirs de la population qu'elle avait supplanté à la fois les députés et le gouvernement. Les opinions de la nation sur les sujets que lui soumettaient les entreprises politiques (pour la plupart détenues par ístar) étaient mises à jour toutes les heures. Les sujets n'étaient du reste pas très nombreux et certains d'entre eux n'étaient destinés qu'à distraire les clients du restaurant. Indriði regardait les lettres défiler sur l'écran : Voulez-vous ajouter l'étoile de LoveStar sur le drapeau de la nation ? Oui : 69 %. Non : 11 %. Adopté.... Voulez-vous que le pays se lance dans une guerre pétrolière contre les îles Féroé ? Oui : 49 %. Non : 51 %. Rejeté, de peu.... Désirez-vous voir les renaissances et les exemplaires de rechange à nouveau autorisés ? Oui : 81 %. Non : 10 %. Adopté.... Accepteriez-vous de baisser votre niveau de vie pour que l'aide aux handicapés soit améliorée ? Oui : 15 %. Non : 69 %. Rejeté....

Símon s'éclaircit la voix et en vint au fait. La vente du livre n'avait été pour lui qu'un petit échauffement, une mise en jambes. Depuis une demi-heure qu'ils étaient assis là, le sujet de leur conversation glissait inexorablement vers son objectif, comme le saphir d'un électrophone sur un vinyle.

— Comment ça va avec Sigríður ? demanda-t-il en avalant une gorgée de bière.

— D'après les calculs, nous ne sommes pas compatibles, répondit tristement Indriði.

— Quel dommage ! Mais il vaut mieux voir le côté positif des choses et être heureux pour elle. On ne peut quand même pas s'affliger du bonheur des autres.

— Prince Polo, peut-être, consentit Indriði.

— Ton heure viendra, mon cher, tu peux en être sûr et rappelle-toi les paroles de LoveStar : Si tu aimes quelqu'un, laisse-le libre. C'est tellement vrai. Avec María, nous avons essayé d'appliquer ce précepte. Au début, ce n'était pas facile, mais aujourd'hui, tout va bien. Jamais je n'ai reçu autant de compliments émanant de parfaits inconnus (mais il sentait sa gorge se serrer dès qu'il pensait à María).

— Notre amour est particulier, objecta Indriði. Tu ne comprends pas à quel point il l'est. La relation que nous avons, Sigríður et moi, est vraiment exceptionnelle.

— Exceptionnelle ? De quoi parlez-vous tous les deux ?

Indriði s'accorda un instant de réflexion.

— Eh bien, de plein de choses. Parfois, on passe toute la soirée à discuter, allongés l'un contre l'autre.

— Mais vous parlez de quoi ?

Indriði avait beau réfléchir, il était incapable de se souvenir d'un sujet précis.

— Je ne saurais dire exactement.

— Et vous faites quoi ?

Indriði haussa les épaules.

— Ce que tout le monde fait, nous vivons et de temps à autre, nous faisons des câlins.

Símon peinait à dissimuler qu'il les trouvait plutôt mal assortis. L'expression était peut-être un peu excessive. Indriði et Sigríður formaient un joli couple, ils étaient sympathiques et pleins de qualités, mais dégoulinaient de mièvrerie, toujours collés l'un à l'autre, se caressant mutuellement le dos et jusqu'aux fesses. Le regard embué, presque hagard, ils s'embrassaient constamment et sans aucune raison. Même s'ils ne mettaient pas toujours la langue, ils se donnaient des baisers baveux avec la bouche en cul de poule et leurs yeux mi-clos dont on n'apercevait plus que le blanc avaient quelque chose d'inquiétant. S'ils se comportaient ainsi en public, on imaginait sans peine qu'ils allaient bien plus loin quand ils étaient seuls. Símon n'aimait pas leur serrer la main, il avait l'impression de tripoter une limace ou une poignée poisseuse de toilettes publiques. C'est qu'on ne savait jamais où leurs doigts avaient traîné.

Remarquant qu'Indriði approchait son index de ses narines, il grimaça. Il les soupçonnait de garder chacun l'odeur de l'autre sur les doigts ou le dos de leur main avant de partir au travail, leur étrange habitude de renifler tendait à prouver qu'il avait raison. À coup sûr, ils s'envoyaient régulièrement des messages du style : Sens-moi. Ils étaient constamment connectés par téléphone même s'ils ne se parlaient pas, juste afin de s'assurer que l'autre était en vie, qu'il respirait. Quand Símon croisait Sigríður dans un magasin, elle lui citait parfois mot pour mot une conversation qu'elle avait eue avec Indriði le matin. Il s'employait à faire preuve de tolérance, après tout, ils étaient gentils et il n'avait rien à leur reprocher. Il n'empêche qu'ils étaient mièvres et que leur comportement, à son avis, avait quelque chose de désespéré, presque mortifère.

— J'écouterais la voix de la science, conseilla-t-il. Les statistiques montrent que ce genre d'amour dure au maximum cinq ans et sept mois. Personne n'échappe aux lois statistiques. Le jour où inLove aura achevé sa tâche et uni le monde entier, l'amour coulera comme une rivière de lait entre les frontières, toutes les guerres et les querelles disparaîtront. Ça vaut bien quelques efforts.

— Je ne la lâcherai jamais, je serais incapable de vivre sans elle, ne serait-ce qu'une heure, répondit Indriði.

Voilà comment on tord le cou aux arguments d'autorité, pensa Símon. Il regarda Indriði porter son index à sa narine et eut un haut-le-cœur. Sans doute ce dernier recevait-il en ce moment précis le message : Sens-moi et goûte-moi. Il reprit une gorgée de bière.

— Nous sommes amis. Jamais je ne vous conseillerais de vous séparer si je ne savais pas que c'est pour votre bien à tous les deux. L'offre promotionnelle ne dure que jusqu'à la fin de l'année, ensuite, le prix augmentera. Comment ferez-vous si votre amour diminue en intensité et si vous voulez rencontrer votre âme sœur ? Vous perdrez des centaines de milliers de couronnes.

— Sigríður compte plus que tout pour moi, répondit Indriði en secouant la tête. Et quand on aime, on ne compte pas.

Símon sentit ses orteils se crisper, constatant que la question financière pesait aussi peu dans la balance que l'argument d'autorité. Il soupira avant de décocher sa dernière flèche dans l'espoir d'atteindre la cible : la compassion d'Indriði pour ceux que la vie avait malmenés.

— J'espère seulement qu'il y survivra.

— Qui ça ?

— Celui qui a été uni par calcul à Sigríður, j'espère qu'il a suffisamment de force de caractère. On ne sait jamais...

— Que veux-tu dire ?

— Vois-tu, commença prudemment Símon, il y a des gens qui préfèrent renoncer à la vie, enfin, tu comprends... des gens qui se suicident.

Indriði baissait les yeux sur les restes de son sandwich au pluvier tandis que Símon le fixait d'un air grave :

— Je ne te dirais pas ça si je n'étais pas sûr que c'est mieux pour vous. Imagine que la moitié de Sigríður meure et que quelque temps plus tard tu sois calculé, cela risque d'entraîner toute une série de catastrophes. Réfléchis bien, mon cher. Ce n'est pas un jeu, tu comprends tout de même le contexte.

Indriði demeura un moment silencieux, puis s'écria :

— N'OUBLIE PAS TON RENDEZ-VOUS !

Símon consulta sa montre.

— Merci ! J'ai bien failli le manquer ! Bon, je ferais mieux d'y aller. À la prochaine ! lança-t-il en traversant le couloir.

— Tu ne pourrais pas m'avancer le repas ? lui cria Indriði.

— Je n'ai pas un sou, désolé !

Sur quoi, il quitta le restaurant.

Indriði resta assis à méditer sur lesdites « catastrophes en série ».

Désemparé, il avait envie de consulter REGRET afin d'obtenir la confirmation que tout allait pour le mieux dans le meilleur des mondes possibles, mais en voyant les gens assis sur les bancs disposés autour d'Austurvöllur, il se ravisa. On croisait toujours sur cette place quelques victimes de REGRET, des individus paralysés par l'inquiétante noirceur des réponses qu'ils avaient reçues. Ceux qui se laissaient happer par REGRET y consacraient tout ce qu'ils possédaient et développaient une conscience un peu trop aiguë des événements passés, autant que de ceux qui risquaient d'advenir. Ils rasaient les murs afin d'avoir aussi peu d'incidence que possible sur la marche du monde, passaient leur temps à réfléchir et se retrouvaient tétanisés à chaque fois qu'ils devaient prendre une décision ou changer de direction parce que la fin du monde les attendait littéralement à chaque coin de rue. Quand ces gens examinaient ensuite leur vie par le biais de REGRET, il apparaissait toujours que chacune des décisions qu'ils avaient prises (en général, au bout de deux heures de réflexion) était la bonne. J'ai bien fait de mettre un pantalon rouge, sinon je serais mort. J'ai bien fait d'y aller doucement, j'ai bien fait de choisir avec soin, j'ai bien fait de parler à voix basse, ça ne valait pas le coup de semer la discorde, et j'ai bien fait de consulter ReGret.

Même si ceux qui souffraient de cette dépendance s'employaient à n'influer qu'au minimum sur le cours du monde, c'étaient eux qu'on remarquait le plus. Telle cette femme qui attendait le bus sur la place Lækjartorg et qui, au moment de monter à bord, refusait d'embarquer en se disant : Il me conduira à une mort certaine. Elle décidait alors d'attendre le suivant et ainsi de suite jusqu'au moment où elle s'installait sur un banc, acceptait la gorgée offerte par quelque clochard, consultait ReGret et recevait aussitôt sa réponse : « Voyez, chaque autobus que vous auriez pris vous aurait conduite à la mort. »

Un funambule ne doit pas regarder le vide qu'il a sous les pieds, sinon il tombe. Ces gens-là passaient leur temps à regarder l'abîme. Ils baissaient les yeux et le gouffre les happait.

À deux doigts de perdre pied, Indriði évitait de regarder le vide. Le serveur approcha, vêtu d'une cape noire et d'une perruque. Mal à l'aise, Indriði leva les yeux vers l'homme qui le surplombait, tel un juge de la Couronne britannique.

— Je n'ai pas d'argent, je peux faire la plonge ?

— Hélas, nous ne proposons pas ce genre de chose, répondit le serveur d'un ton sévère. Mais nous acceptons les paiements par aboiements. Le sandwich au pluvier en coûte dix.

Nom de Dieu, ce n'est pas donné, pensa Indriði avant de faire une contre-proposition.

— Et pourquoi pas un traquenard, en une seule fois ?

— Un traquenard épileptique avec sous-titres, à l'heure de pointe vendredi prochain, proposa-t-il sèchement.

— Épileptique et sous-titré ? C'est-à-dire ?

— C'est un procédé extrêmement efficace qui fixe le texte dans la mémoire du récepteur de manière indélébile.

Indriði accepta les conditions sans trop de conviction. Le vendredi suivant, il serait victime d'un malaise en un lieu fréquenté et l'annonce se graverait à jamais dans l'esprit de ceux qui l'entendraient : Tu risques la crise d'épilepsie si tu manques la super promo de The Thing sur les sandwichs au pluvier !

Quand il rentra chez lui, Sigríður était de mauvaise humeur. Elle avait passé sa pause déjeuner à se disputer avec le voisin, rendu furieux par le boucan qu'il entendait dans leur appartement.

— Tu as laissé le volume de la chaîne hi-fi à fond ! Je me demandais si tu étais mort ! Qu'est-ce que tu as donc dans la tête ?

— J'ai mangé avec Símon ce midi.

— Et pourquoi ne m'as-tu pas prévenue ?

— Il m'a dit qu'il t'avait envoyé un courriel.

— C'est faux. Je n'étais pas au courant, sinon j'aurais déjeuné au travail.

Indriði voulait lui toucher un mot de cette histoire d'aboiements, lui dire qu'il était devenu aboyeur et par conséquent susceptible de se mettre à raconter n'importe quoi n'importe quand, mais avant qu'il ait eu le temps de lui expliquer la situation, il s'était remis à entonner *l'Étoile de mai*.

— Ô COMBIEN TON PAS EST AÉRIEN !!!

Il essaya d'empêcher les notes de sortir de sa bouche, courut se réfugier dans les toilettes et 6s'enferma à clef, mais rien n'arrêtait cette chanson. Sigríður l'avait suivi du regard.

— TU ES IVRE ?

Indriði ouvrit le robinet de la douche, mais on l'entendait chanter jusque dans le couloir :

— LES TEMPS SONT DIFFICILES ET LE TRAVAIL MANQUE !

Sigríður frappa à la porte.

— Enfin, que se passe-t-il ?

— Chante et réjouis-toi ! La semaine internationale de la musique commence lundi prochain ! éructa-t-il, les dents serrées.

Ils étaient attaqués de toutes parts et la goutte d'eau finit toujours par creuser la pierre. Indriði fut renvoyé de son travail en chantant. Sigríður dut s'acquitter de dix nuits supplémentaires suite à des « congés maladie » de ses collègues et ils n'eurent plus le temps de se nourrir de mots. Elle rentrait épuisée au petit matin et s'endormait aussitôt, alors qu'Indriði se réveillait, vaseux et l'haleine chargée.

Si elle fredonnait une chanson entendue à la radio pendant l'une de ses gardes de nuit, on la lui présentait bien souvent comme « une dédicace offerte par Per Møller ». Quand elle admirait son acteur préféré, une bulle emplie d'un texte lui apparaissait : L'acteur favori de Per Møller. Les informations qu'on lui communiquait précisaient que Per avait vu deux fois tous les films qu'il avait tournés, ce qui était aussi le cas de Sigríður.

Naturellement, Indriði ne voyait rien de tout cela. Elle avait cessé de mentionner à voix haute les publicités concernant Møller car, à chaque fois qu'elle en parlait, il devenait complètement fou, presque méconnaissable. Elle visitait régulièrement la page de Per chez inLove car elle y trouvait des liens vers la plupart des sujets qui l'intéressaient. En revanche, elle ignorait qu'à chaque fois qu'elle y allait, Indriði recevait un message :

[sigríður est en train de se renseigner sur per møller. c'est un ami qui me l'a dit, il dirige la maintenance du système. je trouve normal de t'en informer. à bientôt, ton ami, símon.]

Englué dans sa souffrance, Indriði avait l'impression qu'on lui assénait un coup de pied dans les côtes, qu'on lui enfonçait un poignard dans le dos ou des aiguilles sous les ongles.

[elle est encore sur la page, amitiés, símon.]

Indriði était à bout de nerfs. Il ne pouvait ouvrir la bouche sans risquer de laisser échapper une bêtise. Chaque fois qu'il rentrait à la maison, il avait une peur bleue qu'elle soit partie dans le nord pour valider les calculs.

— Sigríður, tu es là ? cria-t-il.

— Oui, Indriði, je suis là.

En entrant dans l'appartement, l'odeur d'un gâteau vint lui caresser les narines. Sigríður faisait de la pâtisserie dans la cuisine. Il sentit son cœur bondir de joie dans sa poitrine. Les cheveux relevés en chignon, elle venait de prendre un bain et avait passé une vieille robe assez laide. Elle ne portait pas de soutien-gorge et avait de la farine sur les doigts. Il posa sa main sur la sienne et l'embrassa tendrement dans le cou. Elle le regarda, afficha un sourire et avançait ses lèvres vers les siennes quand, tout à coup, il s'écria :

— Superbe robe ! Quelle brillante idée d'acheter une aussi belle robe !

Sigríður le toisa, ahurie.

— Tu te moques de moi ?

— Ah, pardon, ça me revient, j'avais oublié cette robe.

— Tu m'as souvent vue la porter, je la mets pour faire des gâteaux et du bricolage.

— Oui, je m'en souviens, assura Indriði, mal à l'aise.

La robe en question abritait une puce pas plus grosse que le cerveau d'un papillon, et qui donnait droit à cinq compliments aboyés. Sigríður n'avait dépensé aucun des compliments, n'ayant jamais porté le vêtement hors de chez elle. Une heure plus tard, Indriði passa à nouveau devant la porte de la cuisine et cria :

— Superbe robe ! Quelle brillante idée d'acheter une aussi belle robe !

Sigríður sursauta et lui lança un regard noir, mais deux heures plus tard, tout était oublié. Ils préparèrent le dîner, rirent de bon cœur à table et terminèrent le repas par un baiser langoureux.

Indriði lui dégrafa sa robe qui tomba sur le sol. Alors qu'elle ouvrait la braguette de son pantalon, il écrasa par inadvertance le cerveau du papillon en posant son pied sur le vêtement. Sentant le message l'envahir avec une force inouïe, il serra les dents, devint rouge écarlate et les larmes lui montèrent aux yeux. L'annonce semblait comprimer les zones langagières de son cerveau, de plus en plus fort, jusqu'à ce que, la tête sur le point d'exploser, il éructe : Superbe ! Robe ! Quelle ! Brillante ! Idée ! D'acheter ! Une ! Aussi ! Belle ! Robe !!!

Le téléphone sonna : Sigríður devait assurer une garde de nuit supplémentaire. Elle quitta la maison sans même lui dire au revoir. Le rempart qu'ils avaient élevé autour d'eux commençait à se fissurer et, même si ni l'un ni l'autre n'en avait pleinement conscience, ils étaient ensemble depuis exactement cinq ans et sept mois.

JE DÉPÉRIRAIS

La graine dépérit, pensa LoveStar en regardant autour de lui, le cœur serré. Elle ne doit pas mourir, se dit-il. Il n'osait pas bouger, n'osait pas respirer, n'osait pas se lever pour aller chercher une goutte d'eau. Il regardait ses mains l'enserrer. C'étaient de vieilles mains. Le ciel était clair et étoilé. Il abaissa le rideau du hublot afin de s'épargner le spectacle d'autres LoveMort.

Désormais, son corps refusait LoveMort. Il en allait ainsi de la plupart de ses idées, il tenait à intervenir le moins possible dès lors qu'elles étaient mises en œuvre. En tant que directeur général, il occupait le sommet de la hiérarchie, mais chaque fois qu'il devait lui consacrer une heure de son temps, ça l'agaçait. La gestation de l'entreprise avait duré cinq longues années. En ce temps-là, la mort avait colonisé ses pensées au point de ne plus laisser de place à rien d'autre. Il avait parcouru le monde en quête d'experts et de fusées bon marché en état de fonctionnement. Cela n'avait pas été facile de trouver des gouvernements qui eussent le désir ou le droit de lui vendre une telle technologie. Les voûtes souterraines creusées dans les entrailles de l'Oural abritaient des milliers de rampes de lancement et de missiles longue portée datant de la Guerre froide. Nombre d'entre eux s'abîmaient peu à peu. Leurs réserves de combustible nucléaire étaient épuisées, pensait-on. De taille réduite, on pouvait aisément les modifier pour envoyer dans les airs une vedette du rock défunte.

Les marais de Floride regorgeaient eux aussi de missiles qui flottaient comme autant de troncs d'arbres à la surface des eaux après une série de cyclones. Sans doute étaient-ils inutilisables, la plupart ayant été colonisés par la végétation, mais on pouvait toujours en tirer quelque chose, par exemple, des pièces détachées pour LoveMort. Là-bas, les hangars abritaient des fusées qui ne servaient plus à rien depuis l'époque où les ondes des oiseaux avaient eu raison de l'industrie du satellite, quelques décennies plus tôt. C'était le problème principal auquel LoveStar avait dû faire face. Les ingénieurs en aéronautique spatiale et les astronomes le haïssaient. L'assemblage de satellites qui constituaient l'étoile de LoveStar, laquelle scintillait au-dessus des aiguilles de lave des Hraundrangar, était à leurs yeux l'humiliation suprême.

LoveStar ne se contentait évidemment pas de diriger l'entreprise, mais s'occupait de divers domaines, en fonction des besoins. Il suivait les progrès accomplis dans l'étude des ondes des oiseaux et la mise en place de la connexion sans fil de l'être humain, donnait des conférences, présentait les dernières découvertes technologiques et les perspectives de l'entreprise, mais toutes ces activités finirent par connaître le même sort que LoveMort : le point fort de LoveStar était les idées nouvelles et il préférait s'en tenir à ce domaine plutôt que de consacrer son énergie à des problèmes de gestion. L'ensemble de son temps libre était réservé à LoveMort et parfois plusieurs mois s'écoulaient sans qu'il puisse rentrer chez lui.

Le dernier jour de la gestation de l'entreprise, LoveStar prit l'avion de Vladivostok à Los Angeles où il avait rendez-vous avec un chirurgien esthétique désireux de fonder la première antenne de LoveMort sur la côte Ouest des États-Unis. Il avait juste le temps de s'accorder une escale d'une heure chez lui afin de voir sa famille et d'emporter quelques documents. Le taxi le déposa devant sa villa. Les deux Mercedes garées devant la maison indiquaient que ses fils étaient là. L'une des voitures était enfoncée à l'avant et rayée sur toute la longueur du côté conducteur. Le jardin était en friche. La porte automatique s'ouvrit.

— Helga ? cria-t-il en entrant. Helga ? Il y a quelqu'un ?

Il remarqua que les murs du salon étaient désormais peints d'une couleur sombre. Il n'y avait aucune trace de la présence de ses fils. Il monta à l'étage.

— Helga ?

Quand elle apparut dans le couloir qui desservait les chambres, il peina à la reconnaître tant elle avait maigri...

— Tu dormais ?

— Non, je me teignais les cheveux en noir.

— Où sont les garçons ?

— Toujours en Croatie.

— Encore ?

— Ils ont remonté l'Adriatique en bateau en passant par le nord de la Grèce et l'Albanie.

— Ils n'ont pas encore fini leur tour du monde ? L'école a repris, n'est-ce pas ?

— Tu ne lis donc pas la presse à scandale ? interrogea Helga.

LoveStar balaya les lieux du regard, comme s'il s'attendait à voir ses fils quelque part dans la maison. Une phrase qui s'affichait sur sa lentille perturbait son attention :

< ... Résultat de la demande déposée par LoveMort pour le brevet exclusif attendu d'ici 5 minutes... >

Son esprit était resté fixé sur l'entreprise. Son cœur battait à toute vitesse. D'ici quelques minutes, il aurait la réponse. Il repassait dans sa tête les détails du projet commercial qu'il allait proposer au chirurgien californien quand Helga répéta :

— Tu ne lis pas la presse à scandale ?

— Quoi ?

— Tu ne lis pas les journaux ?

— Pardon, j'étais ailleurs. Quels journaux ?

— Les ingénieurs ukrainiens en aéronautique ont saccagé notre appartement de Copenhague.

— Hein ? Qu'est-ce que tu racontes ?

— La gardienne a porté plainte contre eux pour viol.

186

— Contre NOS FILS ? s'inquiéta LoveStar.

— Non, contre les ingénieurs.

— Je ne te parle pas d'eux.

— On a retrouvé la télé dans la cour, précisa Helga.

— Nom de Dieu, nous parlions des garçons, pas de l'entreprise. Ils vont bien ?

— Ils ont semé la pagaille sur l'île de Murter et ont tabassé un videur. Personne ne risque de porter plainte pour viol contre eux en Croatie. Ils sont riches et la police est corrompue...

LoveStar scruta le visage de la femme debout face à lui. Il avait l'impression de ne pas la reconnaître et ne comprenait rien. Tout à coup, un pavé de texte apparut sur sa lentille, achevant de le décontenancer :

< ... BREVET ACCORDÉ À LOVEMORT AUX TERMES DE LA DEMANDE 12.B. AUTORISATION D'EXPLOITER TRIBUTAIRE DE QUATRE CONDITIONS... ÉLOIGNEMENT DES ZONES HABITÉES... PROTECTIONS ANTI-BRUIT... >

— LE BREVET ! s'écria-t-il. Helga ! Nous avons décroché le BREVET ! LoveMort a réussi ! Ívanov sera nommé...

— Tu n'as plus qu'une demi-heure, répondit-elle, peu enthousiaste.

— Tu n'as pas entendu ? Nous avons le brevet ! Helga força un sourire.

— Félicitations. Dans ce cas, tu pourrais peut-être aller faire un coucou à ta fille.

— Ma fille ?

— Elle est endormie.

— D'accord, mais je dois d'abord prévenir Ívanov.

Il s'apprêtait à composer le numéro. Helga lui
attrapa les mains.

— Tu ne penses qu'à la mort, lui dit-elle en le
regardant droit dans les yeux.

— Hein ?

— Tu n'as rien d'autre que la mort en tête,
répéta-t-elle.

— Non... enfin, si... ou plutôt... j'ai des tas de
choses en tête.

— Tu lui consacres ta vie entière.

— Tout de même...

— Je suis sérieuse, tu es complètement cerné
par la mort.

— Enfin, tu me connais, ce n'est qu'une idée.
Je ne serai pas en paix tant que je ne m'en serai
pas débarrassé.

— Oui, oui, j'ai lu ton livre. « Une idée est un
dictateur. Lorsqu'une idée vous appelle, vous
délaissez votre chien, votre cheval, vos amis et
votre famille. »

LoveStar perdit à nouveau le fil, perturbé par le
nom d'ÍVANOV qui clignotait sur sa lentille. Ce dernier venait manifestement aux nouvelles. Il voulait
répondre à son appel, mais Helga l'en empêchait.

— Ton père m'a demandé comment tu allais.

— Et lui, comment va-t-il ? renvoya LoveStar.

— On n'arrive plus à établir aucun contact avec
lui. Il est inconscient...

— J'essaierai de passer le voir cette semaine.

— Örvar, regarde-moi !

188

LoveStar baissa les yeux vers elle. Peu de gens l'appelaient Örvar. Elle était l'une des très rares à le faire sans hésiter. Même ses vieux amis tournaient sept fois leur langue dans leur bouche avant de finir par opter pour LoveStar.

— Tu l'as manqué. Tu aurais pu lui parler la semaine dernière. Le médecin dit qu'il ne reprendra pas conscience.

LoveStar fixait le plancher.

— Comprends-tu enfin où je veux en venir ? Tu remets la vie au lendemain pour te consacrer à la mort. La mort peut attendre, mais la vie n'attend pas.

LoveStar garda quelques instants le silence, puis consulta sa montre.

— Il faut que je le voie avant de m'envoler pour Los Angeles.

— J'ai été la dernière personne à pouvoir lui parler. Il m'a demandé de tes nouvelles. Il est trop tard, Örvar, tu as laissé passer ta chance.

Il lui lança un regard noir.

— Mais les médecins lui donnaient plusieurs mois ! Ce n'est pas la peine de me reprocher tout ça ! Crois-tu que je n'ai pas de sentiments ? Pourquoi ne m'as-tu pas prévenu ?

— Pardonne-moi, j'ai essayé, murmura Helga, mais tu ne m'as pas écoutée. Tu ne parlais que de la mort, pardonne-moi, je ne voulais pas te blesser. Pardonne-moi.

Helga fondit en larmes. Avec le temps, elle était devenue tellement émotive. Sensiblerie, aurait sans doute commenté la grand-mère de LoveStar.

Il s'efforçait de remettre de l'ordre dans son univers : la maison, Helga, son père, ses fils, la gamine, et pendant tout ce temps, le nom d'Ívanov continuait de l'interpeller sur sa lentille. Il aurait voulu poser d'autres questions à propos de l'état de santé de son père, mais son regard ne résistait pas à l'appel de ces lettres clignotantes et il devait annoncer la grande nouvelle à Ívanov. LoveMort avait obtenu son brevet et ils pouvaient commencer à développer l'entreprise. Celui qui est la proie d'une idée ne pense plus normalement. Une idée puissante s'attaque à tout ce qui menace son existence et possède son propre système immunitaire. En cet instant, l'idée était plus vigoureuse que jamais. Love-Mort était à deux doigts de venir au monde, les contractions atteignaient leur intensité maximale et la tête de LoveStar menaçait d'éclater.

— Örvar, pardonne-moi, répéta Helga. Je ne voulais pas être méchante.

Elle le serrait dans ses bras, sans qu'il sente la force de son étreinte. Sa peau percevait le contact d'une autre peau, mais son cerveau était prisonnier. LoveMort bloquait toutes les transmissions nerveuses envoyées par les cellules de l'épiderme vers le cortex afin de diriger son intérêt vers cet « Ívanov » qui continuait de clignoter sur sa lentille.

Dès qu'il se serait acquitté de cette conversation, LoveMort rendrait sa liberté à celui qui l'avait hébergé, l'entreprise pourrait vivre en toute indépendance dans un monde où n'importe qui pourrait l'acheter ou la vendre. N'importe qui pourrait la développer, la faire croître et prospérer et l'ancien réceptacle, autrefois capital, ne serait plus que l'un de ses actionnaires lambda. Tout au plus LoveStar en serait-il le directeur général – sans doute tristement inutile – et à titre provisoire. Dans le pire des cas, sa création l'évincerait. Dès qu'il aurait répondu à cet appel et fait le voyage à Los Angeles, Love-Mort viendrait au monde de manière officielle. Ívanov reprendrait le flambeau et, au terme des cinq années qu'avait duré la gestation, LoveStar serait à nouveau libre. Pendant une fraction de seconde, son esprit fut le théâtre d'un affrontement au cours duquel l'idée balaya l'ensemble des autres préoccupations de l'homme qu'était Örvar Árnason, usager initial du cerveau qu'abritait son corps : son père mourant, sa fille endormie et sa femme qui dépérissait. Sa pensée était peu à peu redevenue limpide et froide comme un ciel étoilé de novembre qui n'attend que de voir des corps en flammes se consumer et déchirer la nuit. LoveStar répondit à l'appel d'Ívanov, le cerveau vampirisé par LoveMort.

— J'ai une grande nouvelle ! On nous a accordé le brevet. Plus personne ne peut nous enlever Love-Mort !

Helga relâcha son étreinte. Elle crut un instant qu'elle était parvenue à sauver son époux. Il n'avait remarqué ni le moment où elle l'avait serré dans ses bras, ni celui où elle avait cessé de le faire, poursuivant sa conversation comme si de rien n'était.

— Et moi, j'en ai une encore meilleure ! La reine Elizabeth II veut s'abattre en étoile filante au-dessus du palais de Windsor. Le couple Jagger opte pour retomber sur New York ! Ce sera vraiment génial !

Helga ne l'accompagnait plus dans ses voyages. Autrefois, ils avaient parcouru le monde ensemble, mais peu à peu, il avait greffé sur leurs périples une foule d'étranges escales. Des étapes qui n'avaient rien à voir avec les excursions surprises destinées à amuser les enfants ou les crochets inattendus pour faire plaisir à sa femme. Il allait voir des milliardaires âgés pour une visite, un café ou un dîner au cours desquels la mort ne tardait pas à s'inviter dans la conversation. Helga se retrouvait à chaque fois assise dans un riche salon où Örvar écoutait encore et encore les paroles de quelque vieillard marmonnant jusqu'au moment où son époux bondissait sur l'occasion pour lancer son appât : Et la mort ? Comment envisagez-vous la mort ? Invariablement, un frisson lui parcourait le corps, elle avait envie de disparaître sous terre, s'efforçait de s'éclipser un moment, prétextant d'aller aux toilettes. Quand les garçons étaient du voyage, elle s'arrangeait alors pour les emmener à l'extérieur, leur montrer les parcs des belles demeures, les piscines, les statues et les bolides du propriétaire. Il arrivait qu'un majordome finisse par raccompagner LoveStar à la porte et mette toute la famille dehors sans prendre de gants. Mais il ne renonçait pas. Il talonnait sans relâche ceux qui étaient les plus proches du trépas, non pour tirer des enseignements de leur existence, mais afin de jouer un rôle dans leur mort.

Son travail et sa réflexion portaient enfin leurs fruits. On leur avait accordé le brevet et Ívanov était en ligne.

— ... Le taux de mortalité est d'un peu moins de dix pour mille en Occident, ce qui correspond à un total de vingt millions de décès par an, soit environ deux millions de tonnes de cadavres. Ce chiffre représente quatre fois la quantité de morue que nous pêchons, précisa-t-il, inspiré, à son correspondant. Imagine le chiffre d'affaires ! Pour peu que les gens consacrent un demi-million à l'envoi de chaque corps, c'est une industrie susceptible de brasser dix mille milliards de couronnes par an, et encore, je ne parle que des pays occidentaux. J'ai une idée pour la promotion. Nous allons filmer une jeune et belle femme en décomposition sous terre. Le monde tournera le dos à la méthode d'inhumation traditionnelle et LoveMort deviendra la seule solution.

Helga fut prise de nausée.

— De quelle femme comptes-tu te servir ? demanda-t-elle.

— Excuse-moi, Ívanov, déclara LoveStar en se tournant vers son épouse qui lui opposait un regard empli de dégoût autant que de tristesse.

— Qui acceptera de « faire don de son corps à la publicité » ? Et de se décomposer sous les yeux du monde ?

— Quoi que tu dises, c'est le sort de tout un chacun, inutile de se voiler la face ! Tu permets que je termine ma conversation ?

— Tu ne penses qu'à la mort.

— Ívanov, je te rappelle dès que possible...

— À rien d'autre qu'à la mort. Tu ne parles plus des sternes arctiques ni des papillons. Tu n'en as plus que pour les mites, les vers et les chauves-souris. Toi qui t'intéressais au vivant sous toutes ses formes.

— Je n'ai pas changé, mais nous devons finaliser LoveMort, après, j'aurai du temps.

Il mentait. Ce n'était pas de la bouche d'Örvar que ces mots sortaient. LoveMort voulait absolument écourter la conversation. Örvar n'apparaissait que brièvement à la surface. Au moment où ils s'étaient rencontrés, il était déjà malade. Elle était tombée amoureuse d'un homme qui n'en avait que pour les ondes des oiseaux et des papillons. Depuis, l'enveloppe corporelle avait beau être la même, elle abritait désormais LoveMort. Le malade des ondes des oiseaux était un rêveur qui oubliait tout, mais il était créatif, drôle et sympathique. Le malade de LoveMort était un homme d'affaires inflexible et cynique. Les ondes des oiseaux et LoveMort avaient habité le même corps et le même esprit, sans doute ne fallait-il pas s'étonner qu'Helga les confonde.

— Même nos fils t'appellent LoveStar. Que signifie ce nom ? Ils disent LoveStar comme les gens qui lisent les articles publiés sur toi dans les journaux. LoveStar, le créateur de l'homme sans fil...

Il alla dans la cuisine, ferma les yeux et supplia sa femme :

— S'il te plaît, laisse-moi terminer LoveMort. Après ça, j'aurai tout mon temps.

— Laisse les morts veiller sur les morts et reprends tes recherches sur les oiseaux. LoveMort n'a rien à voir avec la science, c'est de l'ingénierie, du commerce, du marketing. LoveMort est techniquement possible, mais ça n'a rien de magique. Ces fusées ne sont rien de plus que des autobus. C'est à la portée de n'importe qui d'envoyer des cadavres dans l'espace !

Il se taisait, cachant ses mains derrière son dos afin qu'elle ne voie pas qu'il était en train d'écrire un message à Ívanov.

— Tes recherches sur les oiseaux relevaient de la science, mais LoveMort n'est que cupidité.

LoveStar la toisa, furieux.

— Tu ne comprendras jamais ! Beethoven cherchait-il à s'enrichir quand il a composé la neuvième symphonie ? Les huit précédentes ne lui suffisaient-elles pas ? Est-ce la cupidité qui a conduit Laxness à continuer d'écrire après avoir publié *Gens indépendants* ? Einstein n'avait-il pas déjà assez pensé à l'âge de trente ans ?

Helga ne répondait pas.

— Tu aurais mieux fait d'épouser monsieur Tout-le-monde. Tu aurais été heureuse, marié à un homme qui serait rentré à la maison après sa journée de travail, qui aurait tondu la pelouse et fait des barbecues avec les gamins. Je ne suis pas comme ça. Ce n'est pas mon genre et je n'y peux rien.

Helga secouait la tête.

— Te rappelles-tu les journées que nous avons passées dans cette maison abandonnée sur la plaine de Melrakkaslétta ?

Il s'en souvenait très bien. Ils y étaient allés pour expérimenter un nouvel appareil destiné à mesurer les ondes des oiseaux. La machine permettait d'identifier chaque oiseau d'un groupe sans avoir à les baguer tous. Chaque individu émettant une onde ou un rayonnement unique, un peu comme une empreinte digitale.

— Tu te rappelles quand tu as mesuré le couple de plongeons huards ? continua Helga. Tu ne parvenais pas à distinguer les ondes émises par l'un de celles de l'autre. Chaque oiseau aurait dû émettre ses ondes à lui, mais eux, ils émettaient exactement les mêmes, on les a donc enregistrés en tant qu'individu unique. Te souviens-tu de ce que je t'ai dit ce jour-là ?

— Oui.

— C'est peut-être ça, l'amour, t'ai-je dit. Cela explique peut-être pourquoi ils sont monogames, ils ne se mettent en couple qu'une seule fois, n'aiment qu'une seule fois dans leur vie et si l'un des deux meurt, l'autre dépérit car personne ne peut vivre, amputé de sa moitié.

— Je m'en souviens très bien, confirma LoveStar.

— Et te rappelles-tu ce que tu m'as répondu ? Te rappelles-tu ce que tu m'as dit ?

— Oui.

— Si tu mourais, je dépérirais, voilà ce que tu m'as dit.

— Je sais.

— Je pense tellement à la mort depuis quelque temps. Même lorsque je tiens notre petite chérie sur mon sein, j'y pense. Je me suis parfois demandé s'il est vrai que tu dépérirais. Dépérirais-tu vraiment si je mourais ?

SUPER PROMO SUR LES MELONS

Indriði n'avait eu qu'une seule petite amie avant Sigríður et cette relation fut un parfait désastre. Il l'avait rencontrée à dix-sept ans, l'année où son père lui avait trouvé un job d'été à la production d'électricité de la fonderie d'aluminium (LoveAl), sur les basses terres du Suðurland, le long de la côte sud. Il fut remercié au bout de quelques semaines car il refusait d'abattre des poulets pour asperger les électrodes de leur sang, bien que la science ait démontré qu'un tel procédé augmentait la conductivité de trois pour cent (le directeur récemment engagé était originaire d'Haïti).

Le matin, Indriði se démenait sur le tapis de course grâce auquel il acquit bientôt une forme olympique, courant cinquante kilomètres par jour et produisant presque cent kilowatts-heure. Le mercredi, il faisait des tournois de lutte islandaise contre les employés de l'usine de souvenirs, sur la plage entre la fonderie et la route nationale où passaient les autobus des touristes. Le lundi, coiffé d'un casque viking, il se battait à l'épée contre les employés de l'usine d'éoliennes (pour rire, évidemment) pour divertir des vieillards allemands et japonais. Les éoliennes étaient fabriquées avec l'aluminium produit grâce à l'électricité que fournissait Indriði. Elles s'étendaient sur toute la côte, à perte de vue, vers l'est et vers l'ouest, bouchant presque l'horizon, tournant par milliers en cadence, tels de gigantesques tournesols.

On lui confiait parfois la tâche de longer la plage pour ramasser les oiseaux qui avaient heurté les pales. Il les rassemblait, les triait, les comptabilisait et les dépiautait. Les peaux étaient envoyées au taxidermiste de l'usine de souvenirs. Les blancs étaient destinés aux cuisines, quant à la carcasse et aux abats, on les hachait menu comme chair à pâté pour nourrir les renards. Indriði communiquait ensuite le nombre d'oiseaux qu'il avait trouvés à la jeune fille de la pouponnière ornithologique installée au pied de la façade sud de l'usine. Plutôt que de malheureux poulets enfermés dans des cages, cela coûtait moins cher et c'était plus humain d'élever et de relâcher des volatiles qui seraient ensuite assommés par les pales des éoliennes. Quatre jours par semaine les employés avaient donc des oiseaux de mer au menu. Cela augmentait la production d'énergie de 0,5 % (une consommation excessive eût toutefois dopé leurs besoins sexuels de 5 %, diminuant ainsi leur productivité de 1,3 %). Le vendredi, on mangeait les poulets qu'on avait sacrifiés au cours de la semaine. Les vendredis étaient parfois très animés. Certains s'en donnaient à cœur joie quand les plumes, les têtes et le sang volaient de tous côtés tandis que le directeur de la fonderie hurlait dans les haut-parleurs :

— Sᴀᴄʀɪғɪᴇᴢ !! Le métal exige des sacrifices !

Indriði commit l'erreur fatale de sortir avec la jeune fille de la pouponnière ornithologique, qui avait des cheveux noir corbeau et des yeux de chouette. Des oiseaux perchés tout le long du mur sur les corniches blanches de guano piaillaient à qui mieux mieux en un vacarme assourdissant. Une forte odeur d'huile de foie de morue et de réjections de fulmar boréal vous prenait à la gorge. Indriði venait régulièrement et lisait à la jeune fille la liste qu'il avait dressée. Il importait en effet de lâcher un nombre de volatiles correspondant exactement au compte de ceux qui avaient été assommés par les pales afin de ne pas mettre en péril l'équilibre écologique...

— Quarante macarons moines, un goéland marin, quatorze mouettes tridactyles, huit fulmars, cria-il en lui tendant la liste.

— On dit macareux moine, et pas macaron ! répondit la fille en s'époumonant pour se faire entendre.

— Mais je trouvais ça plus rigolo.

— Hᴇɪɴ ? Qᴜ'ᴇsᴛ-ᴄᴇ ǫᴜᴇ ᴛᴜ ᴅɪs ?

— J'ᴀɪ ᴛʀᴏᴜᴠᴇ́ ᴄ̧ᴀ ᴘʟᴜs ᴍᴀʀʀᴀɴᴛ ! J'ᴀɪ ᴄʀᴜ ǫᴜᴇ ᴄ̧ᴀ ᴛᴇ ғᴇʀᴀɪᴛ ʀɪʀᴇ !

Les conditions n'étaient pas franchement idéales pour pratiquer l'humour et la jeune fille ne lui souriait que rarement.

Ce jour-là, les fous de Bassan se manifestaient bruyamment, ils rivalisaient de cris depuis qu'un

199

goéland marin était venu s'installer parmi eux. Il fallait encore hausser le ton :

— Continue ton décompte !

— Sept eiders femelles, deux eiders mâles, un grand labbe, un labbe parasite, un huîtrier pie, trois plongeons huards, un cygne et un héron.

— Un héron ? hurla-t-elle.

— Oui, un héron, tu peux le voir chez l'empailleur.

— Tu es bien sûr que c'était un héron ?

— À moins que ce ne soit un courlis géant.

— Un courlis géant ?!

— Ceux qui passent l'hiver en Irlande et se nourrissent des vers qu'on trouve autour des centrales nucléaires.

— Tu sais que nous ne relâchons pas de hérons. Ils ne font pas partie de la faune locale. Personne ne vient ici pour admirer les hérons.

— Je me disais juste que ça t'amuserait de...

La jeune fille ne l'écouta pas plus longtemps et entra dans le bâtiment. À en juger par l'odeur, la cage qu'elle en rapportait abritait un fulmar. Indriði la déposa sur la plateforme du camion. Elle retourna à l'intérieur en chercher d'autres et lorsque le camion fut entièrement chargé, tous deux allèrent libérer les oiseaux sur le rivage. Indriði empoigna un goéland marin en faisant bien attention au bec, il coupa les liens qui attachaient ses ailes, puis le projeta dans les airs. La jeune fille et lui le regardèrent ensuite voler droit vers les éoliennes.

— Je peux te dire quelque chose ? demanda-t-il.

Aucune réponse.

— Savais-tu que ce sont les coureurs comme moi qui font tourner les éoliennes ? Tout le monde s'imagine qu'elles produisent de l'électricité, que ceux qui courent sur les tapis produisent de l'électricité, or les chutes d'eau, les sources chaudes et les aurores boréales suffisent à générer toute l'énergie dont nous avons besoin.

La jeune fille tenait dans ses bras un plongeon huard en feignant de ne pas l'entendre tant l'oiseau criait fort.

— Ce que les huards peuvent huer aujourd'hui, répondit-elle. Ce huard hue si fort que je ne t'entends plus.

Indriði haussa la voix.

— Je suis sérieux ! À l'étranger, tout le monde s'intéresse au fait que la fonderie fonctionne à l'énergie humaine, sinon nous n'aurions pas tous ces visiteurs. Voilà pourquoi on nous fait courir sur des tapis, mais ces éoliennes sont factices. En réalité, ce sont de simples ventilateurs !

La jeune fille lui opposait un regard vide, sans rien dire.

— Oui ! En fait, on fabrique du vent pour les vieillards qui passent en bus et qui ont payé pour avoir du mauvais temps et des bourrasques. Ils veulent du vent, alors on leur en donne.

— Que vous fassiez fondre le métal ou que vous fabriquiez du vent, qu'est-ce que ça change à l'affaire ? s'agaça la jeune fille. Cela revient au même.

— Sans doute.

— Tous ces gens qu'on voit passer en autocar se rendent dans le nord, chez LoveMort. En attendant, ils tuent le temps, certains font plusieurs tours de l'île jusqu'à mourir d'ennui.

Finalement, ce job d'été aurait pu avoir quelque chose de romantique, mais voilà, Indriði était à mille lieues d'être l'âme sœur de cette jeune fille.

— Ne va pas t'imaginer que je t'appartiens sous prétexte que je joue au tennis avec toi, vociférait-elle parfois en croquant sa tartine aux œufs de corbeau.

En général, ils passaient leur pause de midi ensemble et jouaient au Yatzee, mais il arrivait aussi parfois qu'ils « jouent au tennis », comme ils disaient. Ils allaient voir un film le week-end, mais n'avaient jamais rien à se dire, pas plus sur le chemin du cinéma que sur celui du retour. Ils s'embrassaient pour tuer le temps. Ainsi, ils n'avaient pas besoin de parler, mais le baiser était toujours suivi d'un long silence car chaque fois qu'Indriði réussissait à articuler une phrase, elle était vide de sens, inintéressante et inutile.

Il avait souvent expliqué à Sigríður combien cette relation avait été oppressante. Par comparaison, celle qu'il vivait aujourd'hui était d'une qualité exceptionnelle. Malgré ça, Sigríður éprouvait une certaine jalousie. Indriði lui avait dit que s'il croisait cette jeune fille, il la reconnaîtrait sans doute à peine. Puis un jour, justement, ils tombèrent sur elle dans un magasin. Il n'avait aucune intention de lui dire bonjour, prévoyant de la saluer d'un simple signe de tête, mais au lieu de ça, il éructa :

— Super poitrine ! Où t'es-tu fait mettre une si belle et grosse poitrine ?

Le compliment n'échappa à personne. Tous les clients se retournèrent pour regarder les seins de la demoiselle qui affichait un grand sourire. La louange était d'ailleurs censée produire cet effet : conduire tous les clients à se retourner pour observer ses seins. Ils étaient magnifiques et conformes à la toute dernière mode, généreux et sans tétons. On trouvait les tétons disgracieux, tout comme les aisselles poilues ou une vulve aux lèvres trop développées.

— Bonjour Indriði, lui répondit-elle avec un grand sourire. Il y a longtemps.

Il s'efforçait de se tirer d'embarras, mais depuis le rayon des produits laitiers, Sigríður entendit la fille lui proposer un tennis.

— On devrait aller se faire un petit tennis, histoire de reprendre le rythme, gloussait-elle, en parlant anormalement fort, comme si son séjour parmi les oiseaux lui avait abîmé les oreilles. Hein ! On reprend nos raquettes !

La scène se passait un jeudi. Incapable de lui répondre par oui ou par non, Indriði opta pour le seul mot qui lui vint à l'esprit :

— Peut-être.

Sigríður se tenait, glaciale, à la porte de la chambre froide du rayon des produits laitiers. En l'apercevant, il sursauta et tenta de répondre à l'invitation par un Non haut et fort, mais au lieu de ça, il aboya :

— Super promo sur les melons !

Sigríður connaissait parfaitement le sens que le mot « tennis » avait pour eux. Et bien qu'Indriði lui ait répété maintes fois combien son ancienne copine était ennuyeuse en soulignant à quel point le sexe avec elle était dénué d'intérêt, elle n'était plus vraiment convaincue.

Elle commençait à le soupçonner de ne penser qu'à lui-même en lui demandant d'attendre. Dès qu'il aurait été uni par calcul à son âme sœur, il se précipiterait dans le nord. Sigríður ne pouvait évidemment pas savoir que Símon avait demandé à la jeune fille de se trouver au bon moment et au bon endroit, et qu'il lui avait offert en échange un pack de dix compliments supplémentaires.

Le soir, ils se couchèrent sans un mot et sans s'embrasser pour se souhaiter bonne nuit. Le voisin leur en voulait d'avoir manqué par leur faute la rediffusion de Dallas. C'était la guerre. Il avait consacré une partie de sa pension de retraite à commander des aboiements afin qu'Indriði s'écrie toutes les heures dans son sommeil : « Il est une heure ! Réveil dans sept heures ! » « Il est deux heures ! Réveil dans six heures ! » « Il est trois heures ! Réveil dans cinq heures ! »

Pour finir, Sigríður lui enfonça son coude dans les côtes.

— Non mais, qu'est-ce qui te prend ? Tu trouves ça drôle ? Hein ? Tu es insupportable ! Si tu as l'intention d'être aussi pénible, va voir ailleurs !

LA COURBE SUR L'ÉCRAN

Dépérirais-tu si je mourais ? lui avait demandé Helga après avoir calculé le couple de plongeons huards sur la plaine de Melrakkaslétta. Leurs fils, alors âgés de dix ans, jouaient sur la plage, pas très loin d'eux. En scientifique passionné, Örvar ne pouvait se résoudre à en rester là. Le soir, il monta dans la Jeep Patrol et pointa l'appareil en direction d'Helga qui lisait un livre dans la nuit claire de l'été, assise à côté de la tente. Puis il la rejoignit et s'installa un moment à côté d'elle afin que l'appareil puisse mesurer leurs ondes à tous les deux.

L'estomac noué, il retourna au véhicule pour constater le résultat. Des ondes douces, courbes et joliment rondes, émanaient de son épouse. Celles d'Örvar, aussi anguleuses et pointues qu'un électrocardiogramme, étaient toutes en cimes vertigineuses et en creux abyssaux. On dirait la gueule avide d'un loup, pensa-t-il. Ou plutôt les aiguilles de lave des Hraundrangar. On dirait très exactement les Hraundrangar. Chacun d'eux était une courbe, chacun était un paysage. Il s'endormit sans éteindre

l'appareil. Helga ne vit le graphique que le lendemain matin.

— Örvar, s'écria-t-elle, Örvar !

— Quoi ?

— Viens voir l'écran ! As-tu entendu des bruits
cette nuit ?

Helga était fascinée par ce qu'elle voyait.

— Apparemment, un faucon et une perdrix des
neiges sont passés devant l'appareil !

Elle scruta les alentours.

— Quel dommage d'avoir manqué ce faucon,
regretta-t-elle.

— Dépérirais-tu si je mourais ? lui demanda la
même Helga sept ans plus tard sans qu'il ait le
temps de lui répondre car la BMW noire klaxonnait
déjà devant la villa.

La petite se réveilla en pleurs dans sa chambre.
Helga alla s'occuper d'elle. À son retour, LoveStar
avait disparu, en route pour Los Angeles. Le projet
LoveMort était pour ainsi dire arrivé à son terme.
La suite des événements relevait de détails techniques qui seraient réglés par d'autres que lui : tirs
d'essai, travaux de terrassement, percements de
tunnels, installation de rampes de lancement sur
les sommets voisins de sa propriété d'Öxnadalur. Il
fallait ensuite assurer la production d'énergie, bâtir
un nombre infini de centrales, de barrages, produire
de l'hydrogène, gérer les problèmes de conditionnement, le transport des corps et se battre contre
les détracteurs du progrès. Enfin, et la tâche n'était
pas des moindres, il fallait travailler la communica-

tion, instaurer un état d'esprit. Le service Ambiance polirait l'image de marque de l'entreprise et s'arrangerait pour éviter qu'on s'intéresse de trop près aux éventuels dérapages.

LoveMort était sur le point d'éclore. L'idée vivrait désormais en toute indépendance. Elle s'installerait dans l'esprit d'Ívanov qui serait nommé président-directeur général de l'entreprise. Les semaines et les mois à venir, il engagerait des milliers d'hommes et de femmes qui, contaminés par l'idée, présenteraient à leur tour les mêmes symptômes. Les cerveaux des ingénieurs trouveraient des solutions techniques, ceux des transporteurs, des solutions logistiques, ceux des commerciaux, des campagnes promotionnelles et chaque directeur d'antenne dans le vaste monde se démènerait afin que chaque millionnaire de son secteur se fasse envoyer dans l'espace par LoveMort. Tous travailleraient main dans la main à développer l'empire, réduire les coûts et améliorer les services proposés. LoveStar n'aurait plus à s'inquiéter, il lui suffirait d'attendre et de venir constater le résultat.

Aux quatre coins du monde, des gens recevraient des appels téléphoniques d'Ívanov et seraient, à leur tour, contaminés par LoveMort. LoveStar fut guéri en l'espace de cette nuit passée seul dans sa chambre d'hôtel à Los Angeles. Le brouillard qui lui emplissait la tête s'était dissipé en un clin d'œil. À son retour en Islande, au beau milieu de la nuit suivante, il s'était allongé dans le lit aux côtés de sa femme et de leur petite fille, toutes deux endormies. Au même moment, leurs fils se brûlaient les poumons et le foie à danser frénétiquement dans une discothèque de l'île croate de Murter, baignée par l'Adriatique, ensuite ils iraient baiser des putes à deux balles tout en suçant avec elles des bonbons dorés au miel de Chicago.

En un instant, l'esprit de LoveStar était redevenu vierge, clair et limpide comme un ciel où un oiseau volait à tire-d'aile.

— Reprends tes recherches sur les oiseaux, lui conseilla Helga.

Leur oisillon dormait. Il lui caressa la tête, puis descendit à la cave. L'appareil dont il s'était autrefois servi pour mesurer les ondes des plongeons huards reposait parmi les ailes, les ouïes de poisson et les vieux ordinateurs. Il passa son index sur la poussière. Ses nerfs étaient à fleur de peau, son foyer partait à vau-l'eau, Helga s'étiolait et ses fils couraient à leur perte. Il avait besoin de reprendre ses esprits, de se reposer et de s'accorder un peu de vacances pour se remettre de LoveMort. Mais cet appareil l'attirait, dans ses entrailles se cachait *une idée*. Même s'il n'était pas destiné à mesurer les ondes émises par les êtres humains, il semblait toutefois le faire. Il le cala sous son bras et prit un taxi pour se rendre chez Jamaguchi, la directrice du département d'Étude des oiseaux et papillons. Elle arriva en peignoir et lui ouvrit sa porte. Elle était belle, ses cheveux d'un noir soyeux lui faisaient comme un casque sur la tête, elle avait cette peau blanche, ces yeux en amande et ces lèvres rouge feu. Ils s'étaient connus à Paris à l'époque où ils menaient tous deux des recherches sur les sternes arctiques. Elle avait longuement séjourné au sud de l'Afrique, là où cette espèce migrait en hiver. Elle ressemblait d'ailleurs quelque peu à une sterne, petite, fine et plus résolue que quiconque.

— Il y a un problème ? s'inquiéta-t-elle.

LoveStar était immobile, penché sur l'appareil qu'il tenait dans ses bras.

— Je crois bien que j'ai trouvé l'amour, répondit-il, les larmes aux yeux.

Helga ne sut jamais que le cerveau d'Örvar était désormais entièrement occupé par l'amour. Pendant ce temps-là, LoveMort devenait réalité et tous s'étonnaient des grands travaux du parc d'attractions d'Öxnadalur, toutes ces dépenses, cette magnificence, cette folie et cette bêtise. Pendant que la presse s'intéressait à l'avènement de l'homme sans fil, aux progrès technologiques permanents, à la statue de la Liberté, à l'usine à pluviers dorés ou encore au mont Keilir, pendant que des ingénieurs en aéronautique venus de Russie saccageaient les appartements sur leur passage, le département d'Étude des oiseaux et papillons préparait un projet grandiose. Ses envoyés installèrent aux quatre coins du monde, dans les rues les plus fréquentées des métropoles, des capteurs qui enregistraient les grands événements, les manifestations et rassemblements. Le dispositif consistait à mesurer les ondes émises par le plus grand nombre possible de gens. Ensuite, on collectait les données, puis on les traitait dans les instituts de recherche qu'abritaient les entrailles de la vallée d'Öxnadalur. Peu à peu se dégagèrent des motifs structurés et probants. On invita un certain nombre de gens dans le nord et les chercheurs furent témoins d'événements incroyables.

— Que ressentez-vous ? Est-ce de l'amour ? demanda Jamaguchi aux premières personnes dont on avait organisé la rencontre après avoir remarqué qu'elles émettaient des ondes rigoureusement identiques.

— C'est bien l'amour, oui, répondirent-ils. J'ai trouvé mon autre moitié.

— Pouvez-vous décrire le sentiment que vous éprouvez ? leur demanda-t-elle alors qu'ils venaient de passer une semaine ensemble.

— C'est bien plus que le sexe, on ne saurait le cerner par des mots.

— Comment allez-vous ? demanda LoveStar aux couples de cobayes qui venaient de passer une année entière seuls dans une maison à l'écart du monde.

— Mieux, nous nous sentons de mieux en mieux quand nous sommes ensemble.

À ce moment-là, les choses s'étaient gâtées depuis belle lurette au sein de l'échantillon témoin. Car on avait aussi formé d'autres couples qu'on avait installés sous le même toit en prétendant qu'ils émettaient les mêmes ondes alors qu'elles étaient diamétralement opposées. Des individus sains d'esprit, beaux et pleins de vie s'étaient mis à mordre leur prétendue moitié, à la frapper et à se battre avec elle au terme d'une demi-journée à peine.

— Que ressentez-vous ? demanda un psychologue à une femme de l'échantillon témoin.

— J'ai la nausée rien qu'en pensant à cet homme.
Je sue, je tremble, j'ai mal à la tête et au ventre...

— Souhaitez-vous le revoir ?

Elle interrompit le psychologue en lui adressant
un regard halluciné :

— Sauvez-moi ! Ne me renvoyez pas avec lui ! Ce n'est
pas de l'amour, j'en suis sûre !

Plusieurs médecins accoururent pour examiner la
femme sous toutes les coutures. « Rejet physique »,
notèrent-ils sur leurs tablettes.

Quant à ceux qui émettaient des ondes véritablement identiques, on pouvait presque dire qu'ils
fusionnaient.

— Eh bien, elle est partie et vous ne la reverrez
plus jamais, que ressentez-vous ? demanda Jamaguchi à un homme qui venait de passer une année
entière dans une maison isolée en compagnie de
son âme sœur.

L'homme demeura silencieux, aussi hagard qu'un
héroïnomane en manque.

— Véronique ! supplia-t-il. Véronique !

— Le cœur a pratiquement cessé de battre, précisa l'interne en médecine. Je suis très inquiet. Il est
dépendant d'elle. Gravement dépendant, y compris
d'un point de vue physique. Vous devez absolument
leur permettre de se revoir.

Tout est matière. Tout est physiologique. Le corps
abritait quelque part un organe capable de percevoir les ondes des oiseaux de la même manière

que l'œil voit la lumière, que l'oreille entend un son et que la langue goûte une saveur. Un organe apte à décoder les ondes et rayonnements émis par les autres individus et à percevoir ce que la langue ne goûtait pas, ce que l'œil ne voyait pas ou que l'oreille n'entendait pas.

Un sentiment, une sensation que le cerveau était incapable de mettre en mots.

LoveStar ne parla jamais à Helga du projet inLove qui ne fut dévoilé publiquement que dix-sept ans après LoveMort. Elle était déjà décédée au moment où l'on ouvrit le département LoveMort au sein du parc d'attractions de LoveStar, deux ans après sa conversation avec Ívanov. Elizabeth II et le couple Jagger ne furent pas les premiers à retomber sur terre sous forme d'étoiles filantes. La pionnière s'appelait Helga Þorláksdóttir, mère de trois enfants et âgée de trente-sept ans, elle avait été pendant seize ans l'épouse d'Örvar Árnason, dirigeant de LoveStar. Nul n'était au courant à l'exception de deux ingénieurs russes et de LoveStar lui-même qui la regarda se consumer dans l'atmosphère, assis au volant de sa Jeep Hummer stationnée sur une dune de sable noir au beau milieu du désert d'Ódáðahraun. Personne ne remarqua que le cercueil mis en terre au vieux cimetière de la rue Suðurgata ne contenait en réalité que du sable. Leurs fils, trop grillés du cerveau, n'avaient même pas pu le porter.

Vingt-neuf années s'étaient écoulées depuis le décès d'Helga et les mains de LoveStar commençaient à se flétrir. Dans la nuit glaciale de l'autre côté de la carlingue luisante, la ceinture du million d'étoiles était tel un nuage de poussière scintillant. Un double halo argenté s'était formé autour de la Lune dont la clarté se reflétait sur les combinaisons qui dansaient en apesanteur, renvoyant alternativement les rayons de l'astre nocturne. LoveStar tenait une graine au creux de sa main en sursis. Il ne lui restait plus qu'une heure et quinze minutes à vivre.

HUILE DE FOIE DE MORUE AVARIÉE

Pour diverses raisons, le miel que le soleil matinal déversait sur Indriði et Sigríður ressemblait brusquement à un sirop qui n'avait plus rien de commun avec la liqueur ambrée qu'on tire de l'érable, mais bien plus avec de la mélasse bon marché, sombre, écœurante et poisseuse. Mais ce n'était pas si terrible, comparé à ce qui les attendait. Le sirop avait tourné. Leurs matinées autrefois douces et sucrées avaient désormais une saveur d'huile de foie de morue périmée et rance. Ils s'éveillaient aux bourdonnements des mouches cantharides qui les assaillaient, luisantes comme du métal, bleu-vert et gigantesques. La bouche pâteuse, ils n'avaient plus aucune envie de s'embrasser. Chacun se détournait en sentant l'odeur de sueur âcre sur le corps de l'autre, comme des relents de poisson séché, des fluides corporels, vestiges d'un rapport sexuel qu'ils avaient eu quelques jours plus tôt. Leurs discussions s'étaient faites plus courtes et leurs silences n'avaient plus rien d'un partage ou d'une réciprocité, chacun allait dans sa direction et chaque fois que l'un d'eux ouvrait la bouche pour dire quelque chose, l'autre était en général étonné, voire déconcerté :

— Quoi ?

« Peu importe » était devenu le leitmotiv alors même qu'il importait beaucoup, justement, il importait énormément, plus que tout, c'était une question de vie ou de mort, d'amour et de bonheur.

— Quoi ?

— Peu importe.

Même les Sublime ! Sublime ! qu'on entendait depuis l'usine à pluviers dorés s'accompagnaient d'une note étrangement sombre, comme un grommellement. Un Aqqaqaqq ! Aqqaqaqq ! strident qui s'amplifiait chaque jour jusqu'à couvrir les cris des pluviers, emplissant les rues de peur et d'inquiétude.

On frappa chez eux à huit heures du matin. Indriði, qui se tenait justement dans l'entrée, alla répondre. Sigríður était aux toilettes, elle avait laissé la porte ouverte et il voulait aérer l'appartement. Il découvrit une jeune femme souriante, vêtue d'un uniforme d'hôtesse de l'air orné d'un badge d'inLove. Il l'invita au salon et Sigríður claqua la porte des toilettes. Quand Sigríður arriva dans le salon, elle lança un regard noir à Indriði.

— Le moment serait-il mal choisi ? demanda la femme en s'efforçant de ne pas laisser paraître combien l'odeur qui émanait des toilettes l'incommodait tandis qu'elle cherchait une chaise qui ne serait pas encombrée d'une pile de linge sale.

Sigríður garda le silence. Indriði répondit sans conviction :

— Mais non, mais non.

— On m'a dit que vous aviez des difficultés concernant votre calcul, précisa-t-elle en s'installant sur des chemises chiffonnées. Certes, je travaille pour inLove, mais en tant qu'être humain, je garde mon indépendance de conseillère. Je me suis dit que vous seriez peut-être heureux de pouvoir discuter de tout ça avec une personne digne de confiance.

— Je suis la seule à avoir été calculée, répondit Sigríður. Il n'a rien reçu.

— Elle ne veut pas y aller, ajouta Indriði en fixant la visiteuse. Nous n'avons pas besoin de votre aide. Elle n'ira pas dans le nord.

— Tu pourrais peut-être me laisser parler quand ça me concerne, coupa Sigríður. Elle regarda la femme en s'efforçant de sourire : En effet, je n'irai pas dans le nord.

— Êtes-vous mécontents des services d'inLove ?

— Nous nous sommes déjà trouvés, observa Indriði.

— Dans ce cas, pourquoi étiez-vous inscrits sur la liste afin d'être calculés ? (Peu de gens avaient le courage de remplir toutes les paperasses nécessaires pour se faire radier des listes d'inLove, en outre, engager une telle procédure vous exposait à divers désagréments ainsi qu'à la perte de certains avantages.)

La conseillère s'exprimait de manière empruntée. Sans doute lisait-elle un texte, à moins qu'elle ne répète des mots que quelqu'un lui soufflait dans son oreillette. Les meilleurs médiateurs ne perdaient pas leur temps à faire du porte-à-porte à pied ou

216

en voiture. Ils écoutaient à distance et alimentaient de phrases bien choisies ceux qu'on envoyait au charbon.

— Nous voulions attendre d'être unis par la science, expliqua Sigríður, nous n'imaginions pas une seconde que les calculs nous seraient contraires.

— Avez-vous des enfants ? s'enquit la conseillère.

— Nous préférions temporiser jusqu'aux résultats, répondit Indriði.

La femme attendit quelques instants qu'on lui souffle la réplique qui lui sortait maintenant de la bouche avec une évidente raideur :

— Êtes-vous bien conscients de ce que vous faites ?

— Parfaitement, assura Indriði.

— Il y a dans le monde deux personnes qui se verront privées du bonheur parce que vous refusez de vous unir à elles.

Silence.

— Vous avez envie de passer à côté du bonheur ?

— Mais nous sommes heureux, rétorqua Indriði.

— Vous n'avez pas le droit d'être égoïstes. Vous croyez peut-être que vous êtes heureux, mais dans ce cas, vous ne vous envisagez qu'en tant que moitié et non comme unité.

— Comme unité ?

— Les unités dont je parle sont constituées par vous et votre moitié adéquate, déterminée de manière scientifique. Vous devez penser à l'ensemble de l'humanité. Vous connaissez le projet inLOVE : lorsque le monde entier aura été uni par calcul, l'amour fera fi des frontières, des races et des sexes, toutes les guerres et les conflits appartiendront au passé. Vous n'aspirez pas à un monde meilleur ? Tenez-vous absolument à rompre la chaîne ?

— Bien sûr que non, mais…

— La loi devrait interdire qu'on refuse de participer à inLove. Sinon, le monde continuera d'être la proie des malentendus, du racisme, des guerres et de l'égoïsme. Il suffit d'un individu malheureux pour mettre la planète à feu et à sang.

— Mais Sigríður est ma seule et unique, je l'ai su dès notre première rencontre.

— Si elle est votre seule et unique, comme vous dites, elle ne s'intéresse à personne d'autre, n'est-ce pas ?

— N… non, convint Indriði.

— De quoi avez-vous peur ? Si elle va dans le nord, elle parlera à Møller, lui dira poliment qu'il n'est pas le bon, puis rentrera à la maison. Dans ce cas, vous aurez raison et ce sera merveilleux !

— Merveilleux, dites-vous ? Rudement merveilleux, en effet, s'enflamma Indriði. Je ne connais personne qui soit allé là-bas sans finalement s'unir.

— Mon cher Indriði, s'ils s'unissent, c'est qu'elle aura trouvé son seul et unique ! Vous ne voulez tout de même pas vous opposer au bonheur de Sigríður ? Je me trompe ? Serait-ce parce que vous n'avez pas encore été calculé que vous vous accrochez ainsi à elle ?

Indriði regarda Sigríður qui baissa les yeux.

— Cela peut se comprendre si vous doutez d'elle, ajouta la conseillère.

— Moi, je n'aurais pas confiance en Sigríður ?!

— Eh bien, lui faites-vous confiance ?

— Douterais-tu de moi ? répéta Sigríður.

Indriði secoua la tête.

— Non.

— Car si c'était le cas, cela signifierait qu'elle n'est pas votre seule et unique. Je me trompe ? renvoya la conseillère, triomphante.

— Vous avez raison.

Ils restèrent assis dans le canapé, pensifs et silencieux. Sigríður regarda l'heure et partit au travail sans un mot, pas même un au revoir. Elle descendit la rue sans jeter un regard par-dessus son épaule. Elle avait accepté une double garde. Ils ne se retrouvèrent que peu avant minuit, se mirent au lit sans se toucher. Sigríður tourna le dos à Indriði qui contempla longuement le plafond avec l'impression que chaque seconde durait une heure. Il resta éveillé plus de trois cents ans. Au moment où il trouva enfin le sommeil, à l'aube, Sigríður se leva sans bruit et quitta la maison. Une demi-heure plus tard, elle monta dans un autobus qui partait droit vers le nord pour s'enfoncer dans la profonde vallée où, derrière les nuages, scintillait l'étoile de LoveStar.

AQQAQAQQ !

Indriði se réveilla seul dans le lit. L'armoire de Sigríður était vide. Il resta comme pétrifié, un goût amer dans la bouche. Il lui semblait qu'une couche de graisse tapissait ses gencives, comme s'il avait mâché une peau de bête ou une saucisse trop grasse. La tempête frappait les vitres. Aucune odeur de miel de rose ne venait lui caresser les narines et les Sublime ! Sublime ! avaient déserté le quartier, remplacés par cet insupportable : Aqqaqaqq !

Un interminable Aqqaqaqqaqaqq ! Une odeur inquiétante, terriblement menaçante et aussi dégoûtante que de la merde de chien s'infiltrait par toutes les serrures et les interstices de l'appartement. Allongé seul dans son lit, il s'efforçait d'y voir clair, mais sursautait à chaque Aqqaqaqq ! Il faisait de son mieux pour se concentrer, chaque fois, un Aqqaqaqq ! ruinait ses efforts. En regardant par la fenêtre, il comprit que les cris provenaient de l'usine à pluviers dont les portes étaient grandes ouvertes. Des employés entassaient des pluviers dorés patauds et bien gras dans des camions tandis que de l'autre côté de la rue, on démontait la serre de roses à miel avant de souder d'épaisses grilles d'acier dans les fondations.

Indriði se précipita dehors en faisant de son mieux pour se protéger de la pluie et alla tapoter l'épaule d'un des ouvriers qui portait un casque jaune et une barbe rousse de deux jours.

— Vous arrachez les fleurs ? demanda-t-il, des sanglots dans la voix.

— On arrête les fleurs pour se consacrer aux renards. Les zoos échangent leurs lions et leurs ours polaires contre des renards de l'époque de la Colonisation.

— Les roses à miel étaient mes fleurs préférées, déclara tristement Indriði.

— C'est la vie.

— Et les pluviers, qu'allez-vous en faire ?

— On les envoie dans le nord, ils ne se plaisent pas avec les renards. Cette proximité les stresse, ils ne pondent plus.

— Vous les envoyez dans le nord ?

— Oui, vous êtes sourd ou quoi ?

— Et pourquoi n'y envoyez-vous pas les renards ?

L'homme à barbe rousse s'accorda un instant de réflexion :

— Simbi ! Pourquoi est-ce qu'on n'envoie pas les renards dans le nord ?

— Les élevages se trouvent à l'est, à l'ouest et au sud, mais ils sont interdits dans le nord.

— Pourquoi ? interrogea Indriði.

— Simbi, pourquoi sont-ils interdits là-bas ?

— À cause de LoveMort, l'odeur de l'argent les rend complètement fous.

— Où est Grímur ?

— Il était là tout à l'heure, mais je ne le vois plus.

Un bulldozer jaune arriva au coin en grommelant comme un vieux rhinocéros et planta ses mâchoires dans la terre. Indriði le vit mordre, puis mastiquer les roses qu'il avait plantées tout l'été. L'engin écrasait les bruyères et les mousses, il taillait en pièces les boutons d'or, les orchis tachetés et les achillées millefeuille. Indriði aurait voulu arrêter le bulldozer, mais le conducteur était invisible et l'engin télécommandé depuis la Corée par un cariste sans fil. Indriði se précipita dans l'usine, au bord des larmes.

— Grímur ! Où est Grímur ?

Grímur était le directeur. Il sortait souvent dans le parc pour discuter avec Indriði et lui poser des questions sur les techniques de jardinage. Parfois, il lui offrait des roses à miel ou des œufs de pluvier qu'il rapportait chez lui pour Sigríður, mais aujourd'hui, il était absent. Indriði entra dans la grande salle qui, peu de temps avant, abritait encore cette merveilleuse fabrique à pluviers. L'agitation de la vie et le printemps l'avaient désertée. En l'absence des chants, du duvet et des plumes des oiseaux, cet espace était froid comme l'acier, les portes blindées claquaient, résonnant dans la salle tandis que des ferronniers installaient une gigantesque cage pour les renards. Deux hommes armés de lances à haute pression évacuaient les plumes, le guano et les graines qui jonchaient le sol.

— Il reste dix pluviers ! Qu'est-ce qu'on en fait ? cria l'un des ouvriers au fond de la salle.

— On s'en débarrasse ! lui renvoya un collègue. Le camion est plein, tu n'as qu'à les fourguer aux renards.

L'ouvrier entreprit de tordre le cou des oiseaux qu'il balança ensuite en tas derrière lui. Tout à coup, on entendit une sonnerie. Café ! cria le contremaître. La salle se vida, les employés se dirigèrent vers la cafétéria et l'ouvrier colla un pluvier doux et tiède dans les bras d'Indriði.

— Plutôt que de rester planté là comme un idiot, envoie donc ce machin aux renards !

— Comment ça, aux renards ? Je n'en vois aucun.

Indriði demeura seul au centre de la grande salle. Tout à coup, l'affreux cri retentit derrière lui.

— Aqqaqaqq !

Jetant un regard par-dessus son épaule, il vit une porte ouverte. L'aqqaqaqq provenait de la salle voisine qui avait servi à entreposer les réserves de graines destinées aux oiseaux, mais qu'on avait vidée. Une étroite passerelle d'acier enjambait une grande fosse, aussi large et profonde que le bassin d'une piscine. Des cloisons d'acier divisaient l'espace et chaque compartiment abritait les bêtes les plus féroces et terrifiantes qu'il ait jamais vues. Des renards aussi gros que des ours polaires aqqaqaqquaient, allaient et venaient comme des lions en cage, bavant et vociférant.

Indriði n'y connaissait pas grand-chose en renards et, pour un ensemble de raisons, personne n'avait eu la présence d'esprit ou le désir de l'informer des récentes évolutions : à savoir que les renards peupleraient désormais l'usine, que la serre de roses à miel serait détruite et le parc mis à sac. Peut-être ne s'était-il trouvé personne qui sût comment lui présenter les choses, comment « capter son attention » en la matière. Indriði étant dans l'usine, toutes les informations disponibles à propos des renards apparaissaient sur sa lentille, assorties d'illustrations :

Lorsque les Vikings (voir les vestiges vikings) ont découvert le pays (prévoir l'achat d'un pull islandais), il regorgeait de renards gigantesques, aussi gros que des ours blancs. Les Vikings s'attaquaient toujours aux animaux les plus imposants et, au fil des générations, la taille du renard diminua car seuls les individus les plus petits pouvaient survivre et se reproduire (vérifier ces théories). Pour finir, seuls survécurent les renards du gabarit d'un chat (se documenter sur les chats) car leur taille restreinte leur permettait de se cacher dans les failles et les creux du paysage. Les campagnes (voir la notion de campagne) conservèrent le souvenir du terrible Renard de la Colonisation également connu sous le nom de Renard du Siècle Viking (VikingCenturyFox), ce qui explique pourquoi les paysans voyaient leur photo publiée dans les journaux chaque fois qu'ils abattaient un goupil.

ICI DEVRAIT FIGURER LA PHOTO D'UN PAYSAN ET DE SON FILS TENANT LA DÉPOUILLE D'UNE RENARDE À LA MAIN.

Légende : *Avant que le Renard de la Colonisation ne se mette à rétrécir, il était l'un des animaux les plus dangereux de la terre.*

Le Renard de la Colonisation a d'abord été développé pour les besoins de LoveSaga (voir la publicité ?), le parc d'attractions historique de Fljótshlíð (acheter la *Saga de Njáll* ?). Grâce à une sélection n'épargnant que les individus les plus gros, nous sommes parvenus à inverser les choses et à rendre au Renard de la Colonisation sa taille initiale. Il sera l'une des attractions majeures du Musée national (prévoir une visite ?) qui ouvrira à nouveau ses portes, une fois transféré au parc de LoveStar. Fort de ses quelque sept cents kilos, le Renard de la Colonisation est capable de déchiqueter un crocodile, de percer une plaque d'aluminium épaisse de cinq centimètres (à voir ?) et de rattraper un destrier au galop (s'acheter un cheval ?). Le Renard de la Colonisation était l'un des prédateurs les plus dangereux du règne animal.

Tandis qu'Indriði écoutait la version synthétique de la voix apaisante de Rúrik Haraldsson lui lire le texte, il fixait les bêtes terrifiantes et grises qui aqqaqaqquaient, grondaient et humaient frénétiquement dès qu'il s'approchait avec son odeur de chair humaine. Des carcasses sanguinolentes suspendues à des chaînes descendaient régulièrement du plafond, les renards se jetaient dessus, arrachant un gigot ou un flanc, puis se couchaient pour le dévorer au fond de leur fosse au sol tapissé de sang, d'os, de paille, de plumes de pluvier doré et de déjections. L'odeur était presque insoutenable.

— Aqqaqaqq ! grogna la bête dans la fosse.

Le pauvre Indriði fit un bond en arrière, serrant plus fort encore le pluvier dans ses bras. Il avança précautionneusement vers le milieu de la passerelle à claire-voie qui lui offrait une vue plongeante sur les bêtes. Celles-ci grattaient de leurs pattes avant les poutrelles de soutènement pour la secouer et le faire tomber. Capables d'arracher la tête d'un être humain en une seule bouchée, ils avaient des pattes courtes et puissantes, et un pelage aussi doux qu'une luxueuse fourrure.

Un manteau de fourrure. Indriði n'avait pas dormi depuis deux cents ans. On avait écartelé son âme, son cœur était en mille morceaux, son diaphragme plus lourd que le plomb, et ses yeux noyés de larmes. Il était épuisé et tellement triste. Tellement éreinté qu'il ne voyait même plus les crocs acérés des renards. Tout à coup, il eut l'impression que chaque fraction de seconde durait une heure entière. Il ne voyait plus que des fourrures moelleuses partout alentour, des fourrures bien douces qui couvraient le sol comme autant de tapis, de coussins, de sofas, des fourrures moelleuses, qui ronronnaient et dans lesquelles on pouvait se blottir pour s'endormir. Il se débarrassa du pluvier, enjamba la rambarde, visa l'un des pelages, ferma les yeux et se précipita dans le vide. Son corps ne s'écrasa pas sur le sol de la fosse. L'une des fourrures bondit. Il eut à peine le temps d'apercevoir le fond de la gigantesque gueule rouge et humide avant que les mâchoires ne se referment sur lui en claquant.

— Aqqaqaqq !

SIGRÍÐUR

Au moment précis où Indriði était happé par une grande méchante fourrure, Sigríður était dans un autocar qui fonçait vers le nord par la route des hautes landes désertes aux étendues de sable immenses et ventées, ces terres qui avaient autrefois été parsemées de sources chaudes et de geysers, de volcans en éruption et de cascades bondissantes, avant que LoveMort n'ait l'idée d'exploiter la totalité de leur énergie. Bien avant d'embrasser du regard la majestueuse vallée d'Öxnadalur, on apercevait les fusées de LoveMort qui s'élevaient à toute vitesse dans l'atmosphère. Elle en regarda une disparaître en une lueur blanche dans le bleu du ciel et traverser, tel un clou, un nuage en forme de main.

Elle savait qu'elle aurait dû piétiner d'impatience à l'idée de rencontrer enfin ce Per Møller, mais elle n'en avait aucune envie, elle se sentait tendue et vide et pensait à tout ce qu'elle avait vécu avec Indriði. Elle pensait à ces regards, à ces moments où ils frottaient leurs index, et à ces balades dans le massif des Bláfjöll. Elle pensait à leurs rires, à leurs chatouillis et à leurs silences qui ne sonnaient jamais creux, mais étaient au contraire profonds comme une basse. Elle décida de l'appeler et tomba sur un répondeur :

— Ces numéros ne sont plus connectés l'un à l'autre.

Elle essaya d'imaginer ce qu'il faisait et ce qu'il ressentait. Évidemment, elle ne pouvait pas savoir qu'au même moment, il disparaissait dans la gueule d'une bête féroce, affamée et sanguinaire, aussi grosse que deux ours polaires.

Un vieillard cacochyme était assis juste derrière elle. Il parlait au téléphone en toussant :

— Donc vous pouvez arriver jeudi… ? Ah bon, le petit Gústi ne veut pas venir ? (*Quinte.*) Oui, je comprends, à son âge, Lalli LoveMort ne l'inté-resse plus… Les clefs de la Jeep ? Mince, j'ai dû les emporter… Oui, je veillerai à ce qu'elles restent en bas et qu'on ne les envoie pas là-haut avec moi…

Sigríður plissa les yeux en voyant une autre fusée s'élever dans les airs depuis les rampes de Love-Mort. La fréquence des tirs redoublait à l'approche des Festivités du million d'étoiles, précisa le chauf-feur dans le micro. D'ici peu, les cieux s'embrase-raient, un million d'étoiles filantes tomberaient sur terre au même moment. On annoncerait simultané-ment la plus grande découverte de tous les temps et l'ouverture d'un nouveau service de LoveStar, plus ambitieux qu'inLove et LoveMort réunis.

Sigríður affectionnant les endroits tranquilles et confortables, on aurait pu craindre que les voûtes gigantesques de LoveStar ne soient trop vastes pour lui plaire. Mais il n'en fut rien : LoveStar s'adaptait aux désirs de chacun. Elle était répertoriée comme un individu soucieux de se préserver du vacarme de la circulation, des grands aéroports et des centres-villes, une personne qui se sentait heureuse dans les banlieues tranquilles ou les bourgades. On lui avait donc attribué une chambre dans un petit complexe creusé à flanc de montagne, à l'orée de la vallée d'Öxnadalur. On y accédait par le versant qui donnait sur la rivière Hörgá, juste avant la grande muraille de verre.

Elle descendit de l'autocar et suivit les panneaux indicateurs qui apparaissaient sur sa lentille. Elle sauta par-dessus un fossé, enjamba une clôture rouillée et gravit une pente herbeuse jusqu'à atteindre un mur de roche devant lequel elle resta quelques secondes, indécise. Une porte s'ouvrit sur un long couloir froid et humide, qui sentait l'eau, la mousse et la pierre, puis on parvenait à un espace chaleureux, aux parois tapissées de lambris et de laine bouillie. Un feu crépitait joyeusement dans l'âtre d'une cheminée auprès de laquelle était assis un homme plongé dans un livre ; il leva les yeux et lui sourit.

— Sigríður ?

— Oui.

— Vous avez la chambre 27.

À travers le mur de verre, elle apercevait un couple qui venait d'être uni par calcul assis dans un Jacuzzi. Derrière eux, un autre couple, installé devant une table en chêne massif, jouait au Ludo, les yeux dans les yeux. Un homme brun allait et venait, impatient, vêtu d'un costume fraîchement amidonné. Sigríður sentit son estomac se nouer en le croisant. Elle plongea son regard dans ses yeux bleu sombre. Plonger ses yeux dans ceux de son seul et unique revient à regarder le reflet d'un miroir qui se reflète dans un miroir reflété par un miroir qui se reflète dans un miroir et ainsi de suite, disaient certains. À son grand soulagement, aucune connexion ne se fit. Elle longea un autre couloir et arriva bientôt à la porte 27 qui s'ouvrit automatiquement, offrant à sa vue la chambre de ses rêves (conformément aux renseignements consignés dans le rapport envoyé par Dóra, son amie d'enfance). La chambre donnait sur un ravin aux versants couverts de saules laineux et de myrtilles. Tout au fond, niché dans son lit étroit, chuchotait un ruisseau qui disparaissait par intermittence sous le tapis d'herbe. Vue de l'extérieur, la fenêtre ressemblait à de la pierre ou de la roche. Sa forme concave permettait à Sigríður de s'asseoir juste à côté pour y observer les chevaux et les agneaux qui broutaient dans la vallée. Les animaux demeuraient impassibles, même lorsqu'elle approchait sa main ou frappait quelques coups à la vitre. On dirait un aquarium, pensa-t-elle. La lumière pénétrait dans la pièce par des puits vitrés percés au plafond. Elle s'allongea sur le lit douillet, puis passa une demi-heure sous la douche tandis que des cygnes téléguidés allaient et venaient, dessinant un V dans la vallée d'Öxnadalur. La radio diffusait le poème *Hulduljóð*

230

de Jónas Hallgrímsson : « Vierge aussi scintillante qu'un soleil, nichée dans les entrailles de la montagne bleutée, attends-toi à rencontrer ton ami bien-aimé… »

AU LOUP ! AU LOUP !

— A<small>QQAQAQQ</small> !

Indriði n'ayant jamais, au cours de son existence, approché aucun goupil en chair et en os, et à plus forte raison un Renard de la Colonisation, il ignorait évidemment que l'animal dans la gueule duquel il s'était jeté n'était nullement un VikingCenturyFox. La renarde adulte accompagnée de son renardeau, couchée à gauche de la paroi d'acier, l'aurait déchiqueté. Mais Indriði s'était jeté à droite de la paroi. À cet endroit, l'usine à pluviers développait un Grand Méchant Loup pour le parc d'attractions dirigé par sa filiale bavaroise GrimmsLove. Le Grand Méchant Loup était conçu pour ne faire qu'une bouchée de ses proies et c'est exactement ainsi qu'il avait agi. Il n'avait fait qu'une bouchée d'Indriði.

Le Grand Méchant Loup n'avait pas encore été présenté au public. On l'avait développé en le modifiant pour tenir le rôle principal dans un spectacle grandiose de GrimmsLove inspiré du Petit Chaperon rouge. Mais il ne devait surtout pas digérer les acteurs qu'il avalait : cela risquait d'engendrer des difficultés quant au recrutement desdits acteurs, soir après soir. Évidemment, Indriði ignorait tous ces détails. Plongé dans l'obscurité et dans la moiteur de l'estomac du loup, il se disait que sans doute les Vikings avaient éprouvé les mêmes sentiments que lui après avoir été avalés en une bouchée par un Renard de la Colonisation. Le temps s'écoulait avec lenteur et dans l'attente de l'inéluctable, le cours de sa vie avait défilé un certain nombre de fois dans sa tête sans que l'animal ne commence à le digérer. Pour tout dire, se jeter dans la gueule d'un Grand Méchant Loup ne lui ressemblait vraiment pas. Il avait toujours été un jeune homme optimiste au caractère enjoué, même si les journées précédentes l'avaient totalement épuisé. Il entendait le cœur de l'animal battre puissamment juste au-dessus de son épaule gauche et sous ses pieds, les intestins gargouillaient. Et en attendant que les sucs gastriques se déversent sur lui, le submergent et lui rongent la peau comme l'acide d'une batterie, il suffoquait tant l'air était rare.

J'ai l'impression qu'on m'a cousu à l'intérieur d'une lifrarpylsa[1], pensa-t-il tout en promenant sa paume sur les parois de l'estomac. Les battements de cœur ralentirent tout à coup, remplacés par des ronflements phénoménaux. L'instinct humainement modifié du loup le poussait en effet à s'allonger sur le dos et à ronfler après avoir avalé sa proie. Sa gueule s'ouvrait et se fermait, laissant passer entre

---

1. Littéralement : saucisse au foie. Plat typiquement islandais ressemblant à la panse de brebis farcie, fermée par une couture.

ses canines des rais de lumière qui descendaient jusqu'à son estomac où ils éblouissaient Indriði tandis que ses crocs se détachaient du plafond peint en vert comme des aiguilles de lave d'un blanc immaculé. L'air frais avait beau entrer, telle une brise venue du sud, Indriði ne se réjouissait pas de voir la lumière. Il pensait au soleil matinal dont les rayons, aussi dorés qu'une Tuborg, illumineraient Per et Sigríður Møller. Il les imaginait enlacés, imbriqués l'un dans l'autre, rampant hors du lit comme une araignée à huit pattes, essayant de se séparer pour aller au travail, se nourrissant constamment de mots et finissant par baiser par terre dans la salle de bains. Il imaginait que Per Møller rirait à gorge déployée quand Sigríður lui parlerait des vieux de la maison de retraite et de l'été qu'elle avait passé en Sicile comme étudiante dans un programme d'échange, à l'âge de dix-sept ans. Il verserait des larmes parce que les histoires que lui conterait la jeune femme seraient pour lui la plus douce des nourritures. Il boirait ces récits comme du Gammeldansk, il les goûterait longuement, s'en délecterait et se pourlécherait les babines comme après s'être régalé de lard de porc cent pour cent danois. Ensuite, ils auraient un petit garçon et une petite fille : Sigríður peignerait les boucles d'or de la gamine tandis que Per construirait une grue en Lego avec le garçon (ou inversement, eu égard au politiquement correct).

Indriði bouillonnait de colère et regrettait amèrement de s'être laissé dévorer par ce renard. Il aurait dû tuer Per Møller, faire exploser les scientifiques d'inLove dont les calculs l'avaient séparé de Sigríður, zigouiller LoveStar lui-même ou déclencher une émeute au parc d'attractions. Il aurait dû enlever Sigríður, mais voilà, il était coincé dans ce ventre et même s'il parvenait à en sortir, puis à s'enfuir avec sa bien-aimée, ils n'avaient aucune chance d'en réchapper. Le monde était si bien répertorié qu'on pouvait remonter jusqu'au propriétaire de chaque crotte flottant à la surface de l'océan.

Il ne contrôlait plus ses émotions, se perdait en remords. Il n'était pas rationnel de vivre dans le remords et de ne pas être en paix avec son passé. Il décida donc de consulter ReGret : Que serait-il arrivé s'il n'avait pas montré à Sigríður la lettre de LoveStar ? Il opta pour une réponse brève qui apparut aussitôt sur sa lentille gauche :

— Heureusement qu'elle a vu la lettre, sinon I et S auraient péri dans un accident d'avion il y a une semaine.

Il consulta à nouveau ReGret. Que se serait-il passé si, au lieu d'aller dans le nord, elle était restée à la maison avec lui et avait dormi tout son soûl :

— S serait sortie à pas de loup et se serait jetée dans la gueule du Renard de la Colonisation à 8 h 17.

Une demi-heure plus tard, Indriði était encore en vie. Inutile toutefois de tenter d'appeler la police ou un garde-champêtre. Tel était son destin. Il pleurait, le loup ronflait et il avait perdu l'amour de sa vie.

Son téléphone sonna. Sa mère l'appelait sur sa lentille.

— Allô, maman, répondit-il tristement.

— Ça ne va pas, mon chéri ?

— Ma petite maman, Sigríður m'a quitté. Indriði peinait à retenir ses larmes : Sigríður est partie.

— Tu es malheureux à ce point-là ? demanda sa mère, compatissante.

— Maman, je suis en train de mourir.

— Mon pauvre petit, soupira sa mère. Je suppose que nous t'avons surprotégé, ton père et moi. Nous n'aurions peut-être pas dû te préserver de toutes les mauvaises nouvelles.

— Comment ça, les mauvaises nouvelles ?

— Nous t'avons fait immuniser contre les pourriels, les buzz et les mauvaises nouvelles concernant les animaux, les maladies, l'énergie nucléaire, les problèmes d'environnement et le Rwanda.

— Que s'est-il passé au Rwanda ?

— Ça ne t'apporterait rien de le savoir, mon chéri. Où es-tu donc ? Tu veux que ta maman vienne te serrer dans ses bras ?

— Il n'y a de place que pour une seule personne là où je suis.

— Ce n'est pas bon de rester seul, mon Indriði. Tu devrais participer au programme inLove. C'est mieux pour tout le monde, tu sais que lorsque inLove sera parachevé et que le monde entier sera uni…

— Oh oui, je sais tout ça, ma chère maman…

— Passe donc nous voir ce soir. Ton père et Xing doivent venir à la maison (vous l'aurez compris, un être humain sur quatre était uni par calcul à un Chinois ou une Chinoise). Tu devrais leur rendre visite. Ton père a complètement changé depuis son calcul, il a perdu sa légendaire mauvaise humeur matinale. Carlos veut que j'arrête mon régime. Il me préfère avec des formes et il a vu une photo de moi avec mon ancien nez et…

— Maman, je ne pourrai pas être là, répondit Indriði.

— Enfin, où es-tu donc ?

— Dans le renard.

— Ah bon, où est-ce ?

— Dans l'ancienne fabrique de Coca.

— Je n'y ai jamais mis les pieds. On y mange bien ?

Sa mère désirait manifestement orienter la conversation vers un sujet moins épineux.

— Tu le sais, ma petite maman. Les repas sont succulents.

Et il ne mentait pas. Indriði était succulent et si quelqu'un avait le pouvoir de le sauver, c'était Sigríður. Il ferma les yeux et l'appela. La seule réponse qu'il obtint tenait en ces mots : « Ces numéros ne sont plus connectés l'un à l'autre. »

Il éteignit et, envahi par des larmes silencieuses, s'efforça de se vider la tête. Suant à grosses gouttes dans la chaleur de l'estomac, il avait les mains collantes, les cheveux humides et poisseux, un liquide amer lui coulait sur le visage. La digestion commence, pensa-t-il. Un objet coupant et pointu lui rentrait dans les côtes, lui infligeant une douleur extrême. Cet estomac était une sorte de hachoir qui allait le moudre menu en partant des jambes avant de l'envoyer sous forme de chair à pâté dans les intestins. L'objet ne semblait toutefois pas lui entailler la peau. Il passa la main dans son dos et sentit une pièce d'acier rigide. C'était une fermeture Éclair. Une fermeture Éclair qui servait à ouvrir le ventre du Grand Méchant Loup ! Indriði la descendit lentement et passa la tête par l'ouverture. Il plissa les yeux face à la lumière crue des néons et sortit, dégoulinant et sanglotant, de l'estomac du loup qui se réveilla et lui lécha le visage, poussé par son instinct maternel.

Car le Grand Méchant Loup était en réalité une louve : le membre viril du prototype mâle avait choqué les spectateurs de l'avant-première en Bavière. Comme la plupart des mammifères femelles, le Grand Méchant Loup léchait tout ce qui sortait de son ventre comme s'il s'agissait de sa progéniture. Il n'établissait aucun lien entre sa descendance et l'homme qu'il avait avalé quelques instants plus tôt. C'était l'un des motifs pour lesquels on ne l'avait pas encore proposé à l'exportation. On trouvait en effet indécent qu'il lèche le Petit Chaperon rouge et sa Mère-grand sous toutes les coutures avec sa grande langue. Cette longue langue râpeuse avait fait hurler de rire la grand-mère bavaroise au point de lui faire perdre son sang-froid au moment où le loup l'avait prise entre ses pattes comme un louveteau pour lui faire une toilette très intime sous sa jupe. Indriði ne s'était pas fait lécher le visage depuis l'âge de douze ans, le jour où Snotra avait été euthanasiée. « Ne pleure pas, Indriði, lui avait alors dit sa mère. Nous ne la tuons pas, nous ne faisons que remettre son existence à plus tard. Nous en prendrons une autre dès que nous aurons un peu plus de temps. »

Cette langue chatouillait tant Indriði qu'il ne put s'empêcher de rire : les moustaches du loup étaient douces et, en dépit de ses grands yeux sombres, de ses grandes dents pointues, de sa grande bouche et de ses grandes oreilles, la fourrure le chatouillait et il pleurait. Le Grand Méchant Loup s'enroula autour de lui. Indriði se mit en position fœtale et se blottit dans la fourrure gris sombre en pensant à Snotra et à Sigríður tandis que l'animal léchait ses larmes avec la tendresse d'une mère. Enveloppé par cette douceur, il s'endormit profondément et c'est dans cette posture que Grímur le découvrit une demi-heure plus tard.

GRÍMUR

Grímur avait toujours craint que la relation d'Indriði et de Sigríður s'achève en catastrophe un jour ou l'autre, mais il n'avait pas imaginé que les conséquences puissent être aussi désastreuses. Bien qu'ayant l'esprit un peu trop occupé par cette jeune femme, Indriði était un employé modèle. Lorsqu'il effectuait des travaux de taille ou de désherbage, il lui arrivait d'être en connexion directe avec elle pendant des heures et quand ce n'était pas le cas, il passait son temps à parler d'elle. Dès qu'il voyait le sujet pointer son nez à l'horizon, Grímur allumait sa pipe, posait ses lunettes sur son bureau et écoutait patiemment le jeune homme lui parler encore et encore de Sigríður par-ci, de Sigríður par-là et de leur obsession commune : ils s'étaient trouvés et avaient rencontré l'amour et le bonheur authentiques.

Grímur appela le chef de la sécurité de l'usine à pluviers qui arriva avec une échelle. Les jambes tremblantes, ce dernier enfila un pull-over en cotte de mailles, mit un casque rouge et descendit précautionneusement dans la fosse. Il posa pied à terre et tapota doucement la fourrure du loup sans se laisser impressionner par ses grognements et ses babines retroussées. Il ôta l'emballage en plastique de deux paquets d'os (à base de farine secrètement produite par les usines à guano de LoveMort), les mélangea à des somnifères, puis les plaça dans l'estomac de l'animal à l'aide d'une longue pince avant de refermer la fermeture Éclair. Quand Grímur essaya de réveiller Indriði, le loup gronda, menaçant, poussé par l'instinct qui lui commandait de défendre son petit. Puis le hachoir dans l'estomac de l'animal se mit en route et commença à réduire les os en morceaux. Bientôt, ses yeux se perdirent dans le vague et il sombra dans un profond sommeil.

Le chef de la sécurité aida Indriði, couvert de bave et de morve, à gravir l'échelle. Grímur le réceptionna et le ramena dans la grande salle sans que ni l'un ni l'autre ne prononce un seul mot. Ils refermèrent les portes de l'espace dévolu au Renard de la Colonisation, traversèrent la moitié de l'ancienne salle aux pluviers et tout à coup, Indriði s'effondra ; on ne voyait plus que le blanc de ses yeux révulsés. Il laissait échapper des borborygmes, se tortillait par terre comme une truite hors de l'eau et se mordait si fort la langue que du sang giclait de sa bouche. Ses fonctions urinaires échappèrent à son contrôle et un filet jaune s'écoula entre ses jambes.

Grímur s'agenouilla pour lui venir en aide.

— Au secours ! hurla-t-il. Quelqu'un peut venir nous aider ?

Les employés accoururent et se rassemblèrent autour du jeune homme qui cessa brusquement ses contorsions et s'écria :

— Tu risques la crise d'épilepsie si tu manques la promo du week-end sur les sandwichs au pluvier à The Thing !

Son visage était devenu tout bleu lorsqu'il avait débité « la promo du week-end sur les sandwichs au pluvier », il n'avait pas eu la présence d'esprit de reprendre son souffle avant d'attaquer la tirade. « Merde alors ! » s'exclama l'un des employés. « Eh ben, nom de Dieu ! » commenta un autre. « En voilà un qui est du tonnerre », nota un troisième qui officiait au service Ambiance de l'usine à pluviers, et qui en connaissait manifestement un rayon quant à l'esthétique, la rhétorique et la science nécessaires à l'élaboration d'un traquenard d'une telle efficacité. Chacun s'apprêta à retourner à son poste. Indriði gisait toujours au milieu de la flaque jaune, épuisé, le visage plaqué au sol et les yeux fermés. On le transporta jusqu'à la cafétéria. Grímur lui remit une combinaison orange et ajouta discrètement une pilule rose dans la tasse de café qu'il lui offrit.

Lorsqu'il se réveilla, une demi-heure plus tard, il trouva Grímur assis à son chevet, occupé à bourrer sa pipe.

— Si je comprends bien, c'est fini entre vous, déclara-t-il, navré.

Indriði ne répondit rien, il rabattit la mèche de cheveux qui lui tombait sur les yeux et fondit à nouveau en larmes. Grímur lui posa deux mains paternelles sur les épaules.

242

— Mon petit Indriði…

Le jeune homme ne répondait rien.

— Nous pouvons peut-être appeler quelqu'un ?

— Sigríður était ma meilleure amie.

Et c'était vrai. Sigríður était sa seule amie intime. Ils avaient bien sûr des amis communs, mais il n'y en avait aucun parmi eux qui soit intime. Avec Sigríður, ils ne voyaient ces amis qu'en couple, jamais il ne se serait avisé d'appeler une personne précise au sein du groupe car il ne les connaissait pas en tant qu'individus.

— Je dois quand même pouvoir prévenir quelqu'un ?

Indriði fit non de la tête.

— Je n'ai plus qu'à aller tout droit chez Love-Mort, déclara-t-il, téléphonant aussitôt. Bonjour, je suis bien chez LoveMort ?

Grímur interrompit la conversation.

— Une minute, mon petit ! Tu finiras par te remettre. LoveStar trouvera ta seule et unique, tu peux en être sûr !

Sur quoi, il appela aussitôt inLove.

— Bonjour, je suis bien chez inLove ? Je voudrais savoir si Indriði Haraldsson a été uni à quelqu'un par vos calculs ?

— Indriði, répondit la voix. Il a été répertorié par íSTAR comme exemple à ne pas suivre. Sa petite amie lui a été retirée et dirigée aussitôt vers le Danemark.

— Mais dans combien de temps recevra-t-il son calcul ?

Il obtint la réponse après un long silence.

— Probabilité de 4 % qu'il le reçoive d'ici un an. Il nous semble que son autre moitié se trouve au Laos et nous ne sommes toujours pas parvenus à un accord avec ce pays. Je suppose qu'il faudra attendre que le roi meure. Voyez-vous, il est dur en affaires, le roi du Laos.

— En effet, il est du genre coriace, marmonna Grímur qui, d'après les renseignements communiqués par inLove, avait également une âme sœur coincée au Laos.

Indriði secoua la tête en regardant tristement par la fenêtre. Le bulldozer avait éradiqué toute trace de végétation dans le parc autour de l'usine. Des camions affluaient, déversant du gravier sur l'ensemble du périmètre.

— Ils prévoient d'agrandir l'usine pour les renards, s'excusa Grímur. J'aurais dû t'en parler, mais tu étais absent toute la semaine dernière.

— Donc vous n'avez plus besoin de jardinier ?

— Indriði, tu as une formation en conception de sites informatiques.

Le sol se déroba sous les pieds du jeune homme.

— Je vais aller droit chez LoveMort et leur demander de m'envoyer là-haut pour abréger mes souffrances.

Grímur chercha en toute hâte une chose susceptible de le réjouir ou de faire diversion.

— Indriði, il faut que tu voies un truc étonnant avant de t'en aller.

— Quoi donc ?

— Je vais te montrer un projet confidentiel, bien plus intéressant que les roses à miel et les pluviers dorés. Mais tu ne le verras que si tu arrêtes de pleurer.

Indriði s'essuya le visage et se moucha. Grímur le mit en garde :

— Je te répète qu'il s'agit d'un projet confidentiel. Tu dois me promettre de n'en parler à personne. Nous travaillons en ce moment sur les souris. Sigrún ! Tu peux venir un moment ? cria Grímur.

Pâle et nerveuse, Sigrún, la responsable du département d'Étude des souris, avait le regard gris et terne. Ils prirent un ascenseur pour descendre à la cave. Vu de l'extérieur, le bâtiment n'avait pas l'air si grand que ça, pourtant l'ascenseur semblait ne jamais devoir s'arrêter. Sigrún ouvrit une porte blindée d'un geste précis, en déverrouilla une autre, fit basculer la barre transversale d'une troisième et ouvrit le battant suivant, dévoilant alors une porte coulissante automatique. Elle fit entrer Indriði dans une salle remplie de squelettes, de crânes et d'organes conservés dans des bocaux. Arrivé au fond, il découvrit une foule de visages enfermés dans des centaines de cages. Il n'avait jamais rien vu de tel, c'était inconcevable, on se serait cru dans un conte.

— Ça alors ! Mais c'est...

— Exact...

Indriði leva les bras au ciel.

— Mais c'est Mickey Mouse ! Ce ne sont que des Mickey Mouse ! Tu as fabriqué des Mickey, des Mickey Mouse en chair et en os !

Assis dans leurs cages, les Mickey lui adressaient des clins d'œil. Leur taille avoisinait cinquante centimètres, ils avaient de grands yeux et une truffe ronde, noire et luisante. Indriði mourait d'envie de les prendre tous dans ses bras pour les serrer fort, mais il s'en abstint.

— Pourquoi sont-ils blancs avec des yeux rouges ? demanda-t-il en s'approchant d'une cage.

Le Mickey lui fit un clin d'œil et lui sourit. Comme aimanté, Indriði s'approchait de plus en plus.

— Je suis une scientifique, précisa Sigrún d'un ton sec, ce sont des prototypes, enfin, qu'est-ce que tu en penses ?

— Tu crois que comme animaux de compagnie ils plairaient aux gens plus qu'un chat ? demanda Grímur en regardant les bestioles d'un air terrifié.

Indriði répondit que oui.

— Ces Mickey sont l'enfant chéri du service Ambiance. Ils sont censés prendre la place des chats et des chiens sur le marché, observa Grímur, maussade.

— Quant aux renards, ils envahiront le marché de la fourrure, ajouta Sigrún. Cette histoire de Renard de la Colonisation et de coopération avec le Musée national a pour unique but de générer une image positive afin que la Machine de la République l'accepte sans broncher. On vient de créer un nouveau concept : la fourrure à dimension humanitaire. Un seul animal pour une fourrure.

— Ils veulent s'arranger pour que la prochaine génération adopte la forme d'une femme, soupira Grímur, comme ça, on économisera sur les coutures.

Le regard d'Indriði tomba sur un panneau publicitaire :

Mickey !
Mieux encore que le meilleur ami de l'homme !
Croquettes Mickey pour votre Mickey !

Les Mickey, plus sympas
que les chiens et les chats réunis !
Les Mickey ! Dont l'urine sert aussi de détergent !

— C'est comme ça qu'ils travaillent, observa Grímur en tapotant sa pipe pour vider les cendres. Ils commencent par concevoir la campagne publicitaire et ensuite, ils viennent voir les scientifiques en disant : « Il nous faut ça. »

Indriði s'apprêtait à ouvrir l'une des cages pour caresser un Mickey, mais Grímur lui retint la main d'un geste ferme.

— Attention à toi, mon petit. Ces souris ne sont pas prêtes. Nous avons encore du travail pour améliorer leur caractère.

— Ah bon ?

— Elles sont cruelles. Elles dévorent les enfants.

— Bien sûr, objecta Indriði, j'avais un hamster et je ne sais pas combien de fois il a mangé ses petits.

— Non, ce n'est pas ce que je voulais dire, reprit Grímur, elles mangent les petits enfants, nos petits enfants.

PERMIS DE CHASSE

Símon reçut un message visuel dès que Sigríður
était montée dans le car, lui annonçant qu'elle allait
dans le nord.

> [Mission accomplie ! Sigríður a accepté de venir procé-
> der à la vérification des calculs ce matin : 50 000 cou-
> ronnes seront versées sur le compte 113-34-34231, au
> terme de la procédure, ce soir à 20 h 00.]

Símon jubilait. Le contrat stipulait qu'il bénéficiait également d'une remise supplémentaire de
trois pour cent sur la cotisation mensuelle du calcul
lorsqu'il serait lui-même uni scientifiquement à son
âme sœur. La remise était certes modeste, mais
comme chacun sait, les petits ruisseaux font les
grandes rivières. Símon tenait à fêter l'événement
en allant au restaurant ou en s'offrant un petit plaisir. Il envoya un message sur la ligne de son réseau
de connaissances :

> — *quelqu'un pour un resto ce midi ? à bientôt, votre
> ami, símon*

Une demi-heure plus tard, personne n'avait répondu à sa proposition, également transmise à María, comme s'il s'était agi d'un simple hasard, noyée parmi ses autres contacts. Il y avait peu de chance qu'elle réponde, mais savait-on jamais ? Elle n'avait donné suite à aucun de ses messages depuis leur dispute. Il ne se passait pour ainsi dire pas une minute sans qu'elle lui manque et REGRET ne lui avait apporté aucun réconfort :

— C'était une bonne chose que María vous quitte, sinon, on aurait assisté à la fin du monde.

Les cieux peuvent bien s'effondrer et le monde périr en échange d'un simple mot d'amour de María, avait-il alors pensé.

Une autre demi-heure passa sans aucune réponse. Il consulta son téléphone, vérifia sa boîte Images, Messages vocaux et Textes. Il n'avait reçu aucun message personnel, uniquement des pourriels contenant des liens vers des buzz :

— 10 h 15 meurtre en amérique la police n'est pas encore au courant le corps se trouve <u>ici</u> lancez-vous à la poursuite de l'assassin le papillon adéquat se trouve <u>ici</u>
— 10 h 18 accident ferroviaire au pakistan les sauveteurs ne sont pas encore sur les lieux événement pour l'instant non relayé par la presse terrifiant voyez <u>ici</u>
— 10 h 19 nains en pleine séance de copulation dans un immeuble en suède à mourir de rire papillon <u>ici</u>
— 10 h 20 superbe accident de la route passagers incarcérés dans la voiture le feu s'étend à vive allure fascinant voir <u>ici</u>

— 10 h 22 viol en réunion ici (ne pas signaler, tout le monde a envie de profiter du spectacle)

Símon se brancha sur l'accident ferroviaire, l'image était assez floue, il pleuvait et peu d'angles de vue étaient disponibles. Il resta un moment connecté au papillon du wagon qui avait déraillé et menaçait de tomber d'un pont. Les passagers avaient été projetés vers l'avant où ils s'étaient entassés les uns sur les autres. Au sommet, on voyait une femme brune, les yeux fixés au plafond et le cou placé dans une position improbable par rapport au reste du corps, orienté à la perpendiculaire. Son sari jaune déchiré dévoilait son dos nu et ses fesses. Juste en dessous d'elle, on apercevait le pied ensanglanté d'un enfant, puis la barbe noire d'un homme portant un turban. Ce dernier était apparemment le seul survivant. Símon vit que le compteur sous la vidéo indiquait 110.298.762 et le chiffre allait grandissant. C'était manifestement un buzz très apprécié du public. Le compteur était arrivé à cent douze millions de vues quand l'homme au turban poussa un soupir – UNE CORONA ! – bientôt relayé par tous ceux qui constituaient l'amas de corps. On devait s'attendre à ce genre de choses lorsque l'audience atteignait les cent douze millions de spectateurs. Símon grimaça. Décidément, rien ne les arrête, pensa-t-il en s'efforçant de ne pas s'offusquer. Autrefois, même Elvis avait été scandaleux. À côté du compteur, on voyait que 21.212.570 personnes s'étaient rendues sur le forum concernant l'accident. Símon n'était pas d'humeur à supporter le cynisme et l'humour noir. Il éteignit le tout et

250

attendit, impatient, les réponses à sa proposition de déjeuner. Il s'apprêtait à appeler Indriði, mais se ravisa, pensant que ce n'était pas très approprié. Il contacta donc son copain Krissi, mais ce dernier ne répondit pas. Il appela Pálmi qui refusait ses appels les uns après les autres. Freyr décrocha finalement :

— Salut ! lança Símon, tout guilleret. Je me demandais si on ne pourrait pas aller au resto tous les deux ce midi.

— Tu ne voudrais pas plutôt que je te file 1 000 couronnes ?

— Hein ?

— María nous a appelés pour nous annoncer la nouvelle.

Símon ne savait plus trop quoi dire.

— María ? Que vous a-t-elle raconté ?

— Tout. Tu jouais ton rôle à la perfection. Nous pensions vraiment que tu avais des goûts assez douteux en matière de cinéma. Certains parmi nous trouvaient même charmant de te voir défendre des navets avec autant de conviction.

— J'avais juste envie de te voir, marmonna Símon, pour une fois parfaitement sincère. J'ignore les mensonges que María t'a racontés à mon sujet. Finalement, je n'ai pas le temps de te voir.

Il raccrocha au nez de Freyr et consulta à nouveau sa boîte de réception : RÉPONSE À VOTRE CANDIDATURE.

[Cher Símon,
Nous n'avons pas retenu votre candidature pour un poste dans les services d'ÍSTAR. Nos comporte-mentalistes ont tenté de déceler des changements notables dans les stratégies que vous déployez

depuis que vous avez été choisi comme hébergeur clandestin, mais ils n'ont constaté aucun progrès. Nous continuons de suivre votre parcours et nous vous contacterons en cas de besoin.

P.S. Nous vous remercions de l'intérêt que vous nous portez, mais souhaitons vous prier de ne plus importuner les services d'ÍSTAR avec vos idées publicitaires aussi vagues que hasardeuses.]

Símon avait bien envie de se glisser sous sa couette et de pleurer tout son soûl, mais il serra les dents en apercevant le papillon qui volait autour de lui. Il alla consulter la tâche qu'on lui avait attribuée ce jour-là sur la page des offres. Sa cote d'attractivité publicitaire était clairement en berne. Les produits les plus chers avaient déserté la liste, mais il restait quand même quelques petites choses : une Volvo de cinq ans qui correspondait au goût et aux capacités financières de son oncle Svenni. Des polices d'assurance en pagaille. Un navet lamentable manquant d'échos positifs. Réductions et annonces de toutes sortes. Tout à coup, le texte suivant apparut sur la page :

[Défi passionnant pour hébergeurs clandestins !
Tâche : Indriði Haraldsson. Recours à LoveMort afin d'abréger les souffrances de l'individu.
Commission de 75 % !
Participation aux Festivités du million d'étoiles, tarif promotionnel : 190 000
Lancement conventionnel : 250 000
Lancement nocturne : 300 000
Ornements supplémentaires : Magnésium : 25 000
Aluminium : 34 000 Nitrate : 12 200
Que le meilleur gagne !]

Símon appela ÍSTAR sur-le-champ.

— Qu'est-ce que c'est que cette histoire entre Indriði Haraldsson et LoveMort ?

— Un instant, répondit une voix masculine à l'accent germanique qui fredonnait une joyeuse mélodie. (On entendait les clarines tintinnabuler au cou des vaches en bruit de fond. L'homme était allongé sur un alpage verdoyant dans les Alpes autrichiennes.) Voyons, voyons, dam, dam, dam, chantonna-t-il avant de lire à haute voix : Indriði H. a appelé LoveMort ce matin. Il a été séparé de sa petite amie par calcul. Il s'est renseigné sur la possibilité d'abréger ses souffrances, mais la communication a été coupée. Cette mission est un jeu d'enfant. Le poisson a goûté à l'hameçon, comme on dit chez nous, dans les Alpes.

— Mais Indriði n'est pas malade, je le connais, objecta Símon.

— Autiste récalcitrant à toute forme de marketing, précise son dossier…

— C'est une faille de sa personnalité, pas une maladie ! Et ça ne justifie pas qu'on abrège ses souffrances pour raisons « humanitaires » ! Je n'enverrai pas mon ami là-haut, que le diable m'emporte !

— Nous ne saurions interdire à une personne majeure et vaccinée de s'embarquer sur les vaisseaux de LoveMort. Nous ne pensons pas à la place des gens. Nous ne faisons que réaliser leurs souhaits.

— Que dois-je faire pour relever ce défi ?

— Le convaincre de partir par LoveMort.

— Et que se passera-t-il si je refuse votre proposition ?

— Quelqu'un d'autre s'en chargera. Ce permis de chasse est ouvert à tous.

— Ouvert à tous ? Je n'ai jamais entendu parler d'une telle pratique chez LoveMort !

— C'est le progrès, observa l'Autrichien.

Símon consulta à nouveau la page. Apparemment, dix hébergeurs clandestins étaient déjà en lice. Qu'est-ce que c'est que ces conneries ? pensa-t-il. LoveMort n'avait nul besoin de pousser les gens. LoveMort était avant tout une institution vénérable, sérieuse, une réalité compréhensible et inéluctable, mais on aurait dit que le vent tournait. Quelque part dans cette ville, dix hébergeurs clandestins allaient rivaliser d'ingéniosité pour amener Indriði sur un plateau à LoveMort.

— Où est-il en ce moment ? s'inquiéta Símon.

— Vous serez informé de sa localisation si vous participez à la compétition.

Símon décida de s'inscrire et un petit smiley jaune se mit à clignoter sur le plan de la ville. Indriði était dans l'usine à pluviers. Símon rejoignit sa voiture au pas de course et démarra en trombe. En route, il reçut une réponse tardive de Binni.

[désolé, impossible, maría veut aller faire un tennis avec moi et sjonni, quelle énergie, cette maría ! P.S. avec elle, on apprend vite, les renseignements communiqués par ístar nous ont bien aidés (et la vidéo aussi !) ;-]

Símon effaça le message, tout en cherchant María sur sa lentille. Elle n'était pas à son travail et pas non plus chez sa mère. Il jeta un coup d'œil dans la salle de sport : assise dans le Jacuzzi en compagnie de Sjonni et de Binni, elle éclata de rire, puis sortit de l'eau, entièrement nue, tourna les fesses vers le bassin en lançant un regard aguicheur à Sjonni qui se leva et la rejoignit. Le compteur indiquait vingt mille spectateurs et le chiffre fit un bond au moment où Sjonni se mit à s'activer sur elle. Símon éructa un PUTAIN DE MERDE puis éteignit, incapable d'en supporter davantage. Quelque chose se brisa au fond de lui. La radio résonnait dans l'habitacle. *Dernière chance de participer aux Festivités du million d'étoiles !* Sa candidature chez ÍSTAR avait été refusée… *Cent millions d'étoiles filantes tomberont des cieux !* Son réseau de clients était en ruine… *Soyez prêts et ne manquez pas le spectacle du siècle !* Il avait presque envie de s'offrir le voyage, histoire d'abréger ses propres souffrances.

À l'intérieur de l'usine à pluviers, Grímur pensait pouvoir sans risque renvoyer Indriði chez lui. Il le prit par les épaules et l'accompagna jusqu'au hall d'entrée.

— Tu t'en remettras, mon garçon. Tout le monde doit vivre son premier chagrin d'amour.

À peine Indriði était-il sorti de l'ancienne salle à pluviers dorés qu'un type tout sautillant s'avança et lui attrapa la main.

— Salut, Indriði !

— On se connaît ?

— Suis-moi, répondit l'autre, en lui passant un bras sous l'aisselle. Je peux te conduire très vite et en toute sécurité jusque chez LoveMort. La communication a été coupée tout à l'heure quand tu voulais faire ta réservation et je me suis dit qu'il valait mieux en parler entre hommes...

Une femme élégante d'une quarantaine d'années se précipita, attrapa Indriði par le poignet et tenta de l'entraîner dans la direction opposée.

— Ne l'écoute pas, s'exclama-t-elle, hissée sur la pointe des pieds pour lui murmurer à l'oreille : J'ai une voiture et je peux te déposer dans le nord. Nous pourrons nous arrêter en route et réaliser tes désirs les plus secrets...

Une vieille femme toute fripée avec un fichu sur la tête entra à son tour et saisit sa manche de ses longs doigts grisâtres.

— N'écoute pas ces gens-là, mon garçon. Ils ne veulent pas ton bien, crois-moi. Viens plutôt avec moi, je lirai ton avenir et nous aviserons. La vieille femme lui passait la main dans le dos : Je vois pour toi un avenir radieux ! Allons, suis-moi...

Désemparé, Indriði observait ces gens qui le tiraient dans tous les sens. On entendit un hurlement interminable à l'intérieur de l'usine. La louve s'était réveillée. Des mains s'agrippaient à Indriði, des voix lui faisaient miroiter délivrance et mort étincelante. Et d'autres continuaient d'arriver et de franchir la porte. Indriði tenta de reculer pour retourner dans la salle des pluviers, mais les hébergeurs clandestins l'agrippèrent de plus belle sans qu'il parvienne à s'en débarrasser. Les hurlements de la louve redoublèrent d'intensité. Indriði fit quatre tours sur lui-même, il se libéra d'un coup sec et se précipita vers le Grand Méchant Loup, vers la chaleur, la sécurité et la douceur. Grímur, accompagné du chef de la sécurité, le poursuivit en criant :

— STOP ! N'Y VA PAS ! N'Y RETOURNE PAS !

À leur arrivée, ils le trouvèrent allongé dans la fosse, occupé à tapoter le loup qui lui léchait le visage de son énorme langue et grondait dès qu'ils approchaient.

— Ne grogne pas, mon petit loup, ils ne sont pas méchants, déclara tristement Indriði en grattant l'animal derrière les oreilles.

N'osant pas descendre, le chef de la sécurité se tenait, cramoisi, sur la passerelle.

— Si tu le caresses comme ça, il ne sera plus méchant du tout !

Indriði feignit de ne pas entendre la remarque.

— Allez, mon garçon, sors d'ici ! S'il arrête de manger les gens pour se mettre à les cajoler comme Lassie, nous perdrons cinq cents millions, le résultat de cinq années de travail et tout sera à refaire.

Nous aurions dû nous abstenir d'introduire ce cœur de chien dans la formule, pensa Grímur avec un soupir, un loup à cœur de chien, quelle idée…

Continuant de s'agiter dans le hall d'entrée, les hébergeurs clandestins frappaient de plus en plus fort à la porte de la salle aux pluviers qui résonnait de leurs supplications.

— Ouvrez-moi ! Je suis un ami !

— Indriði ! Tu ne veux pas qu'on discute un peu ?

Indriði reconnut la voix d'une copine de sa mère.

— Ce sont des amis à lui ? s'enquit le chef de la sécurité.

— Il n'a pas d'amis, répondit Grímur. Il ne sympathisait qu'avec des couples et les calculs l'ont séparé de sa bien-aimée.

Símon se gara devant l'usine. Un nombre grandissant d'hébergeurs s'étaient inscrits au défi lancé par LoveMort. Un homme au teint hâve se tenait à distance, fumant son cigare. Une femme attendait dans sa voiture aux vitres teintées. Deux adolescents traînaient aux abords de la clôture, l'air de préparer un mauvais coup.

— Il y a un truc qui cloche dans le service Ambiance, pensa Símon.

Jamais il n'avait vu un tel nombre d'hébergeurs clandestins se dévoiler en un seul et même endroit. Il appela Indriði sans résultat et fut accueilli par la foule attroupée dans le hall.

— Indriði ! Tout se passera bien ! Je suis ta tante Anna ! Je ne t'ai pas revu depuis ta plus tendre enfance !

Símon parvint à se faufiler à travers la cohue et aperçut son ami qui avançait dans la grande salle, escorté par deux hommes, l'un d'eux était vêtu d'une salopette blanche et l'autre, sans doute un employé de la sécurité. Il atteignit à grand-peine la porte vitrée, établit un bref contact oculaire avec Indriði et l'appela.

— Indriði ! Je vais te sortir de là !

Le jeune homme afficha un sourire fatigué. Símon sursauta en voyant combien il avait les traits tirés.

— Tu le connais ? demanda Grímur, l'index pointé vers le nouveau venu.

— Lui et sa copine font partie des amis qu'on avait avec Sigríður.

— Est-ce qu'il est comme tout ce ramassis ? interrogea Grímur.

— Je crois qu'il est programmeur, répondit Indriði.

— Les gens prétendent exercer toutes sortes de professions. Est-il digne de confiance ?

— À qui peut-on encore se fier ?

Grímur conduisit Indriði jusqu'à la porte, le chef de la sécurité éloigna les hébergeurs clandestins et laissa Símon entrer dans la salle.

— Nous étions là avant lui ! vociféra l'une des femmes.

— Ce salaud t'a payé ! Je t'offre plus encore ! s'écria l'un des hommes en fusillant Símon du regard.

— Quelque chose ne va pas ? interrogea Símon. Sigríður t'a quitté ?

Indriði ne lui répondit pas.

— Ce jeune homme a eu un petit accident, informa Grímur.

— Vous déraillez ou quoi ?

— Peu importe ce qui s'est passé, répondit Grímur. Je veux vous demander de le protéger de LoveMort.

— Cela va de soi.

Sourcils froncés, Grímur l'entraîna à l'écart.

— Je ne plaisante pas ! Je suis le directeur de cette entreprise. Je vois des choses qui ne sont pas accessibles aux simples fourmis de votre espèce qui arpentent les rues. Ai-je votre parole que vous le protégerez ?

— Non mais ! Pour qui me prenez-vous ?

— Vous êtes espion et hébergeur clandestin.

— Je suis son ami, mon vieux !

Símon fendit la foule des hébergeurs, entraînant Indriði derrière lui. Ils sortirent sous la pluie et coururent jusqu'à la voiture. Le chef de la sécurité avait grand-peine à contenir la colère des importuns.

— Ne va pas avec lui ! cria la femme au visage fripé. Ce garçon ne me plaît pas du tout !

Indriði s'installa sur le siège passager et quelqu'un balança sur la banquette arrière ses vêtements tout mouillés dans un sac en plastique.

— Méfie-toi de lui ! Il va t'emmener droit chez LoveMort ! Viens plutôt avec nous ! lui crièrent les adolescents.

Símon claqua la portière.

Il y a vraiment un truc qui ne tourne pas rond au service Ambiance, pensa-t-il.

— On dirait que le loup hurle à la mort, murmura Indriði en tendant l'oreille.

Le Grand Méchant Loup poussait effectivement de puissants hurlements à l'intérieur de l'usine.

Símon démarra et descendit en ville. Il ne pouvait pas faire grand-chose de plus. Il conduisait une

Toyota vieille de neuf ans, c'était tout ce qu'il était parvenu à soutirer au concessionnaire.

— Tu dois la vendre d'ici une semaine, avait martelé le garagiste, sinon il te faudra payer la location.

— Tu ne comprends donc pas ? avait rétorqué Símon. Je roule en Toyota et c'est bon pour la marque !

Le concessionnaire lui avait adressé un regard condescendant en secouant la tête.

— Tu n'es plus au lycée, mon petit gars, et tu n'as rien d'une star en termes d'attractivité publicitaire.

Indriði ne disait rien. Símon descendit la rue Laugavegur avant de s'attarder dans le quartier du port, passant et repassant du pied gauche au pied droit de la statue de la Liberté. Il abaissa sa vitre pour interpeller un homme en chandail islandais.

— Super modèle ! Pas de versement initial ! Mensualités réduites !

Un nuage creva au-dessus de leur tête. Indriði regardait la mer d'un air morne, puis il reprit ses esprits et consulta la pendule. Il était plus de quatre heures de l'après-midi. Un hélicoptère vert aussi gros qu'un autobus survolait les lieux. Maintenu en l'air par deux pales gigantesques, il transportait le Village de l'Autonomie islandaise qu'on pouvait autrefois visiter devant le Musée national. L'engin parcourut le ciel au-dessus de la ville avant de disparaître dans les nuages noirs qui s'amoncelaient sur le mont Esja.

— On emmène tout vers le nord, commenta Símon.

— Tout, sauf moi, soupira Indriði.

— Ton heure viendra.

— Sigríður doit rencontrer Per Møller à huit heures ce soir.

Indriði ferma les yeux. Si son âme avait été un bateau, il aurait foncé, ivre, droit sur les brisants. Il prit son visage dans ses mains :

— Il n'y a plus d'espoir, mon univers sombre.

Símon fixait la route et méditait sur bien des choses tandis que les propositions s'entassaient sur sa lentille. Jamais il n'avait vu autant d'attrape-nigauds. Quelque part en ville, María était régé-nérée après un tennis des plus revigorants en compagnie de Sjonni et Binni. Une relance s'affi-cha sur sa lentille :

[félicitations ! indriði h. est à portée de main. confir-mer voyage avec LoveMort ? commission de 75 %. NB : 80 % si adjonction de magnésium et de nitrate d'aluminium ! dernière chance !]

[Confirmez de suite !] Les mots clignotaient devant lui. Símon regarda sa montre et marmonna :

— Que le diable m'emporte, si je ne le fais pas, personne ne le fera.

Il fit demi-tour au carrefour et tourna à angle droit sur l'échangeur permettant d'accéder à l'autoroute des hautes terres. Assis sur le siège passager, fragile comme l'aile d'un oiseau blessé, Indriði demanda :

— Où allons-nous ?

Símon fixait la route.

— Tu sais que je ne t'ai jamais spécialement apprécié.

Indriði baissa les yeux sans rien répondre.

— Tu sais qu'à chaque fois que je t'ai appelé, c'était pour essayer de te fourguer ma camelote.

Sigríður disait parfois qu'elle voyait clair dans le petit jeu de Símon, mais Indriði s'était toujours efforcé de ne s'attacher qu'à ses bons côtés. Pour lui, l'être humain était naturellement bon.

— Je déteste la musique que je t'ai fait écouter. J'ai souffert le martyre en allant voir certains films. Je hais les livres que je t'ai conseillés. Je suis allergique aux sandwichs au pluvier et j'aime éperdument María !

— Je comprends, soupira Indriði, découragé. Donc, toi aussi, tu veux m'emmener à LoveMort ?

— Non, répondit Símon. Nous allons dans le nord pour sauver ton amour.

— Et que dois-je faire en retour ? interrogea Indriði.

— Rien.

En regardant Símon, Indriði comprit qu'il était parfaitement sincère. Il hocha la tête.

— Je te crois. Merci beaucoup.

Símon avait l'impression qu'on venait de lui ôter l'énorme dalle de pierre qui pesait sur sa poitrine, il ressentait maintenant une légèreté, comme un doux frisson à chaque fois qu'il respirait. Et c'est ainsi qu'à bord de cette Toyota vieille de neuf ans, ils foncèrent vers le nord, traversant la lande de Mosfellsheiði puis celle de Bláskógaheiði, passant au pied de la montagne Ármannsfell, enjambant le volcan Skjaldbreiður, longeant la face est du glacier de Langjökull avant d'entrer par une large route droite dans la vallée d'Öxnadalur où l'amour trouvait ses preuves, où la mort devenait lumière et où l'étoile de LoveStar scintillait derrière les nuages.

— Sauver l'amour !

L'amour imbécile et contraire aux lois de la science était en jeu. Toutefois, l'instinct maternel du Grand Méchant Loup était si puissant que l'animal sentait Indriði s'éloigner. Il avait l'impression qu'on tirait un élastique depuis les profondeurs de son cœur. Si cet élastique lâchait, il lui reviendrait comme un boomerang en un claquement affreusement douloureux. L'animal se tordait et écumait tandis que l'élastique s'allongeait, mais bientôt, il n'y tint plus et se mit à hurler à la mort, à souffler, à gratter et à mordre la paroi d'acier tandis que les renards aqqaqaqquaient, que les Mickey s'affolaient et mickeyaient comme s'il en allait de leur vie. Mikkamikk ! Mikkamikk ! Le chef de la sécurité rampa, tremblant comme une feuille, sur la passerelle d'acier et lui décocha une dose d'anesthésiant. Le calme revint, un expert suédois en ingénierie animalière accourut et les deux hommes entreprirent d'attacher la bête en la fixant au sol, ignorant que la drogue avait manqué sa cible. Couché sur le dos, langue pendante, la louve attendit que l'occasion se présente et arracha le bras du chef de la sécurité qui se mit à hurler. Elle bondit sur la passerelle, traversa la salle des pluviers et sortit dans la rue. N'écoutant que son instinct maternel, elle détala droit vers le nord.

Debout sur la passerelle de verre entre son bureau et l'usine à pluviers, Grímur la regarda partir.

— Adieu le loup ! marmonna-t-il en allumant sa pipe. Il fallait s'y attendre. Les Mickey sont méchants, le loup est gentil et tout converge vers ce trou noir dans le nord, soupira-t-il tristement, le front plaqué contre la vitre.

Le ciel s'assombrissait étrangement sur le mont Esja.

SENTIR LE FOND

Pendant que LoveStar volait d'une idée à l'autre, fasciné par l'ambiance et la magnificence qui auréolait ístar, le département d'Étude des oiseaux et papillons continuait d'avancer lentement, mais sûrement. Alors qu'ístar se façonnait une nouvelle image tous les trois mois, le département d'Étude des oiseaux et papillons n'était jamais parvenu à se fabriquer un nom ou une marque déposée percutante. Chaque semaine, les ornithologues faisaient de fascinantes découvertes dont ístar exploitait les résultats en mettant sur le marché des appareils au service de l'homme sans fil, toujours plus rapides, toujours plus petits et plus sensibles. Le département d'Étude des oiseaux et papillons ne s'occupait ni de packaging ni de design, mais se bornait à la recherche pure. Ces deux services étaient diamétralement opposés, même si aucun des deux ne pouvait survivre sans l'autre. ístar se développait, nimbé par la clarté des plus récentes trouvailles du département d'Étude des oiseaux et papillons dont les recherches étaient en grande partie financées par l'argent que les employés du service Ambiance rapportaient à l'entreprise grâce à leur inventivité.

Les ornithologues comprirent que les ondes étaient un assemblage d'autres ondes, plus petites, et en les examinant de plus près, on découvrit que les particules les plus restreintes qui les constituaient étaient à la fois matière, couleurs et formes. Ils se mirent en quête de l'amour en explorant ses composantes les plus infimes, puis plongèrent plus loin encore, jusqu'à *sentir le fond*. Et c'est ainsi que LoveStar s'était retrouvé assis dans un avion, comme une plante à l'agonie, une graine reposant au creux de sa paume.

C'était en pleine nuit, au plus noir de l'hiver, les vents polaires frappaient les murailles de pierre glaciales du parc d'attractions. Jamaguchi avait prié LoveStar de descendre au quartier général scientifique. Il avait pris l'ascenseur. Les bâtiments dévolus à la science formaient un vaste labyrinthe où toute chose devait de préférence être visible et transparente. Les fils électriques et les canalisations étaient apparents, les instruments de mesure consistaient en des caissons noirs ou translucides.

LoveStar dépassa les laboratoires, les réservoirs emplis de liquide, les cages à oiseaux, les serres et les cafétérias regorgeant de vieux meubles dépareillés et d'employés tellement plongés dans leur monde qu'ils semblaient ignorer si c'était le jour ou la nuit. Ceux qui avaient la présence d'esprit de soigner leur apparence étaient fort peu nombreux. Entièrement rasés ou laissant les poils et les cheveux pousser de manière anarchique, la plupart étaient pâles à force de rester enfermés. Au bout du bâtiment, on apercevait les visages burinés des biologistes polaires et ceux desséchés par le soleil des crocodilologues. LoveStar longea un gigantesque aquarium, accompagné par un vieux requin pèlerin. La lumière bleutée nimbait un vaste espace au centre duquel reposait le minuscule ordinateur qui unissait l'humanité par ses calculs. Les ornithologues avaient baptisé la machine « Amour » et ÍSTAR avait commercialisé le procédé sous la marque déposée inLove.

Deux hommes veillaient sur l'ordinateur, l'un avait de longs cheveux gris et l'autre était chauve. Ils ne levèrent même pas les yeux au passage de LoveStar. Assis, pensifs, chacun devant son échiquier, ils jouaient aux télé-échecs contre des adversaires absents.

Jamaguchi accueillit LoveStar dans une pièce isolée. Un jeune homme était assis dans un fauteuil, la tête enveloppée dans une chose qui ressemblait à un bonnet de laine, mais dont les fibres étaient en réalité constituées de fils électriques aussi fins que des cheveux. Sur le mur derrière lui, on voyait une ligne blanche sur fond bleu, ce n'était nullement l'image figée d'une droite, mais celle, en mouvement, d'une courbe qui ressemblait à la surface tranquille d'une mer d'huile.

— À quoi avez-vous pensé ? demanda Jamaguchi en regardant le mur.

— Je me disais que j'avais hâte que l'expérience se termine, répondit le cobaye d'un ton las.

— C'est bientôt fini, le rassura Jamaguchi de sa voix douce en lui abaissant le bonnet sur les sourcils. Maintenant, pensez à autre chose, à n'importe quoi.

Le cobaye ferma les yeux et pensa sans que la moindre ride ne vienne troubler la surface tranquille de la mer projetée sur le mur dans son dos.

— Essayez maintenant de souhaiter la même chose que tout à l'heure.

L'homme se concentra, la mer demeurait d'huile. LoveStar observait, curieux.

— Regarde, déclara Jamaguchi, l'index pointé vers le mur. Il formule un souhait et la ligne ne bouge pas.

— Captivant, rétorqua LoveStar, quelque peu moqueur.

— Attends un peu, prévint Jamaguchi en lui assénant un léger coup de coude, l'expérience n'est pas terminée.

— Faites un autre souhait.

L'homme s'exécuta, la ligne ne bougeait toujours pas.

Jamaguchi projeta sur le mur une kyrielle de conclusions. Quand le cobaye avait faim, la ligne restait immobile. Elle l'était également quand il recevait un stimulus sexuel, elle ne bougeait pas non plus quand il était plongé dans le silence et qu'il avait envie d'un peu de musique, et rien ne se produisait quand il avait peur, quand il se mettait en colère ou qu'il ressentait du dégoût. LoveStar parcourut la liste des conséquences ou plutôt de l'absence de conséquences produites sur la ligne par toutes sortes de stimuli.

— Captivant, répéta-t-il.

Jamaguchi le regarda droit dans les yeux.

— Non, cela n'a rien de captivant, corrigea-t-elle. Ce qui est passionnant ne vient que maintenant.

Elle s'approcha du cobaye.

— Puis-je vous demander encore une petite chose ? Essayez de faire ce que votre grand-mère vous a enseigné. Essayez de *prier*.

— Dans quel but ?

— Faites une prière, priez pour nous, priez pour votre grand-mère.

L'homme ferma les yeux et se concentra.

La ligne se mit soudain à onduler. LoveStar s'approcha du mur bleu et promena son index au sommet de la courbe en un geste élégant.

— Cette courbe ne se forme que lorsqu'il prie ?

— En effet, confirma Jamaguchi.

— Et alors ?

— Nous pensions qu'il s'agissait peut-être de vestiges d'une aire du cerveau dont les êtres humains se servaient il y a un milliard d'années, à l'époque où l'homme était un poisson ou une paramécie, des restes de quelque chose qui aurait disparu au fil de l'évolution.

— N'est-ce pas une explication plausible ?

— Non, démentit Jamaguchi.

— Ah bon ?

— Les animaux ne prient pas.

— Pardon ?!

— Nous avons d'abord pensé qu'il s'agissait d'un système primitif, puis nous nous sommes penchés sur le phénomène de la prière. *Les animaux sont incapables de prier.* La prière est le propre de l'homme.

— Je vois.

— Et une partie du genre humain continue de *recourir à* ces ondes. Aux quatre coins du monde, des vieilles femmes apprennent à leurs petits-enfants comment émettre ce type d'ondes. Il doit bien exister une raison à ça, n'est-ce pas ?

— Qu'en penses-tu ? interrogea LoveStar tout en regardant la prière onduler sur le mur.

— J'ai une théorie.

— Laquelle ?

— C'est une hypothèse assez folle, prévint Jamaguchi, mais je voudrais que tu réfléchisses et que tu me dises au plus vite ce que tout cela t'inspire.

LoveStar regarda les ondulations afin de les fixer dans sa mémoire, puis remonta dans son bureau où il passa toute la nuit et la journée suivante à dessiner, sans s'accorder une minute de sommeil. Il dessina une montagne qui ressemblait au mont Keilir dans le lointain, dessina des oiseaux et des araignées suspendus au soleil et aux nuages. Il fit les cent pas dans son bureau, s'allongea par terre, contempla la vallée venteuse et glacée d'Öxnadalur et se creusa la tête. Sa pensée musarda longuement avant de s'enrouler autour d'un axe et un sentiment de plénitude qui tenait de l'ivresse l'envahit comme si une demi-cuillerée de miel doré lui inondait le corps. Une idée s'emparait de LoveStar qui se releva brusquement pour envoyer un message à Jamaguchi.

— Viens immédiatement.

Elle arriva sur-le-champ.

— Où vont les prières ? interrogea LoveStar, enflammé. Où va la prière d'un homme qui prie ? Prend-elle une direction précise ? Parvient-elle à un destinataire ?

— Continue, je t'écoute, encouragea Jamaguchi, visiblement heureuse d'entendre ce discours.

— Si nous parvenons à suivre la piste des prières jusqu'à leur destination, comme on peut le faire pour une conversation téléphonique…

— Une conversation téléphonique, en effet, répéta Jamaguchi.

— Alors, nous devrions trouver… Dieu ?

LoveStar grimaça et s'approcha de la fenêtre. La grêle cinglait les parois rocheuses, un gigantesque vaisseau de LoveMort flottait devant lui. Trois fusées élevaient leur lueur aveuglante avant de disparaître dans la tempête.

— Serais-je devenu fou ?

— Tout cela ne constitue qu'une seule et même chose, répondit Jamaguchi. Il s'agit de la même branche, du même domaine scientifique, d'une seule et même science ornithologique.

— Les oiseaux nous ont conduits jusqu'à l'amour et de là, on imagine facilement qu'il n'y a plus qu'un pas à franchir pour atteindre Dieu. L'amour, Dieu, les oiseaux, les papillons et les mouches à miel. Tout est matière. Le surnaturel n'existe pas. Nous avons toujours trouvé ce que nous cherchions.

Aux quatre coins du monde, les gens prient pour des raisons diverses. Leurs prières doivent bien aller quelque part. Ce n'est pas plus idiot que l'amour, n'est-ce pas ?

— Non, c'est aussi idiot que l'amour, répondit Jamaguchi.

— Et maintenant ? Devons-nous suivre les prières à la trace ? Chercher l'endroit où elles vont ?

LoveStar frissonna à cette idée.

Ils échangèrent un regard. Les questions de LoveStar étaient inutiles. Rien n'arrête une idée.

— Si nous ne le faisons pas, quelqu'un d'autre s'en chargera, conclut-il.

LOVEDIEU

LoveStar et Jamaguchi passèrent les mois suivants à jeter les bases de la plus récente et plus confidentielle branche de l'empire : LoveDieu. On préférait s'abstenir de prononcer le nom dudit service et jamais on ne le couchait sur le papier. Les seuls à être au courant du projet étaient quelques rares membres du département d'Étude des oiseaux et papillons, Jamaguchi, la directrice, ainsi que LoveStar lui-même.

Des milliers d'explorateurs furent dépêchés partout dans le monde, équipés d'instruments de mesure, sans qu'aucun d'entre eux ne sache ce qu'il devait chercher. Afin de ne pas éveiller les soupçons, on leur demanda non seulement d'explorer les abords des églises, des temples, des monastères et des mosquées, mais également ceux des autoroutes, des centres commerciaux, des écoles, des usines et des terrains de jeu. Ces arpenteurs n'avaient pas même un écran sous les yeux, une simple pression sur un bouton transmettait immédiatement les résultats enregistrés au centre de données qui les traitait. Les mathématiciens indonésiens travaillant sur ces résultats n'avaient aucune idée du lien qu'entretenaient tous ces calculs avec la réalité. Les informaticiens indiens qui rassemblaient les conclusions des mathématiciens ignoraient la nature des informations qu'ils collectaient et pour quelle entreprise ils travaillaient. On ne jugea pas nécessaire d'informer Ívanov, le directeur de Love-Mort, et Jamaguchi exigea que Ragnar, le directeur d'ÍSTAR, soit tenu à l'écart du projet aussi longtemps que possible.

Ragnar Ö. Karlsson faisait office de médiateur en cas de conflit entre ÍSTAR et les ornithologues. Le dernier produit d'ÍSTAR avait rendu Jamaguchi folle de rage : on avait introduit sur le marché un style « oiseaux et papillons ». En réalité, il s'agissait d'une plaisanterie des dirigeants d'ÍSTAR qui avaient créé une ligne No Design de vêtements et de décoration intérieure, inspirée de l'attitude « libre et brute de décoffrage » des membres du département d'Étude des oiseaux et papillons. Le concept s'accompagnait d'une nouvelle « philosophie » du design et de l'architecture. La ligne de produits No Design avait connu un succès fulgurant et se vendait dans des milliers de boutiques soigneusement « hors norme » partout dans le monde.

Ragnar était alors à la tête d'ÍSTAR depuis quatre ans. Jusque là, LoveStar avait toujours entretenu une relation fructueuse avec les dirigeants du service, mais ces derniers finissaient presque tous par se consumer au bout de cinq à sept ans. Au fil du temps, LoveStar s'était dit qu'il était vain de lier connaissance avec les dirigeants d'ístar, ce qui expliquait qu'il n'était pas plus proche de Ragnar que de son prédécesseur. Cela n'avait aucun effet sur leur ambition et cette distance semblait plutôt accroître le respect qu'ils éprouvaient à son égard. Ragnar avait surpassé l'ensemble de ses prédécesseurs, aucun membre du service Ambiance n'ayant jamais réussi à étendre l'empire LoveStar avec autant de succès.

Ragnar organisait des réunions de bilan trimestrielles avec Jamaguchi et LoveStar. Cette fois-ci, il était confronté à un épineux problème. Il se devait d'évoquer les perspectives de développement de l'entreprise, ou plus précisément, leur réduction. LoveStar et Jamaguchi entrèrent dans la salle. Vêtue d'une blouse blanche et d'un vieux pantalon de jogging, Jamaguchi grommela quand, un sourire narquois aux lèvres, Ragnar complimenta son look No Design. Puis, ayant repris son sérieux, il projeta des graphiques, des diagrammes, des histogrammes et des textes sur l'écran :

— Du côté des hébergeurs, des traquenards et des espions, les nouvelles sont bonnes. Les systèmes fonctionnent, fournissent d'excellents résultats qui devraient se poursuivre à moyen terme. Le secteur Presse est florissant, grâce à la meilleure accessibilité de nos produits et Love-Mort a atteint sa taille définitive, comme vous le savez. Nous prenons ce que la mort nous envoie et cela ne représente que peu de travail pour les employés du service Ambiance, surtout maintenant que les comités de santé publique des pays de l'UE et de l'UA (l'Union africaine) ont proscrit l'ancienne méthode. Je dois en revanche vous faire part des conclusions très préoccupantes de la toute dernière enquête d'ÍSTAR concernant les personnes unies par calcul. Les effets indésirables d'inLOVE s'avèrent nettement plus sérieux que nous ne l'avions prévu. Hélas, les individus calculés posent beaucoup de problèmes à ÍSTAR. On ne peut pratiquement leur vendre aucun produit car ils n'ont besoin de rien. Ils présentent des indicateurs plus bas que des jumeaux partageant les mêmes centres d'intérêt, et plus mauvais que ceux du groupe cible des hippies ou des moines. Ils se regardent dans les yeux, cueillent des myrtilles et flânent sur les plages. Les calculés vont même jusqu'à délaisser leurs lentilles. La contemplation mutuelle leur suffit. Le commerce et les services se sont effondrés là où ils représentent un pourcentage élevé de la population, sans parler du fait qu'après avoir été unis par les calculs, nombre de commerçants ont mis la clef sous la porte. Ces zones ont également vu s'effondrer le marché des aboyeurs et des traquenards et toutes les informations qu'on avait rassemblées sur le compte de ces gens ne nous sont plus d'aucune utilité. Nous avons testé leurs réactions face à des publicités automobiles à connotation sexuelle. Néant. Nous avons étudié sur quarante femmes calculées dont le poids oscillait entre cent et cent vingt kilos, la manière dont elles répondaient au stimulus : « Êtes-vous entièrement satisfaite de votre apparence ? » Elles restaient impassibles. Nous nous sommes penchés sur leurs centres d'intérêt : leur conjoint. Nous leur avons demandé à quoi devait ressembler ce dernier : à ce qu'il est. Si vous pouviez changer quoi que ce soit chez lui, que choisiriez-vous ? Rien ! ont-elles répondu à 97,9 %. À ce rythme-là, l'économie mondiale ne tardera pas à s'effondrer. Et même si une partie de l'humanité ne parvient pas à être unie à cause de décès prématurés ou de famines ici et là, il n'empêche qu'inLove est tout simplement une nouvelle forme d'opium ! Je ne peux m'empêcher de poser quelques questions : doit-on augmenter l'âge auquel les individus sont calculés ? Est-il défendable de les calculer avec une telle précision ? Ne faisons-nous pas fausse route ? Vous devez tout de même voir que les priorités ne sont pas les bonnes et qu'on met la charrue avant les bœufs ! Le bonheur serait-il la voie la plus sûre de foncer droit dans le mur ? Que comptez-vous faire pour remédier au problème ?

LoveStar garda le silence un bref instant avant de répondre, haut et clair :

— Rien.

— Rien ? s'alarma Ragnar.

— Non.

— Comment ça ? Il faut quand même faire quelque chose !

— Non, nous allons attendre.

— Attendre quoi ?

— Les résultats de nos recherches.

— De quelles recherches ? s'enquit Ragnar, tout ouïe.

— Ne lui dis rien ! s'exclama Jamaguchi en regardant intensément LoveStar. Ne lui explique pas davantage !

Ragnar fronça les sourcils. Après un bref instant de réflexion, LoveStar lui répondit simplement :

— LoveDieu.

— LoveDieu ?

Jamaguchi serrait les poings sous la table. LoveStar se tourna vers elle.

— Jamaguchi, explique à Ragnar le projet Love-Dieu, de toute manière, il devra s'en occuper tôt ou tard.

— Je ne comprends pas de quoi vous parlez, s'agaça Ragnar, déconcerté.

— Des événements grandioses se préparent, nous ignorons leur nature exacte, mais jusqu'à ce qu'ils adviennent, nous ne prendrons aucune décision radicale.

LoveStar quitta la salle de réunion et Jamaguchi exposa à contrecœur le projet à Ragnar.

De jour comme de nuit, LoveDieu assaillait Ragnar, au point que ce dernier se désintéressait des questions d'ambiance, de l'évolution de la mode, des marques, du packaging, des slogans et des formules percutantes. Tout cela semblait bien pâle face aux perspectives offertes par le nouveau projet.

Au bout d'un certain temps, n'y tenant plus, il se reprit en main. Il s'arrangea pour recevoir une avalanche de compliments, cira ses chaussures, se brossa les dents et s'habilla à la toute dernière mode : chaussures, jean et T-shirt assortis, No Design de rigueur, le tout acheté chez le même fabricant. Il mit un soin extrême à négliger sa coupe de cheveux, puis sollicita un rendez-vous auprès de LoveStar et, lorsqu'il entra dans le bureau, il était l'assurance incarnée.

— Je voudrais te faire part d'un certain nombre d'idées concernant LoveDieu, annonça-t-il.

— Nous n'en sommes pas encore à définir l'ambiance et la stratégie de communication, mon cher Ragnar, je pensais avoir été assez clair, répondit LoveStar d'un ton ferme. Nous t'informerons en temps utile...

— J'ai réfléchi à ce truc concernant les prières et au fait qu'elles convergent toutes vers un même lieu. Que prévoyez-vous de faire de cet endroit, si vous parvenez à le trouver ?

— Nous n'en avons pas discuté. Nous ne pouvons rien décider tant que nous ne connaissons pas le lieu et que nous ignorons sa configuration.

LoveStar avait passé le plus clair des mois précédents à tenter de se représenter l'endroit où les prières du monde pouvaient bien atterrir. Il s'était imaginé un être, une pyramide, une tour, une pierre, un écrin, une montagne, un palais, une forêt, une source, un étang... Il s'était imaginé toutes ces choses, ce lieu l'obsédait de jour comme de nuit. Chaque fois qu'il rêvait, il se voyait dans un désert où son corps ne projetait aucune ombre.

— Mais on suppose que toutes les prières aboutissent en un seul et même lieu, n'est-ce pas ? s'enquit Ragnar.

— Tout indique que oui.

— Dans ce cas, les prières sont *stockées* à cet endroit, non ?

— Probablement.

— Et si nous le découvrons, nous pourrons lire le tout, n'est-ce pas ?

— Ce n'est pas exclu, mais puis-je te demander…

Ragnar interrompit LoveStar :

— Imagine un peu le véritable puits de pétrole qu'un tel endroit serait pour ístar ! Cela nous permettrait d'atteindre chaque être humain en plein cœur et d'avoir un accès direct à ses désirs, ses obsessions et ses souhaits les plus chers !

— Nous marchons sur des œufs, c'est le moins qu'on puisse dire, répondit LoveStar d'un ton ferme.

— … et si nous parvenons en plus à *envoyer* les prières jusqu'à cet endroit, alors cela signifiera que nous aurons découvert chez l'être humain un système intégré et naturel de communication à distance. Je me trompe ?

LoveStar commençait manifestement à perdre patience.

Ragnar parlait de plus en plus vite, jamais LoveStar ne l'avait vu dans un tel état.

— Te rends-tu compte que nous aurions alors entre les mains un système qui vaut de l'or ? Aucun fil, aucun appareil, connexion directe intégrée. Imagine que tu aies faim. Tu fermes les yeux et tu pries : Cher Dieu, j'ai envie d'une pizza au jambon et à l'ananas. Nous réceptionnons le message, nous avons passé des accords avec, disons, Domino's et il suffit que tu dises Amen pour confirmer ta commande.

Puis tu reçois ta pizza encore fumante en un clin d'œil ! Il n'y a pas plus simple ! Les contraintes techniques brident ístar. Pour l'instant, nous devons nous contenter d'influer sur les réactions physiologiques primaires. Nous pouvons faire aboyer des slogans aux gens, les amener à se contorsionner dans tous les sens ou encore à pleurer, mais ce sont des mani-. festations physiques qui n'ont aucun lien avec leur âme. Quand un traquenard se met à pleurer, il verse toujours des larmes de crocodile. La mise au point de cette nouvelle technologie nous permettra sans doute d'envoyer les publicités au plus profond de l'âme des cibles. Y as-tu réfléchi ? Imagine que nous soyons capables d'envoyer des messages qui emprunteraient le même chemin que les prières, que nous ayons la capacité de faire parvenir aux gens des choses qui tiendraient de l'illumination, de la révélation ou de l'intime conviction ! Cela nous rendrait capables de parler directement à leur cœur comme une voix impérieuse descendue des cieux ! Si seulement nous pouvions nous adresser directement à la conscience. Imagine les sommes qu'une entreprise serait prête à débourser pour un pincement au cœur, pour qu'à chaque fois que tu passes devant un produit, tu aies un pincement au cœur !

Terrifié, LoveStar le regardait s'enflammer sous ses yeux. Il ne dormait plus depuis une semaine, s'efforçant de chasser de son esprit des idées semblables à celles que Ragnar venait d'énoncer. Il les avait réprimées dans l'espoir de les voir mourir, emportées aux quatre vents, mais les idées ne meurent pas. Il était bien placé pour le savoir. Elles étaient toutes réapparues dans la tête de Ragnar qui n'était plus lui-même et semblait ivre. En général, il était plutôt vif et de bonne humeur, mais là, c'était autre chose. Il était véritablement shooté aux idées.

— Est-ce que tu m'écoutes ? demanda-t-il, fiévreux. Il y a un problème ?

— Non, répondit LoveStar en le fixant, tétanisé.

— Bon, reprit Ragnar. Il ne s'agit bien sûr pas uniquement de business. Nous aiderons aussi les gens. Imaginons que tu croises des gars qui veulent en découdre avec toi. Tu envoies une prière : Cher LoveDieu, au secours ! Il y a quatre méchants qui veulent me mettre une trempe ! Ragnar semblait vivre l'histoire qu'il racontait. Il avait adopté la posture physique de celui qu'on menace, s'était mis à genoux et avait fait semblant de prier : CHER LOVEDIEU AU SECOURS ! IL Y A QUATRE MÉCHANTS QUI VEULENT ME METTRE UNE TREMPE !!!

— Comment ça, cher LoveDieu ?

— Eh bien, peu importe à qui on s'adresse. Les prières ont toutes la même destination, n'est-ce pas ? Qu'on dise cher Dieu, cher Bouddha ou cher Allah ne change pas grand-chose à l'affaire. On pourrait tout aussi bien dire : Cher LoveStar, viens à mon secours ! Et que se passe-t-il ensuite ? Le message est transmis directement aux Anges ! LES ANGES ACCOURENT POUR TE SAUVER !!!

— Aux anges ?

— Oui, nous créerons des brigades spéciales que nous baptiserons les Anges. Ceux qui seront abonnés au service LoveDieu pourront faire appel à eux, les autres n'auront qu'à s'adresser à la police ou demander à Dieu lui-même de voler à leur secours.

— Et nous, nous ne les aiderons pas ?

— Ceux qui ne seront pas abonnés devront s'en remettre à Dieu ou à la police pour peu qu'ils parviennent à la joindre au 112. Sans quoi, nous n'aurions jamais les moyens de financer les Anges.

— *Abonnés*, dis-tu ?

— Oui, ceux qui auront le droit de prier, nos abonnés.

— Mais tout le monde a le droit de faire des prières.

— Tout se paie, tu crois peut-être que personne n'a payé les églises bâties au Moyen Âge ? La basilique Saint-Pierre est toujours debout et elle a été financée par les indulgences ! Dieu aurait pu la réduire en poussière, mais il ne l'a pas fait. Or cet édifice gigantesque a été construit à une époque en proie au dénuement et à la famine. Nous ne faisons que suivre l'exemple de l'Église. Nous instaurons une ambiance autour de LoveDieu et nous encourageons la population à lui envoyer ses prières.

LoveStar fixait Ragnar, ahuri. Il peinait à digérer tout ce qu'il venait d'entendre. Jamais il n'avait vu un membre du service Ambiance aussi gravement atteint. Ragnar était un grand malade. Toutes ses idées avaient été engendrées par le projet Love-Dieu. Et lorsqu'on aurait découvert le lieu vers lequel convergeaient les prières, elles seraient immanquablement exaucées. Rien n'arrête une idée et rien n'empêche qu'on exploite une piste jusqu'au bout.

— Mais… et Dieu dans tout ça ? murmura LoveStar.

— C'est lui qui en tirera le plus de bénéfice. Tout ça lui donnera un petit coup de fouet. La fréquentation de son réseau montera en flèche pour atteindre un milliard de visites quotidiennes. Ce sera comme au bon vieux temps, à la grande époque où l'Église le portait à bout de bras. Elle a officié pour lui pendant des milliers d'années. Puis la science est arrivée, elle a pris le pouvoir et l'Église n'a plus été en mesure de préserver sa cote de popularité. Or le projet LoveDieu allie Dieu à la science. Et on ne touchera pas uniquement le petit groupe cible de ceux qui croient à tout et n'importe quoi : Dieu, Elvis, les elfes et les extraterrestres, mais aussi tous ceux qui se sont détournés des églises et des temples pour embrasser la science. Nous trouvons cet endroit, nous l'amenons ici, dans le nord, et nous le rendons célèbre. C'est en notre pouvoir ! Chacun y trouvera son compte ! Il en tirera bénéfice, nous aussi, nos abonnés également et tout le monde sera content !

LoveStar avait prévu qu'il en irait ainsi. Il était évident que dès qu'on localiserait le lieu où arrivaient les prières, on trouverait un moyen de le transférer dans le nord. Ainsi, tout serait concentré en un seul siège : LoveMort, le cœur de la mort, inLove, celui de l'amour et enfin, LoveDieu, le cœur de toute chose.

Ragnar compta sur ses doigts :

— Et là, nous aurons premièrement LoveMort, la clef de voûte de la mort, deuxièmement inLove, le siège de l'amour et pour finir LoveDieu ! L'amour, la mort et Dieu réunis en un seul et même lieu ! Tout ça en un endroit unique ! Tu imagines un peu ? Nous drainerons chaque année un milliard de visiteurs ! L'humanité unie par les calculs d'inLove, expédiée dans les airs par LoveMort et tout entière en prise directe avec LoveDieu. Ce sera l'avènement de LoveMonde. Le monde. La Terre. LoveMonde, LoveWorld. Génial ! Hein ?

Ragnar s'attendait à une réaction, mais LoveStar était sans voix. En général, c'était lui qui tenait ce genre de discours. D'habitude, c'était lui qui était l'esclave de l'idée, mais là, il observait Ragnar en se disant, non merci, très peu pour moi.

— Merci, déclara-t-il d'un ton aussi formel que possible. Dès que nous pourrons mettre à profit tes ressources, tu en seras informé.

— Ça ne te plaît pas ? Tu ne trouves pas ça fantastique ?

LoveStar savait Ragnar dans une situation périlleuse. Accueillir ses idées avec trop d'enthousiasme n'aurait fait que jeter de l'huile sur le feu. Les accueillir défavorablement serait également revenu à jeter de l'huile sur le feu. Ragnar risquait d'exploser en vol d'une manière ou d'une autre. Il n'y avait rien à faire. Même s'il s'était emparé d'un révolver pour lui tirer une balle entre les deux yeux, l'idée se serait échappée par la blessure due au projectile et se serait installée dans la tête d'un autre homme qui serait venu le voir en rampant pour lui dire : « Je vous prie de m'excuser, LoveStar, mais je voudrais vous faire part de quelques idées concernant LoveDieu... »

— Je te contacterai, Ragnar, tu as tant de choses intéressantes à apporter.

Ragnar était lentement sorti du bureau, l'air dubitatif. Il s'était manifestement attendu à un peu plus d'enthousiasme. Son regard brillait, sa pupille était dilatée au maximum. C'étaient là des symptômes bien connus de LoveStar qui ne put s'empêcher de lui poser une dernière question.

— Pardonne-moi, Ragnar, mais puis-je te poser encore une question ?

— Bien sûr.

— Pourquoi ? demanda LoveStar.

— Pourquoi ?

— Oui, pour quelle raison nous lancerions-nous dans tout cela ? Dans quel but ? Avec quel objectif ?

Ragnar le regarda, ahuri, comme si la réponse crevait les yeux.

— Enfin !

— Mais à quoi crois-tu qu'il ressemble, celui qui est le destinataire de toutes les prières ? Et ces prières, qu'en fait-il ?

— Tu pries pour quelque chose : une bonne récolte, une longue vie, l'amour, le bonheur, la prospérité, la chance. Il y a une demande pour ces choses qui ne sont pas achetables. S'il écoute tes prières, il donnera plus de soleil, fera tomber la pluie, améliorera la moisson, accroîtra la fertilité. Ce faisant, il satisfera le client, plus de gens croiront en lui et il récoltera davantage de prières.

— Dans ce cas, pourquoi y a-t-il malgré tout des famines et des récoltes désastreuses ?

— Les prières vont toutes au même endroit, mais ce Dieu est sans doute seul. Il y a pénurie de dieux. S'ils étaient deux, ils entreraient en concurrence pour satisfaire les prières. Si les gens pouvaient s'adresser à l'un des deux, l'autre serait bien forcé d'améliorer ses services et la qualité de la vie. Tu ne crois pas ? Il doit bien y avoir un objectif, n'est-ce pas ?

— Je vois, répondit LoveStar, les yeux rivés à la vitre.

Finalement, Ragnar n'était pas aussi fort qu'il l'avait imaginé.

— Par conséquent, il faudrait un autre Dieu ? poursuivit-il.

Ragnar lui adressa un regard halluciné.

— Et cet autre Dieu, c'est TOI.

UNE LUCIOLE

« Et cet autre Dieu, c'est toi », s'était enflammé Ragnar. C'est alors que LoveStar perdit le sommeil. Il passa son temps à attendre, reclus dans son bureau. Il s'allongeait sur sa banquette et fixait le plafond, s'asseyait à sa table de travail et dessinait, s'installait dans son fauteuil et se livrait à du calcul mental. Il était trop tard pour mettre un coup d'arrêt aux recherches : quelque part au creux de la nuit, une idée s'était emparée d'un homme. Il se méfiait de Ragnar et s'efforçait de surveiller ses allées et venues ainsi que la teneur de ses écrits et de ses messages.

Parfois saisi de tremblements incontrôlables, ses jambes refusaient d'avancer ou sa main d'écrire. Il s'installait alors dans un canapé moelleux et se reposait les yeux en regardant un étang perdu dans la jungle indienne. Le sol de la forêt était tapissé de fougères et l'étang couvert de nénuphars blancs. Une grenouille flottait, les yeux à la surface. La canopée filtrait les rayons du soleil, c'était la clarté idéale, il n'avait besoin ni de plisser les yeux, ni

de scruter longuement les zones d'ombre. Il respirait, écoutait le bourdonnement des mouches et
se rafraîchissait la vue devant cet étang aux eaux
limpides.

— Où es-tu ? lui demanda la voix lointaine de
Jamaguchi.

Il lui communiqua ses coordonnées.

— Que c'est beau !

— Et toi, où es-tu ? renvoya LoveStar.

— Je suis la luciole.

Une luciole fendit l'air en biais au-dessus de
l'étang.

— Où es-*tu* ? interrogea-t-il à nouveau.

— À côté de toi.

LoveStar sentit un corps s'installer à sa droite et
une main se glisser au creux de sa paume, une main
fine, qui lui était familière.

— J'ai l'impression que nous perdons le contrôle
du service Ambiance, déclara-t-il.

Une goutte d'eau qui venait de tomber d'une
feuille dessinait des cercles à la surface de l'étang.

— Je t'avais pourtant mis en garde contre ístar,
observa Jamaguchi.

— Nous ne serions pas aussi puissants s'ils
n'existaient pas, fit remarquer LoveStar. Le service
Ambiance transforme tout ce qu'il touche en or.

— Ils veulent que chacune des idées qui naissent
au département d'Étude des oiseaux et papillons
débouche sur la fabrication de nouveaux produits.
Ils ne voient rien de la beauté qui habite l'idée
en soi.

La luciole alla se poser sur un nénuphar.

— On se demande ce qui les motive, déclara LoveStar. Ragnar est pourtant philosophe, comment a-t-il pu changer aussi vite ?

— Il y a une explication biologique, répondit Jamaguchi.

— Tu expliques tout par la biologie.

— Ils vivent dans un cycle mortifère. Tu incites leur cerveau à concevoir des emballages, des enveloppes qui ne sont que surface et s'ils ne se méfient pas, leur univers intérieur finit par être à l'image de l'extérieur. La surface et les apparences deviennent leur seule profondeur. Tu me suis ? Quant à l'enveloppe ou disons l'emballage, il se confond avec son contenu. Mais il ne contient que du vide. Le cerveau a besoin d'une chose dont il ignore la nature et se met à puiser dans ses réserves comme celui d'un homme affamé, l'esprit aspire à la même chose que le corps et le cerveau commence à se consumer.

Une tortue grise rampait vers eux sur une souche d'arbre vermoulue. LoveStar garda le silence un instant, la main de Jamaguchi dans la sienne.

— Tu es dure, observa-t-il, tu as toujours détesté ÍSTAR.

Un perroquet était perché sur une branche et les insectes bourdonnaient dans la canopée.

— Est-il possible de renoncer à LoveDieu ? suggéra LoveStar. Ne pourrions-nous pas faire comme si nos cerveaux n'avaient jamais engendré cette idée ?

— Qu'en penses-tu ? renvoya Jamaguchi.

— Même si nous abandonnons le projet, quelqu'un d'autre poursuivra les recherches.

La grenouille plongea. On entendit au loin le vrombissement de moteurs.

— Nous ferions mieux de nous mettre à l'abri, les pelleteuses arrivent, dit Jamaguchi.

— Comment ça, les pelleteuses ?

— Celles qui viennent extraire la bauxite. Le sous-sol de cette forêt et de cet étang contient une couche de minerai épaisse de vingt mètres.

— Et nous ne pouvons pas les arrêter ?

— LoveMort renouvelle sa flotte et pour ça, il faut de l'aluminium.

LoveStar contempla l'étang où il était si souvent venu se reposer les yeux.

— Je vais décommander cette bauxite.

— C'est inutile, il se trouvera toujours quelqu'un d'autre pour l'acheter. ÍSTAR a fait photographier l'endroit, on en gardera trace dans l'ordinateur-mère. Le procédé permettra au moins de conserver le souvenir de ce lieu.

Ils transférèrent leur regard dans le bureau de LoveStar. Jamaguchi continuait de lui tenir la main. Il posa sa tête sur son épaule.

— Que vas-tu faire de Ragnar ? demanda-t-elle. Quelles sont ces idées dont il t'a parlé ?

— Peu importe. Je vais le court-circuiter en le transférant chez LoveMort.

— Tu n'y arrivas pas, répondit Jamaguchi, il démissionnera.

— Non, il ne démissionnera pas, mais il faut que je réussisse à le neutraliser.

COURT-CIRCUITER
UN MEMBRE DU SERVICE AMBIANCE

— Tu veux m'envoyer chez LoveMort, mon cher ? s'étonna Ragnar en apprenant la nouvelle.

Ragnar gardait la tête haute, même si sa voix était légèrement tremblante.

— Je te charge temporairement du service Ambiance de LoveMort et ne m'appelle pas mon cher.

— Je te remercie de cette marque de confiance, mais tu ne crois pas que mon énergie serait plus utile si je restais à l'Ambiance globale chez ÍSTAR ou si je m'occupais de... LoveDieu ?

— Tu gèreras le service Ambiance de LoveMort, ainsi tu continueras à officier dans ton domaine d'excellence.

— Pardonne-moi, mon cher LoveStar, mais tu es tout de même conscient que LoveMort n'a absolument pas besoin d'un communiquant de mon envergure. En tant que directeur d'ÍSTAR, j'ai une vue globale des services Ambiance et Image de notre empire et je t'assure qu'il n'y a rien d'intéressant à faire dans ce domaine chez LoveMort. L'image de la filiale est stable. Il n'y a aucun défi à relever. Crois-moi, si on veut essayer d'atteindre le nombre extrêmement restreint de gens qui, pour une raison ou une autre, n'optent pas pour LoveMort, on ne rentrera pas dans nos frais.

— Tu trouveras bien à t'occuper. Maintenant, plus un mot là-dessus.

Ívanov apparut derrière Ragnar, puis le conduisit chez LoveMort. Il lui indiqua un bureau poussiéreux où Ragnar s'installa en s'efforçant de ne pas se laisser abattre. À chaque minute passée dans cet endroit infâme, au milieu d'étagères et de placards complètement démodés, son image se brouillait et s'effritait, à mille lieues des babioles tape-à-l'œil d'inLove, à mille lieues des nouveautés sans fil. Il était devenu invisible : les smokings, le sexe, les voitures de sport et les belles femmes s'étaient évanouies. Le service Ambiance de LoveMort était en grande partie automatisé et commandé par ordinateur, le petit nombre d'employés qui y travaillaient avaient le cerveau tellement grillé qu'ils convoquaient des réunions pour déterminer le ton adéquat du plus banal faire-part de décès. En s'installant à une table ronde en compagnie de ces flétans pour réfléchir aux cadeaux que le clown Lalli LoveMort offrirait aux gamins, il avait l'impression d'être devenu membre d'une communauté d'hurluberlus.

La vitesse, la nouveauté, un environnement hostile et les soubresauts de la croissance sont les moteurs de la création et du développement de l'ambiance, or LoveMort était aussi fiable que stable, comme les chantiers navals de Gdańsk, un poste de fonctionnaire des douanes ou d'une compagnie d'énergie. Ragnar y végétait, cerné par d'antiques écrans qui passaient en boucle de vieilles vidéos de l'ambiance révolue des années dorées : lancements pionniers et stars oubliées de longue date. Les employés d'ÍSTAR appelaient ça ironiquement *l'ambiance mortelle*.

Ragnar parvint malgré tout à sauver la face. Lors de son entrevue suivante avec LoveStar, il se montra humble et ne laissa rien paraître de l'humiliation qu'il avait subie.

— J'ai compris, mon cher, dit-il. Tu me mets à l'épreuve. Tu veux voir ce que j'ai dans les tripes avant de faire de moi ton bras droit. Tu enfermes mes idées afin qu'elles se concentrent en un noyau que tu pourras ensuite briser et libérer au moment où LoveDieu deviendra réalité.

LoveStar se plaça en retrait pour observer Ragnar. Il se réjouissait de le voir de plus en plus affligé de tics nerveux et oculaires, et de sautes d'humeur. Parfois, Ragnar restait assis, comme anesthésié, puis tout à coup, il piquait une colère et se retrouvait exalté une demi-heure plus tard. Une idée voulait à tout prix s'échapper de sa tête, quitte à lui percer le crâne et lui faire perdre la raison. Mais chaque fois qu'il semblait atteindre le point de rupture, chaque fois que son cerveau était au bord d'exploser, il se remettait d'aplomb, s'installait bien droit dans son fauteuil et regardait les lancements qui s'enchaînaient, comme hypnotisé. LoveStar n'avait évidemment pas accès à ce qui se tramait dans les profondeurs de son esprit sans fil et il ne voyait pas le *dessein* que Ragnar échafaudait.

Un jour, Ívanov appela LoveStar en lui demandant de venir aussitôt à LoveMort. Il accourut, espérant vivement que Ragnar avait enfin explosé, mais c'était loin d'être le cas. Au mieux de sa forme, il l'attendait dans une salle de réunion. L'air résonnait des coups de marteau des menuisiers venus démonter les vieilles étagères et les vieux placards.

— Allez, Ragnar, expose-lui ton projet, s'enthousiasma Ívanov tout en se frottant les mains d'impatience.

Ragnar se leva en toussotant.

— Il est difficile d'instaurer un supplément d'ambiance autour de LoveMort. Je suis incapable de vous présenter les résultats de nos campagnes de marketing, du reste, je ne vois pas ce que j'aurais à dire. LoveMort ne se développe pas, on ne saurait augmenter la production de la mort sans nuire à notre image.

— Ha ! Ha ! s'esclaffa Ívanov en hennissant, tant il exultait.

— La mort produit à une certaine cadence, poursuivit Ragnar. Les seules tâches auxquelles nous devons nous atteler sont celles de la réduction des coûts et de la productivité, mais c'est là le rôle des économistes et des ingénieurs plutôt que celui du service Ambiance. La semaine dernière, j'ai regardé une foule de fusées s'envoler dans

296

l'atmosphère. Je me suis mis à penser à toutes les commandes que nous avons manquées au fil du temps, et qui restent en suspens çà et là sur terre, causant soucis et désagréments à tous. Alors, j'ai eu une idée.

Ragnar inspira profondément, agita les bras et martela ses propos avec une force de conviction digne d'un prophète :

— LES FESTIVITÉS DU MILLION D'ÉTOILES ! NOUS ALLONS ENVOYER DANS L'ESPACE CENT MILLIONS DE CORPS ! CENT MILLIONS DE CORPS QUI FORMERONT COMME UN ANNEAU DE SATURNE AUTOUR DE LA TERRE ! NOUS ALLONS NETTOYER LES CIMETIÈRES DU MONDE ! NOUS RÉCUPÉRERONS LES ZONES URBAINES LES PLUS COTÉES DES GRANDES MÉTROPOLES ! NOUS CONSTRUIRONS SUR CES TERRAINS ET NOUS FERONS PLEUVOIR SUR TERRE CENT MILLIONS D'ÉTOILES FILANTES !

LoveStar se boucha les oreilles, refusant d'en entendre plus. Il dépêcha désespérément son regard et son ouïe en quête d'un lieu où se reposer, mais ses yeux ne retrouvèrent pas l'étang dans la jungle. L'emplacement n'était plus qu'un bourbier de terre rougeâtre, traces de pneus et végétation saccagée en putréfaction à perte de vue. On n'entendait que le bruit assourdissant de la circulation et de la foule ou les hurlements des compétitions sportives. Il tenta de se déplacer, mais soit la lumière du soleil l'aveuglait, soit il faisait trop sombre, soit il y avait trop de bruit. Il revenait par intermittence dans sa tête et, constatant que Ragnar en avait fini, il interrogea Ívanov :

— Tu es d'accord avec ça ?

— C'est une idée de génie !

Une femme chauve portant des lunettes vertes et vêtue d'une blouse de médecin No Design frappa à la porte.

— Pardonnez-moi, c'est l'architecte d'intérieur, s'excusa Ívanov. Alors, le projet est accepté ?

LoveStar hocha la tête, Ívanov fit quelques mamours à l'architecte d'intérieur et laissa les deux hommes seuls dans la salle de réunion. Ragnar, l'ancien directeur d'ÍSTAR, avait accompli l'impossible en renversant la situation à son avantage. Il avait placé l'ensemble de l'appareil de LoveMort et par là même ÍSTAR dans son orbite.

— Continue, dit LoveStar. Prends conseil auprès d'Ívanov. Je ne m'occupe pas de tout ça.

Il se leva pour sortir, et Ragnar murmura dans son dos :

— *Et les morts se relèveront !*

LoveStar fit volte-face.

Ragnar affichait un sourire indéchiffrable et un regard illuminé :

— Quand tu auras trouvé l'endroit, quand tu auras trouvé Dieu, quand tu deviendras Dieu, nous ferons tomber tous ces corps sur terre et ils se consumeront pendant les Festivités du million d'étoiles. La mort n'existera plus sur terre. La terre sera libérée de la mort et de la pourriture. Exactement comme dans la prophétie qui annonce l'avènement d'un sauveur : « Et tous les morts se relèveront, qu'ils aient fait le bien ou le mal. »

LoveStar s'approcha, menaçant, et éructa entre ses dents :

— Fiche-moi la paix ! Va-t'en !

— Je comprends, répondit Ragnar, tu as besoin d'un peu de temps...

Ragnar connaissait son métier. Une atmosphère nouvelle et inattendue auréolait LoveMort. Il était le cerveau des Festivités du million d'étoiles en même temps que le porte-parole du projet. On voyait partout Ragnar le Magicien, ce chef du service Ambiance qui, reconverti, était devenu un modèle pour les leaders et les gouvernants du monde entier : « Prenez des risques : acceptez de vous abaisser et montrez ce que vous avez dans le ventre. »

LoveStar ouvrit *Newsweek* qui titrait : *En route vers la fête des étoiles !*

Festivités du million d'étoiles de LoveMort : le spectacle le plus grandiose de tous les temps !

C'est Ragnar Ö. Karlsson, âgé de trente-sept ans et chef du service Ambiance de LoveMort qui a eu l'idée de ces festivités il y a quelques mois. Il s'est alors fait muter chez LoveMort, quittant son poste très enviable de directeur d'ÍSTAR pour mettre en œuvre son idée. Cent millions de corps humains formeront un anneau de Saturne autour de notre planète et cent millions d'étoiles filantes tomberont simultanément des cieux. L'humanité assistera sans aucun doute au spectacle le plus grandiose de tous les temps.

— Sachant que la Terre connaît une alternance de jour et de nuit, les Festivités suivront-elles la course du Soleil dans la voûte céleste ?

— Ce n'est pas nécessaire. La lumière sera d'une telle intensité et d'une telle magnificence qu'il fera clair comme en plein jour partout sur la planète et ce, d'autant plus que les défunts seront revêtus de combinaisons plus épaisses que d'habitude.

LoveStar balança le magazine pour allumer CNN [groupe cible : femmes / licence universitaire + /45 +]. La journaliste brune à l'écran interrogeait :

— Vous avez évoqué dans *Newsweek* des combinaisons plus épaisses. Les défunts ne risquent-ils pas de paraître obèses ?

— Loin de là. Nous pouvons même vous en faire essayer une tout à l'heure (*rire*). Ce sont des produits magnifiquement conçus et nous avons justement pris garde à ce que les gens n'aient pas l'air pataud pour leurs dernières heures. Nous utilisons des fibres de céramique d'une qualité particulière : au lieu de brûler en vingt secondes, les corps du million d'étoiles se consumeront pendant un peu plus de quatre minutes.

LoveStar passa à BBC World [groupe cible : hommes / MBA / doctorat + / 35 +].

— Vous étiez à la tête d'ÍSTAR et, malgré votre jeune âge, tout le monde vous considérait comme le communiquant le plus influent de notre siècle, sans compter LoveStar, bien évidemment. Pour quelles raisons vous a-t-on rétrogradé à LoveMort ?

— Certains ont effectivement cru qu'on me mettait au placard, mais LoveMort avait besoin d'un regain d'ambiance. J'ai sollicité ce poste. Tout cela fait partie d'un plus grand projet, disait-il en regardant droit vers la caméra. Cela fait partie d'un dessein bien plus vaste.

— À quel moment auront lieu les Festivités du million d'étoiles ?

LoveStar éteignit le programme pour passer à un forum de discussion destiné au groupe cible Arts et Culture, hébergé par la radio nationale suédoise.

— J'ai toujours été naturellement porté vers la création et je considère l'art et l'ambiance comme une seule et même chose. Les tours qui s'élèvent maintenant dans les grandes villes sont presque des sculptures, leur architecture est parfaitement organique, elle s'inspire d'ailleurs de la nature. Un grand nombre d'historiens des arts considèrent les Festivités du million d'étoiles comme une œuvre conceptuelle. Le simple fait de créer un anneau de Saturne autour de la Terre est la plus grande œuvre de land art dans l'histoire de l'humanité.

— Mais n'avez-vous pas arrêté une date précise ?

— Je vous le répète : nous ne pouvons pas encore donner la date de l'événement, tributaire de bien des paramètres. Les conditions météo doivent être optimales, aucun œil de cyclone ne doit être en vue et il convient également d'éviter les pluies diluviennes. Mais ne vous inquiétez pas, personne ne risque de passer à côté des Festivités du million d'étoiles !

— Comment pouvez-vous en être aussi sûr ?

— Pour cette seule et unique fois, nous allons activer les hémisphères langagiers de tous les êtres humains sans fil. Je sais que cette opération prête à controverse, mais les accords le permettent dans certains cas exceptionnels et nous supposons qu'aucun Terrien ne veut passer à côté d'un pareil spectacle. Tous pousseront un cri comme un seul homme au moment où la fête commencera. En réalité, le monde n'a pas besoin d'être averti longtemps à l'avance. Le ciel n'est jamais bien loin.

LES CHAMPS DE LAVE
D'ÓDÁÐAHRAUN

Les mois passaient, Ragnar se frayait un chemin toujours plus large sans que LoveStar parvienne à l'éviter. Partout, on voyait son visage. Les tours s'élevaient, les défunts rejoignaient la ceinture du million d'étoiles et Ívanov ne tarissait plus d'éloges à son sujet. « Quel type génial, ce Ragnar ! Crois-moi, tu as trouvé là ton digne héritier ! »

Ragnar demanda à Jamaguchi et LoveStar de descendre chez LoveMort où ils furent accueillis par Ívanov. Méconnaissable, ce dernier avait troqué son vieux costume pour un méli-mélo vestimentaire ridicule. Jamaguchi s'offusqua en découvrant les bureaux rénovés à la mode No Design. Les fils électriques et les tuyaux apparents servaient uniquement à souligner le caractère brut de décoffrage et No Design des lieux. Les murs étaient ornés de photos ou de croquis des tours en construction : Buenos Aires, Hongkong, Saint-Pétersbourg, Rome...

— Ragnar souhaite vous présenter la nouvelle campagne de LoveMort, précisa Ívanov. Je vous préviens, elle est plutôt agressive, mais le monde va de plus en plus vite et cela exige qu'on aille plus loin. Ragnar, je t'en prie, à toi la parole.

— Bonjour, déclara-t-il en adressant à LoveStar un hochement de tête respectueux. Les Festivités du million d'étoiles sont fin prêtes et n'attendent plus que leur lancement. Comme vous le savez, les clients de LoveMort s'acquittent de leurs dettes avec plus ou moins de régularité. Notre service n'a engrangé qu'une croissance de 17 % sur le dernier trimestre, ce qui équivaut à un peu moins de 9 980 milliards et s'explique de plusieurs façons. LoveMort subit un trop grand nombre d'impayés. Nous n'avons par exemple pas relancé les veuves et je crois que cette politique nous a infligé beaucoup de pertes. De même, les passagers clandestins nous posent problème. Des clochards et des pauvres sont déposés aux abords de nos succursales un peu partout dans le monde et le plus souvent, nous choisissons de les emmener, principalement afin d'atteindre notre objectif en prévision des Festivités du million d'étoiles. Le moment est venu de durcir notre politique. Trop de gens considèrent que LoveMort est une chose acquise.

Occupé à gribouiller sur une feuille, LoveStar semblait ne pas écouter.

— Tu ne vas tout de même pas faire enterrer ces pauvres gens ? s'alarma Jamaguchi, dégoûtée.

— Non. Mais voici quelques images de notre prochaine campagne, annonça Ragnar en déclenchant la vidéo.

On y voyait d'énormes camions jaunes roulant en file à travers les étendues désertes des champs de lave d'Ódáðahraun. C'était manifestement l'automne, les lieux semblaient grisâtres et du givre s'était déposé un peu partout. De qualité médiocre, l'image semblait avoir été filmée par le biais d'un pourriel. Les camions dépassaient des pare-avalanches et des digues de remblai, franchissaient en bringuebalant un ruisseau qui se jetait dans un lagon, avant de remonter une pente abrupte. Ce n'est qu'alors qu'on découvrait le chargement des véhicules filmés par le pourriel. Jamaguchi devint blême en constatant la nature de leur cargaison.

— Mais c'est répugnant ! Veux-tu bien éteindre cette horreur ! Elle ferma les yeux et se mit à hurler : Éteins !!!

Ívanov éclata de rire.

— Je vous avais prévenus que cette campagne était du tonnerre.

— Enfin, quoi ?! s'étonna Ragnar. Ce qui est mort est mort.

Le pourriel suivait les camions sur le champ de lave balayé par la bruine et la neige mouillée. On voyait constamment le chargement à l'image et lorsque les véhicules enjambaient des creux et des bosses, les mains et les jambes s'agitaient, inertes et chaotiques.

— Regarde ! Quelque chose est tombé du camion !

Ce qui venait de tomber de la plateforme gisait, nu et pâle, sur la piste tandis que la file de véhicules poursuivait sa route comme si de rien n'était en l'écrasant sur les graviers. Postés sur les rochers et les falaises alentour, les corbeaux guettaient le moment où ils pourraient attraper un morceau de viande.

— Stop ! s'écria Jamaguchi. Est-ce que ces images sont réelles ? Est-ce que ce sont de vrais corps ?

Le cortège poursuivit sa route jusqu'au bord du cratère du volcan Víti au fond duquel on voyait le lac d'Askja. Chaque véhicule fit marche arrière pour se délester de son chargement dans les eaux boueuses, soufrées et bouillonnantes.

— Où sont donc passés les touristes et les baigneurs qui fréquentaient ce lieu ?!

Les camions affluaient, déversant leurs cargaisons de corps. Certains coulaient directement, d'autres flottaient à la surface, un pied, un bras, une jambe ou un crâne à la bouche béante affleuraient çà et là.

Jamaguchi était blanche comme un linge.

— C'est la chose la plus dégoûtante que j'aie vue de toute ma vie ! Ragnar, ces images sont-elles réelles ? J'exige de le savoir ! Est-ce que tout cela est vrai ?

— J'adore celle-ci, éluda-t-il, le regard brillant d'une lueur malsaine.

Les camions gravissaient maintenant une montagne noire. De loin, on reconnaissait le volcan Hekla. Le cratère creusé à la dynamite abritait un lac de lave rouge en fusion. Puis on assistait à la même scène, les corps sans vie étaient déversés dans la lave rougeoyante et un texte apparaissait :

LES PASSAGERS CLANDESTINS
FINISSENT EN ENFER !
LoveMort !

— Vous avez l'intention de montrer ça aux gens ? s'alarma Jamaguchi.

Ívanov éclata de rire.

— Je vous avais prévenus que c'était violent ! Tu devrais voir la tête que tu fais !

Ragnar regardait Jamaguchi comme s'il était face à une imbécile.

— Cela ne s'adresse pas à tout le monde ! Il s'agit de montrer aux groupes cibles des illettrés, des crétins et des pauvres qu'il est inutile d'envoyer des corps jusqu'ici en resquillant dans l'espoir de les voir monter au ciel. Ça ne sert à rien non plus d'arriver ici sans le sou en se disant que sous prétexte que vous mourez sur notre île, on vous enverra automatiquement dans les étoiles. Voilà le sort réservé aux resquilleurs ! Ils vont droit à Víti où l'enfer les attend.

— Qu'est-ce que ça signifie ? hurla Jamaguchi. LoveStar ! Tu comptes rester les bras croisés ?!

LoveStar ne répondait pas. Il se contentait d'observer à tour de rôle Ívanov et Ragnar avec un sentiment de totale impuissance.

— Quelle sensiblerie mal placée ! s'exclama Ragnar. C'est LoveStar lui-même qui a eu l'idée de la campagne « Mère en décomposition ». Celle-ci n'est pas plus choquante que l'autre l'était à l'époque !

Je l'ai vue quand j'étais gamin et elle m'a sacrément impressionné. On venait juste d'enterrer ma grand-mère. Avec mes frères et sœurs, nous avons supplié mes parents de l'envoyer au ciel. Évidemment, ça n'a servi à rien. LoveMort était encore trop cher à l'époque, il en coûtait autant qu'une Ferrari toute neuve.

— Qui a conçu cette publicité ? s'enquit LoveStar.

— Comme je viens de l'expliquer, tous ces corps étaient abandonnés devant nos succursales et un pourriel…

— Est-ce que ce sont des images réelles ? s'alarma à son tour Ívanov.

— Ce ne sont que des détritus abandonnés sur la voie publique qui équivalent à quelques jours de production de matière première. Nous n'avons tué personne, de toute manière, ils auraient tous pourri, plaida Ragnar avec un haussement d'épaules.

LoveStar se leva.

— Sortez tous, sauf Ragnar ! tonna-t-il.

Jamaguchi et Ívanov quittèrent la salle.

Ragnar ne se laissa pas impressionner. Il avança vers LoveStar d'un pas résolu.

— Tu dois accepter ! murmura-t-il. C'est écrit : Les morts se relèveront ! Tu as le pouvoir de perfectionner le monde, il te suffit de le vouloir. Nous pouvons mieux le circonscrire, tu as besoin de moi, tu commences à te faire vieux et à mollir, tu ne peux pas accomplir ces choses-là tout seul. Que serait l'amour sans la mort ? Que serait le royaume des cieux en l'absence d'enfer ? Hein ?! Et Dieu en l'absence de Diable, dis-moi, LoveStar ? Tu ne peux avoir aucun Dieu s'il n'existe aucun enfer parce qu'alors, tu n'auras jamais une totale emprise sur les gens. Soit tu crées un enfer, soit les gens s'en chargeront eux-mêmes. Tu n'as pas le choix. Nous devons nous servir de cette publicité.

— Tu as complètement perdu la raison !

LoveStar saisit Ragnar au col, mais ce dernier réagit aussitôt en lui agrippant le poignet avec une telle force que son poing blanchit. Plus jeune et plus fort que lui, Ragnar le défiait du regard.

— Nous contrôlons d'ores et déjà la mort, poursuivit-il en serrant encore plus fort. L'ancienne méthode a disparu. Nous avons également l'amour, mais il nous pose problème car il sape nos fondations. Nous utiliserons LoveDieu afin d'unir les gens par calcul avec une précision légèrement moindre de manière à éviter un effondrement de la consommation. Ceux qui divorceront seront exclus de LoveMort pour l'éternité et envoyés en enfer. La même chose s'appliquera à ceux qui refuseront de s'abonner à LoveDieu. Ceux qui n'enverront pas de prières, qui ne se confesseront pas à LoveDieu ou ne lui confieront pas leurs désirs les plus intimes seront précipités dans les eaux boueuses du lac soufré de Víti ou dans les flammes du volcan Hekla. C'est ainsi que tout fonctionnera. Les gens attendent des réponses, nous allons leur en donner. Tu ne peux qu'accepter. Tu as ici la solution globale. L'amour, la mort et Dieu. Et tu es d'ores et déjà devenu Dieu.

Ragnar relâcha son emprise et quitta la salle de réunion. LoveStar s'effondra dans un fauteuil, ferma les yeux et envoya une prière aux quatre vents : *Toi, qui es en ce lieu, préserve-toi si tu le peux. Toi, qui es en ce lieu, ôte-moi la vie si tu le veux...*

TRAQUENARD PLEURNICHARD

LoveDieu était un train à grande vitesse lancé à vive allure qu'il était inutile d'arrêter. Rien n'arrête une idée et LoveStar avait l'impression d'être lui-même sur les rails. S'il mettait un terme à la quête, quelqu'un d'autre trouverait le lieu, sans aucun doute. La technologie nécessaire existait, le périmètre se réduisait peu à peu. Le directeur des recherches avait l'impression de percevoir la proximité de Dieu en personne :

— Il semble qu'il vive à un autre rythme et qu'il soit capable de voir la lumière voyager. Pour lui, une journée équivaut à une année. À ses yeux, nos mouvements sont aussi lents que la vitesse de croissance d'un brin d'herbe. Il semble se mouvoir comme une onde. Pour lui, chaque seconde équivaut à quatre journées virgule deux. Il pourrait être ici et maintenant, mais également se trouver en Afrique et en même temps ici : pour nous ce serait le même moment. Cela ne fait que trois secondes de notre temps et douze jours du sien. À l'aune de nos perceptions, il est partout à la fois.

311

LoveStar s'était enfermé au sommet d'une tour. Il murmura par la fenêtre ouverte :

— Ce n'était pas mon idée. Je n'ai jamais voulu être Dieu.

Des corbeaux empruntèrent un courant d'air ascendant le long de la falaise illuminée.

Il tenta de s'offrir un petit somme, mais se réveilla en sursaut et lança alentour des regards inquiets.

— Qui est là ?

Il arpenta la pièce, vérifia sous le lit, alluma la lumière de la salle de bains. Il y avait deux miroirs placés l'un face à l'autre, il se reflétait dans un miroir qui renvoyait son reflet dans un autre miroir qui se reflétait dans un miroir. Son reflet se démultipliait sur deux longues files qui se prolongeaient à l'infini. Je suis le premier de la file et je suis aussi le dernier, pensa-t-il, secoué d'un frisson. Je suis celui qui est, qui fut et qui sera. Il scruta la surface afin de voir à quel endroit s'arrêtaient les reflets, mais aussi loin que portait le regard, bien loin à l'intérieur, il avait l'impression que quelqu'un le regardait. Il retourna dans la chambre pour y chercher ses jumelles d'ornithologue qu'il gardait sous son lit, les plaqua sur son visage et vit des yeux le fixer ! Il poussa un cri et jeta ses jumelles avant de contempler à nouveau son reflet démultiplié dans l'un des miroirs. Un souffle d'air froid lui remontait le dos, il se retourna vers l'autre miroir et hurla dans l'abîme :

— Ohé ! Qui est là ? Qui êtes-vous ? Que me voulez-vous ? Pourquoi est-ce moi qui ai dû vous trouver ? Pourquoi suis-je parvenu, moi, à pénétrer vos voies ?

Il n'obtint aucune réponse, personne n'entendait ses prières. Pendant tout ce temps, il continuait de recevoir les dernières nouvelles des recherches : « Le périmètre se réduit ! »

Ce périmètre est un piège, un nœud coulant, pensait LoveStar.

Le directeur des recherches l'appela en pleine nuit. La friture sur la ligne brouillait leur conversation qui ressemblait à une photocopie de photocopie de photocopie.

— Je crois que nous avons découvert le lieu !

— Où vous ont menés les recherches ? murmura LoveStar.

— Je ne sais pas si vous allez me croire, mais il est ici, sous la table d'un restaurant à hamburgers au Texas !!!

Il y eut un silence sur la ligne, puis un éclat de rire tonitruant du directeur des recherches qui semblait devenir lui aussi à moitié fou.

— Vous avez bu ?

— Je fête ça, c'est tout. Nous avons exclu le continent Antarctique, l'Amérique du Nord et du Sud, le Pacifique, l'Atlantique Nord, la Scandinavie, l'Europe de l'Est, l'Himalaya et la majeure partie de l'Asie. Nous réduisons le périmètre. Tenez-vous prêt, nous saurons tout d'une minute à l'autre.

Ces recherches étaient un nœud coulant qui enserrait le cou de LoveStar. Chaque fois qu'il recevait un communiqué, il frissonnait. Il courait à la salle de bains pour vomir de la bile. Il avait perdu tout appétit et ne voulait plus que du miel, réclamant qu'on lui apporte ce soleil liquide sur une assiette blanche. Il déglutissait lentement et s'imaginait rêvant dans un miroir, mais jamais il ne dormait.

L'écrivain lui rendit visite en pleine nuit.

LoveStar le toisa d'un air méprisant.

— Que faites-vous ici ?

— C'est votre secrétaire qui m'a donné ce rendez-vous.

— Au milieu de la nuit, sans me consulter ?

— Elle m'a dit qu'elle voulait faire preuve d'initiative.

L'écrivain tenait quelque chose dans son dos. LoveStar pâlit et se réfugia dans un coin.

— J'ai parlé avec votre fille, déclara platement le biographe.

LoveStar eut la chair de poule.

— Que lui avez-vous fait, espèce de salaud ?!

L'écrivain lui adressa un regard empli de compassion.

— Je l'ai interviewée avant que vous me mettiez à la porte et je me suis dit que vous aimeriez peut-être avoir l'enregistrement.

Le biographe déposa une petite boîte sur la table, puis sortit.

LoveStar souleva le couvercle et une voix féminine familière se mit à résonner dans sa tête, teintée d'un fort accent après un long séjour à l'étranger : « … je crois bien que mes frères le haïssaient, ils lui reprochaient le décès de ma mère. Je ne conserve aucun souvenir d'elle, je sais qu'elle était belle, surtout dans sa jeunesse, mais j'avais juste quelques mois à sa disparition et ce sont surtout mon grand-

314

père et ma grand-mère qui m'ont élevée. Ils ne lui parlaient jamais et s'abstenaient la plupart du temps de le mentionner dans nos conversations. Pour ma part, je ne le voyais que rarement. En réalité, je ne saurais vous dire la vie qui était la leur avant son décès, mais je suis certaine qu'il a aimé ma mère à sa façon. Je l'ai senti à la manière qu'il avait de me parler d'elle, même s'il n'a jamais abordé la question en public. Elle était malade et je trouve injuste de le voir accusé de sa mort, sans doute n'avait-il pas la sensibilité nécessaire pour lui venir en aide. J'ignore s'il tenait tant que ça à me voir, grand-père et grand-mère m'ont assuré que non, mais j'allais tout de même dans le nord une fois par an pour lui rendre visite. Il vivait dans son bureau, c'était assez étrange. Il me racontait parfois des histoires pour m'endormir le soir, j'ignore d'où il les tenait, j'imagine qu'il les inventait. Il y en a une que j'ai dû entendre au moins mille fois, je l'ai enregistrée en douce lorsque j'avais six ans et je l'ai toujours soigneusement conservée. Si vous voulez, je peux vous en donner une copie. »

On entendait ensuite des grésillements, le début du conte de *Kardimommubœr*, à nouveau quelques grésillements au milieu d'une chanson, puis un bref silence et l'écho lointain d'une conversation. Il avait reconnu la voix limpide et enfantine de sa fille, vingt-trois ans plus tôt. « Tu connais une histoire ? »

Sa propre voix prenait le relais : « Il était une fois un roi qui s'appelait Medías. Il se promenait régulièrement dans son royaume en tenue d'apparat, accompagné par son chien et son cheval, mais partout où il allait, personne ne le reconnaissait. Chaque fois qu'il se rendait chez le boucher, le boulanger ou l'épicier, il devait faire la queue comme un simple sujet et personne ne le saluait jamais d'une révérence. Il éprouvait toujours les plus grandes difficultés à rentrer dans son palais car les gardes l'arrêtaient et lui demandaient de prouver son identité. Un jour, alors qu'il était assis, triste, dans son château, un nain vint le trouver. "– Qu'est-ce qui t'afflige ainsi, cher homme ? demanda-t-il. – Personne ne me reconnaît, répondit Medías. – Je t'accorde un souhait ! – J'aimerais que tout ce que je touche devienne célèbre, répondit le roi, je voudrais que tout ce que je touche figure à la une des journaux du monde entier, que tout le monde me connaisse, s'incline sur mon passage, m'admire et rêve de me rencontrer, je veux que les gens se souviennent toute leur vie qu'un jour ils ont vu ou entendu le roi Medías ! – Ton souhait sera exaucé", conclut le nain avant de disparaître.

« Le lendemain, Medías se rendit chez le boucher pour y acheter une saucisse et deux poulets, on le prit immédiatement en photo, on interrogea la femme qui lui avait serré la main dans la boutique, la saucisse qu'il avait achetée connut une célébrité mondiale et fut baptisée sur-le-champ Saucisse Medías. Le paysan qui avait vendu les volailles au boucher devint célèbre dans le monde entier pour être celui qui avait élevé les poulets achetés par le roi. Medías enfourcha son cheval qui devint le destrier le plus fameux de la terre. Il toucha son palais et les gens accoururent des quatre coins du monde pour l'admirer. Il alla chez le barbier, l'épicier et le boulanger, et partout, c'était la même histoire : tous devenaient mondialement célèbres et chacun voulait commercer avec le boulanger, l'épicier ou le barbier du roi. Il suffisait qu'il tapote un chien pour qu'une foule de gens choisisse de baptiser leurs enfants du nom de l'animal.

« Un jour, il croisa dans son palais la plus jolie servante du monde. Elle avait des yeux bleus, une chevelure dorée et abondante, un rire communicatif, un sourire rayonnant et des dents blanches comme neige. Ils se virent en secret dans le palais d'été. Medías l'effleura en douceur, elle lui rendit sa caresse et pour finir, ils se touchèrent tant et tant qu'il n'y avait presque plus sur leur peau aucun endroit qui n'ait été ni touché, ni embrassé, ni étreint. Bientôt, ils eurent deux beaux garçons. La servante se retrouva en première page de tous les journaux. Les photographes mitraillaient encore et encore jusqu'à ce qu'elle ait les yeux rouges et le visage pâle sous l'effet des flashes. Elle prit la voiture de sport mondialement célèbre de Medías et s'enfuit, terrifiée par les flashes et les paparazzis qui, attroupés tout au long de la route, continuaient de la mitrailler, encore et encore, au point de l'aveugler. C'est ainsi qu'elle percuta un lampadaire et mourut.

« Plongé dans la tristesse, Medías pleura beaucoup et la nouvelle figura à la une des journaux du monde entier. Leurs fils pleuraient jour et nuit, mais les journaux n'en disaient rien car jamais le roi ne les avait touchés. Les rois n'avaient nul besoin de toucher leurs enfants car la nourrice de jour, puis celle de la soirée et enfin, celle de la nuit prenaient soin d'eux. Mais là, ils étaient résolument inconsolables. Ils sanglotaient à l'arrivée de la nourrice du soir, pleuraient quand celle de la nuit venait les retrouver et versaient encore des larmes quand celle du matin arrivait : "Je veux mon papa ! Papa, console-moi ! Papa, viens me faire un câlin ! Mon petit papa, je suis tellement malheureux." Pourtant, Medías se tenait à distance et les regardait tristement, n'osant plus se risquer à toucher quelqu'un de son vivant. »

Silence sur la bande.

« C'est une histoire triste, déclara la voix enfantine teintée de mélancolie. – Oui, convint LoveStar, une histoire bien triste. – Bonne nuit, mon petit papa. »

L'enregistrement s'arrêtait là. Assis dans son fauteuil, LoveStar eut l'impression qu'une chose lui traversait le corps de part en part. Cet écrivain m'a envoyé un traquenard pleurnichard, pensa-t-il. Même en fermant très fort les paupières, il ne parvenait pas à endiguer le flot de larmes qui lui montaient aux yeux et lui baignaient les joues. Il tremblait, saisi d'une étrange terreur. Il envoya d'autres prières, espérant que si quelqu'un les entendait, ce quelqu'un pourrait se mettre à l'abri à temps : *Toi, qui demeures en ce lieu, ne leur permets pas de te découvrir ! Toi, qui demeures en ce lieu, fuis avant qu'il ne soit trop tard !*

Jamaguchi entra dans la chambre, prit les mains crispées de LoveStar et plongea ses yeux dans les siens. Elle avait un beau regard, sombre et profond.

— L'attente touche à sa fin, annonça-t-elle, douce. Nous venons de recevoir la confirmation finale du directeur des recherches. Nous avons trouvé le lieu. Nous savons vers quel endroit convergent les prières.

— Et où vont-elles ?

— Dans le désert, là où nous le soupçonnions.

— Et il y a quelqu'un là-bas ? Il est là-bas ?

— Nous n'y avons vu personne.

LoveStar regarda alentour avant de murmurer :

— Mais où atterrissent les prières ?

— Dans une souche, dans la souche d'un arbre mort, répondit Jamaguchi en sortant une photo.

— Et alors ? Vous l'avez explorée ?

Elle hésita un bref instant :

— Personne n'ose l'approcher.

— Comment ça ? Personne n'ose approcher un tronc d'arbre ?

— Les premiers arrivés ont voulu aller voir à l'intérieur, mais les villageois les ont avertis que si quelqu'un s'approchait, ce serait la fin du monde. Ils sont quand même allés voir d'un peu plus près et…

— Et quoi ? murmura LoveStar.

— Un éclair a jailli.

— Et vous n'avez pas envoyé quelqu'un d'autre ?

— Nous l'avons fait.

— Et ?

— Il y a eu un autre éclair, précisa Jamaguchi.

LoveStar frissonna, enveloppé d'un courant d'air froid, comme si le mur de pierre derrière lui était devenu une fenêtre ouverte sur la nuit glaciale.

Jamaguchi poursuivit.

— Nous n'avons pas réussi à trouver d'autres volontaires. Tout le monde affirme qu'après tout, c'était ton idée et que par conséquent, c'est à toi d'y aller.

— Ce serait à moi de le faire ?

— C'est toi qui es le propriétaire de l'entreprise.

— Et dis-moi, tu crois que ça déclenchera la fin du monde ? interrogea LoveStar.

Jamaguchi ne lui répondit pas.

LoveStar pesa le pour et le contre. Deux hommes avaient été foudroyés. Les villageois affirmaient que ce serait la fin du monde. Mais il n'avait pas le choix. Il n'était pas libre. Esclave de l'idée, il parvint à la seule conclusion possible venant d'un homme affamé, épuisé et idéologiquement malade :

— Si je n'y vais pas, un autre ira.

LES TOURS

Jamaguchi l'attendait à la porte.

— L'avion est paré au décollage, dit-elle, tu es prêt ?

— Comment pourrait-on être prêt ? marmonna LoveStar en enfilant sa veste.

Il promena son regard sur la vallée d'Öxnadalur. De la fumée montait d'une ferme en tourbe, une montagne se mirait dans le lac de Hraunsvatn.

— Elle est belle, ma vallée, n'est-ce pas ?

— Oh oui, très belle.

— Elle ne l'était pas autant lorsque je l'ai achetée.

— Non, convint Jamaguchi. L'avion attend, on se retrouve là-bas dans cinq minutes.

LoveStar arpenta nerveusement son bureau avant de prendre l'ascenseur pour se diriger vers la plate-forme de décollage. Ívanov guettait son arrivée, le teint gris cendre, les poings brandis.

— Tu m'as trahi ! Pourquoi ne m'as-tu rien dit ?

Ívanov tremblait de colère.

— Je ne comprends pas de quoi tu parles, nous verrons ça plus tard, répondit LoveStar d'un ton sec en marchant d'un pas pressé vers l'avion.

— J'ai découvert ce que ces tours sont censées abriter ! hurla Ívanov dans son dos. Elles sont vides ! Ce sont des coquilles vides et béantes ! Ce ne sont que des voûtes, ornées d'une étoile sur la paroi nord !!!!

LoveStar se boucha les oreilles et pressa le pas, distançant Ívanov qui hurla plus fort encore :

— Les parois nord sont ornées d'une étoile ! Au centre des pièces, on voit une étoile ! Et une étoile est suspendue à tous les plafonds ! Ce sont mille églises gigantesques ! Élevées à la gloire de LoveStar ! Élevées à ta gloire, LoveStar !!! Étais-tu au courant ? La nouvelle se répand comme une traînée de poudre. Où vas-tu comme ça ? Où est Ragnar ? Et ces Festivités du million d'étoiles, que sont-elles censées célébrer ?!

LoveStar embarqua. Assise au fond de l'avion, Jamaguchi l'attendait. Elle se leva, s'avança, lui prit les mains et lui déposa un baiser sur le front.

— Bon voyage. Prends soin de toi.

— Tu ne m'accompagnes pas ? s'étonna-t-il.

— Le directeur des recherches sera là-bas pour t'accueillir, précisa Jamaguchi.

Elle le regarda dans les yeux, lui tendit un message plié en quatre et se retourna une dernière fois avant de disparaître par le sas.

L'avion s'élança dans les airs et LoveStar lut le papier :

Tu ne m'as jamais posé la question de l'amour.
J'ai uni le monde par mes calculs
mais, toi, jamais tu ne m'as posé la question de
l'amour

je t'ai calculé bien longtemps avant la naissance
d'inLove
bien longtemps avant LoveMort,
et ta seule et unique, c'est
moi

DÉSERT

L'avion se posa sur un ancien aéroport militaire du désert de Moga, au nord du Kenya. Une brigade de chercheurs accueillit LoveStar avec trois hélicoptères. On l'emmena vers sa destination en survolant des dunes de sable qui s'étendaient à l'infini. Ils atterrirent à cinq kilomètres de l'arbre creux. Des Jeep attendaient là, qui conduisirent le groupe à travers les dunes pierreuses et battues par les vents jusqu'à un petit village délabré. Des hommes en armes surveillaient les habitants et montaient la garde devant la souche à l'orée du village. Juste à côté de l'arbre, un enfant était assis.

— Il est là depuis ce matin, précisa le directeur des recherches. Aucun des villageois ne le connaît et nous ignorons d'où il vient.

L'enfant dissimulait quelque chose au creux de sa paume. Les mesures indiquaient que toutes les prières du monde convergeaient précisément vers sa main. LoveStar décrivit un large cercle autour du petit et de la souche en mesurant les ondes. Il n'y avait aucun doute. Il posa sur le sable l'appareil désormais inutile, leva les yeux vers le ciel bleu et limpide où rien n'annonçait un possible orage. Assis, immobile au pied de la souche, l'enfant contemplait ce qu'il tenait au creux de sa paume. LoveStar avança d'un pas, mais hésita un instant en le voyant lever les yeux. Il avait l'estomac noué, tout allait un peu trop vite. Il n'avait pas assez réfléchi à la suite des événements, le vol avait été trop rapide. Seuls les navires voguent à la vitesse de l'âme, pensa-t-il. Il baissa les yeux, mais ne vit pas son ombre sur le sol, soudain en proie à l'impression qu'il devait attendre un moment que son âme le rejoigne. Jetant un œil par-dessus son épaule, comme s'il espérait l'apercevoir, il ne la trouva pas, mais croisa le regard dur des gardes armés ainsi que celui, apeuré ou peut-être affligé, des villageois. Une femme aux cheveux gris portant un enfant sur sa poitrine le fixait droit dans les yeux. Non, suppliait son regard, NE FAITES PAS ÇA !

LoveStar observa le directeur des recherches ruisselant de sueur. Désormais, il n'était plus question de revenir en arrière. Hésitant, il s'avança encore un peu, persuadé qu'il devait soigneusement mesurer ses pas. On l'avait emmené par avion jusqu'au cœur du monde au triple de la vitesse du son, puis conduit jusqu'à cet arbre mort comme s'il s'était agi d'un vulgaire drive-in. Voilà qui n'était guère approprié, c'était trop facile, il se sentait encore engourdi après le vol, ça ne pouvait pas être aussi simple que ça. Cela revenait à se faire conduire en voiture au sommet d'une montagne au lieu de l'escalader. Il se disait qu'il eût été plus logique de rebrousser chemin et d'accomplir ce long périple à pied comme un moine pèlerin, parler avec les anciens, les enfants, les adolescents et les putains, les douaniers et les mendiants, dormir à la belle étoile avec les bergers afin de gagner en sagesse et en connaissance, mais il était trop tard. Il s'approchait de l'enfant sur la pointe des pieds, on eût dit que la terre qui le portait n'était plus qu'une fragile couche de glace. Arrivé à mi-chemin, il s'arrêta subitement comme s'il se ravisait. Il retira sa veste et ôta ses chaussures. Le sable était chaud, le soleil brûlant. L'enfant lui apparaissait désormais avec une netteté accrue. Il lui semblait le reconnaître. Il approcha tout doucement, comme on approche un chien méchant.

— Salut ! dit-il.

L'enfant le regarda, mais ne répondit pas.

— Qu'est-ce que tu caches là ?

Le petit ouvrit sa main où reposait une graine.

— Tu ne veux pas me la montrer ? demanda LoveStar, la voix tremblante.

L'enfant secoua la tête.

— Pourquoi ?

— Je dois veiller sur elle.

— Pour qui ?

— Pour vous, répondit le petit.

— Non, non, ce n'est pas possible, protesta LoveStar.

— Qu'allez-vous en faire ?

— Je veillerai sur elle et toi, tu pourras t'amuser.

— Ah, c'est un jeu ? demanda l'enfant en esquissant un sourire. Dans ce cas, on dirait que tu serais Lui.

— Hein ?

— Touché ! Tu es Lui !

L'enfant venait de le toucher avec la main qui tenait la graine.

LoveStar poussa un hurlement. Une décharge aussi puissante que celle d'un éclair lui avait traversé le corps, suivie d'un tumulte titanesque. Une rivière bouillonnait et une vanne s'ouvrait, libérant un nombre infini de voix qui lui traversaient le corps, chuchotant, implorant et priant ; cent mille voix aussi puissantes que le fracas d'une averse de grêle sur un toit de tôle ondulée ; cent millions de voix assourdissantes qui résonnaient dans sa tête, l'empêchant de distinguer les mots et les langues car toutes s'exprimaient en même temps. Parfois, l'une d'elles prenait le dessus et le transperçait comme une aiguille. Parfois, une autre lui effleurait le cœur comme le filament venimeux et brûlant d'une méduse, il se tordait de douleur quand mille d'entre elles le piquaient en même temps comme un essaim de mouches à miel, emplissant son âme de nostalgie et de tristesse tandis que le flot de paroles coulait en une cascade qui entraînait son cœur comme la roue d'une meule poussée par des voix éperdues de larmes et suppliantes, auxquelles il ne pouvait répondre et qu'il ne pouvait consoler. Nul n'avait le pouvoir de les faire taire. Elles coulaient sans cesse : de vieilles voix, des voix brisées, des voix d'enfants, claires comme des sources qui se mêlaient bientôt pour former une argile brunâtre telle la cataracte de Dettifoss, brune et écumante à la fonte des neiges. La sueur ruisselait sur son front comme autant d'embruns, ses yeux fuyaient comme une barque vermoulue, mais la cascade semblait ne jamais vouloir s'arrêter. Même si le contact n'avait duré qu'une fraction de seconde, chaque jour s'étirait désormais sur mille ans. Le torrent le traversait depuis cent heures déjà, tout ce temps, la douleur indicible qui lui écrasait le cœur l'aurait tué s'il ne s'était pas accroché au sentiment qui portait toutes les voix : L'ESPOIR.

— Tu ne veux pas jouer ? s'enquit l'enfant.

Bouleversé et perdu, LoveStar suffoquait. Une chape de plomb lui lestait la poitrine. Seule une seconde s'était écoulée. Les chercheurs et les villageois restaient là, immobiles, non loin de lui, comme si de rien n'était. Le monde était parfaitement à sa place. Il essuya la transpiration et les larmes qui lui baignaient le visage.

— Tu veux toujours cette graine ? demanda l'enfant.

Des gouttes de sueur coulaient dans les yeux de LoveStar, il cligna des paupières et fixa le Soleil. À l'horizon, on apercevait la ceinture du million d'étoiles, comme autant de paillettes rouge sang.

L'enfant se tourna dans l'autre direction et pointa son index vers l'orient.

En suivant son regard, LoveStar aperçut l'étoile qui brillait au-dessus des montagnes de l'est, assez bas dans le ciel. C'était l'étoile de LoveStar ellemême, la première levée au firmament. Il regarda la graine posée dans la paume que l'enfant lui tendait, puis hocha la tête. Il chercha sans rien dire dans ses poches le message de Jamaguchi et traça sur l'envers du papier trois traits symbolisant une montagne et un désert, puis dessina l'étoile et écrivit sous le dessin : « L'enfant possède l'étoile LoveStar qui brille derrière les nuages. »

Le petit déposa la graine dans sa paume et le monde se mit à onduler au fond des yeux du vieil homme. Puis il s'enfuit en courant et disparut. Non, il se tenait derrière lui, figé sur place. LoveStar décrivit un cercle autour de lui pour l'observer : il lui rappelait un garçon qu'il avait connu dans son jeune âge, il lui rappelait une vieille photo de sa grand-mère, il ressemblait à sa fille et à un vieil homme… Sa pensée fut interrompue au moment où il perdit le contrôle du temps. À sa droite, tout était immobile, un oiseau s'était figé en surplomb d'une maison qui s'élevait et s'effondrait, s'élevait à nouveau et s'effondrait à nouveau, entourée de gens qui grandissaient, puis vieillissaient, de plantes qui poussaient, puis se fanaient, d'arbres qui montaient vers le ciel, puis pourrissaient tandis que l'oiseau demeurait immobile. Des nuages s'amoncelaient, le Soleil passait et repassait à toute vitesse dans le ciel, comme si la Terre était un poing bleu et le Soleil une pierre jaune fixée au bout d'une corde que quelqu'un faisait tournoyer. Un glacier le dépassa tel un navire immaculé qui emportait tout sur son passage jusqu'à la mer : les villes, les voitures, les montagnes et les avions. D'énormes icebergs se détachaient dans l'eau et bouchaient l'horizon, la glace couvrait la Terre qui blanchissait comme un poing serré, lequel faisait tourner le Soleil autour de lui et le jour clignotait aussi vite que les spots d'une discothèque jusqu'au moment où le glacier se mettait à reculer et les vagues à lécher les rochers, lécher les rochers, lécher les rochers. Il n'y avait plus rien, plus une voiture, plus une maison et bientôt, le poing fermé lâchait la corde, expédiant le Soleil au fin fond de l'univers où il faiblissait comme une étoile, puis c'était le noir.

LoveStar se tenait au milieu du désert. L'enfant le fixait, ses yeux semblaient passer du bleu au marron, puis au vert et pourtant, cette graine ne reposait dans sa paume que depuis un bref instant. Il avait déjà vu ce petit quelque part, mais ne parvenait pas à se rappeler où.

Grand-père, pensa-t-il, il me ressemble trait pour trait.

L'enfant avança pieds nus sur la mer de sable, gravit une dune et bientôt, sa tête disparut derrière la crête.

Sa tête, noire comme un soleil.

UN JEUNE HOMME
AU FOND DE LA VALLÉE

Sigríður et Per avaient rendez-vous à vingt heures dans un petit restaurant situé en hauteur sur la paroi rocheuse, avec vue sur le lac de Hraunsvatn. À partir de ce moment, la vie de la jeune femme serait transformée de fond en comble. Elle enfila sa robe blanche, prit l'ascenseur et s'installa à une table qui offrait une vue plongeante sur un nid de faucon, bâti sur une corniche. Les jeunes piaillaient à qui mieux mieux. Leur mère arriva à tire-d'aile, le bec chargé d'une perdrix qu'ils taillèrent aussitôt en pièces.

Sigríður attendait. L'heure approchait. N'ayant rien mangé sur le trajet, elle mourait de faim. Le serveur lui apporta un message de Per, il serait légèrement en retard, mais elle pouvait se servir au buffet. Tout autour, les tables étaient occupées par des couples qui caquetaient comme des oiseaux perchés sur une falaise, et dont les attitudes se ressemblaient étrangement.

— Puis-je vous offrir quelque chose ? demanda le serveur au jeune homme et à la femme d'âge mûr installés à la table voisine.

Bien en chair, les cheveux bruns, le regard profond et lumineux, la femme venait manifestement d'être calculée. Sigríður s'amusa à deviner leurs pays d'origine pour passer le temps. « Sans doute vient-elle de Grèce et lui de Belgique. » Ils discutaient de photosynthèse en mauvais anglais et le jeune homme était visiblement doté d'un tel sens de l'humour que la femme laissait régulièrement éclater un rire communicatif. Sigríður ne voyait pas ce qu'il y avait de si drôle, il était évident que l'humour ne résidait pas entièrement dans leurs mots.

Le serveur toussota.

— Puis-je vous proposer quelque chose ?

— En avez-vous d'autres comme ça ? demanda la femme en gloussant, l'index pointé vers le jeune homme. J'en veux bien un comme lui en entrée, un autre en plat de résistance et un troisième en dessert !

— Tu ne veux pas que nous mangions quelque chose ? s'enquit l'intéressé en essuyant ses larmes.

— Peut-être, répondit-elle.

Elle pointa sa langue entre ses lèvres, le jeune homme l'imita et ils restèrent ainsi un certain temps, occupés à leurs jeux de langue jusqu'à ce que le serveur les interrompe à nouveau.

— Si vous ne souhaitez pas commander, je vais devoir vous renvoyer dans vos chambres.

— Tu as envie de quelque chose ? demanda le jeune homme, les yeux plongés dans ceux de sa promise.

— Oui, j'ai envie, murmura-t-elle en inspirant profondément.

Sur quoi, ils s'éclipsèrent, et se précipitèrent dans le couloir.

Tout au long du voyage vers le nord, Indriði ne tint pas en place sur son siège. Les yeux rivés sur le compteur de vitesse, il maudissait les cars et les pluviers dorés qui encombraient la route. Apparemment, on venait juste de déposer les volatiles qui claudiquaient en chantant sur la lande, patauds, énormes et cloués au sol. Indriði gigotait sur son siège comme pour faire avancer la voiture plus vite. Símon accéléra à fond et doubla une longue file d'autocars. Arrivés sur la lande d'Eyvindarstaðaheiði, ils aperçurent une épaisse jungle d'acier et atteignirent bientôt le nœud où toutes les lignes à haute tension du pays se rejoignaient, deux cents rangées rectilignes de pylônes convergeaient vers l'usine d'hydrogène : une araignée tapie au centre de sa toile.

Dès qu'ils eurent dépassé la jungle d'acier, ils aperçurent les aiguilles de lave des Hraundrangar, puis l'ensemble de la vallée et les montagnes alentour. Des cygnes volaient en direction du soleil. Ils obliquèrent pour remonter la rivière Hörgá, franchirent le pont de pierre qui enjambait la Myrká jusqu'à apercevoir la muraille de verre où se reflétait la montagne d'en face, créant l'illusion d'une symétrie parfaite. Le ciel se reflétait sur la muraille, les aiguilles semblaient posées sur les nuages et les lettres qui formaient le nom LoveStar flottaient librement en l'air. Un empire bâti sur du vent ? Disons plutôt gravé dans la pierre.

Le temps étant maussade et la plupart des clients originaires de contrées au climat plus clément, les abords étaient presque déserts, si on excluait les pluviers qui grouillaient un peu partout. Rien n'obligeait les touristes à mettre le nez dehors s'ils ne le souhaitaient pas. Pour l'essentiel, ils arrivaient de Keflavík, d'Akureyri ou d'Egilsstaðir par le métro qui les déposait sous le hall du parc d'attractions. De là, ils empruntaient les Escalator jusqu'à l'immense salle de réception d'une hauteur de plafond vertigineuse et dont les parois étaient d'un côté une falaise et de l'autre, une muraille de verre.

Símon se gara devant l'entrée principale. En descendant de voiture, ils sentirent les embruns d'un lancement de LoveMort retomber sur leur visage et leur mine s'assombrit. Un dirigeable aux couleurs de LoveMort passa devant le Soleil comme une ombre. Indriði balayait désespérément les lieux du regard, animé du mince espoir d'apercevoir Sigríður. Símon se connecta avec l'accueil.

— Bonjour, je suis à la recherche de Sigríður Guðmundsdóttir.

— Un instant. Je suis désolé, mais nous n'avons personne de ce nom ici.

Il se creusa la tête :

— Sigríður Møller, hasarda-t-il, remarquant immédiatement à quel point ce nom de famille danois heurtait les tympans d'Indriði.

— Elle devrait être définitivement calculée d'ici une demi-heure.

— Je dois lui parler, poursuivit Símon, c'est urgent.

— D'après les informations dont nous disposons, vous êtes très proche de l'homme dont elle a été séparée par nos calculs. Pour des raisons de sécurité, nous ne pouvons vous transmettre aucun renseignement.

Indriði courut jusqu'à la gigantesque muraille de verre, pénétra plus loin sous la voûte et, debout dans la foule, se mit à tourner sur lui-même.

— SIGRÍÐUR ! RÉPONDS-MOI, SIGRÍÐUR ! SIGRÍÐUR ! OÙ ES-TU ?

Les Escalator déversaient des milliers de gens et en redescendaient tout autant vers le métro. Indriði errait, désespéré, au milieu de cette foule optimiste venue trouver l'amour, le monde tournoyait autour de lui. Il heurta un groupe de vieillards assis, impassibles, dans des chaises roulantes tandis que leurs petits-enfants essayaient en riant d'attraper le clown Lalli LoveMort. Les traquenards et les aboyeurs l'assaillaient :

— Achète ! Bois ! Mange !

— Visite les voûtes !

— Peut-être trouveras-tu ta seule et unique !

— JE SUIS ICI POUR LA CHERCHER, MON VIEUX ! rugit Indriði.

Il s'adressa aux passants et leur montra une photo, mais ne reçut en réponse que des sourires : « *She's cute !* », « Qu'elle est mignonne ! », ou des moues dégoûtées : « Non, merci ! » Les hébergeurs clandestins l'avaient égaré en lui conseillant des bars et des discothèques, des fast-foods, des casinos, des boutiques et des machines à sous. « Il me semble l'avoir aperçue au StarMort Café. » Autant chercher une goutte d'eau sous la pluie. Le mouvement de la foule le conduisit jusqu'à une table sur laquelle il monta pour crier : « Sigríður ! » à en perdre la voix, les yeux levés vers la voûte où des fulmars planaient comme des anges, sortant et entrant par les conduits d'aération. Il tournait sur lui-même, la voûte tournoya dans ses yeux jusqu'au moment où il tomba, étourdi. Símon accourut, le traîna dehors et le fit remonter en voiture.

— Mon petit Indriði, calme-toi. Faisons preuve d'un peu d'organisation. Parle-moi de Sigríður.

— Elle est sublime !

— Enfin, Indriði, un peu de sérieux ! Comment est-elle ? Elle n'aime pas vraiment la foule et les grandes villes, n'est-ce pas ? Elle préfère les banlieues tranquilles, la mer, les prairies et les arbres, je me trompe ?

Les questions de Símon étaient inutiles, tout cela figurait dans les rapports qu'il détenait au sujet de la jeune femme.

— Comment sais-tu tout ça ? s'étonna Indriði.

— J'en sais plus que tu ne l'imagines et je peux te certifier qu'elle n'est pas ici, conclut Símon en démarrant.

Ils redescendirent la vallée de la Hörgá jusqu'aux pentes verdoyantes, au pied de la muraille de verre. Ils quittèrent ensuite la route et longèrent le sentier goudronné qui gravissait la montagne jusqu'à atteindre un promontoire et une clôture. La vallée préservée d'Öxnadalur s'étendait à leurs pieds. Un écriteau précisait :

N'allez pas plus loin !
Cette vallée est protégée.
Ne dérangez pas le berger.

— C'est dans un environnement calme que Sigríður se plaît le plus, n'est-ce pas ?

— Oui, confirma Indriði.

— Elle doit donc avoir une chambre donnant sur la vallée d'Öxnadalur ! Et je suppose qu'elle fuit l'agitation qui règne sous la muraille de verre ! La seule possibilité est qu'elle soit assise auprès d'une fenêtre avec vue sur la nature. Cours, Indriði, cours sur les collines, cours dans la vallée et là, elle devrait te voir !

— Mais cet endroit est interdit, objecta Indriði, hésitant.

— Cours ! ordonna Símon.

Indriði poussa la barrière et courut vers le bas de la moraine, suivi par son ami. Ils descendirent des éboulis, escaladèrent des roches, dévalèrent des pentes tapissées de bruyères et suivirent l'étroit sentier de chèvre longeant le lac de Hraunsvatn. Par moments, des fenêtres s'ouvraient dans les roches et des employés furieux ou des gardiens les apostrophaient.

— Fichez le camp !

Ils gravirent une petite colline sur la rive nord du lac et agitèrent leurs mains en direction de la ville de basalte. Ils avaient beau hurler et crier à tue-tête, ils ne parvenaient pas à capter l'attention de Sigríður. Indriði regarda l'heure et s'effondra.

— Non ! hurla-t-il si fort que la vallée entière résonna de son cri.

Il était huit heures du soir passées de vingt-cinq minutes.

JE ME PRENDS
POUR UNE TÉLÉVISION

Assise dans le restaurant, Sigríður mâchait sa perdrix rôtie et se remettait en mémoire une plaisanterie qu'elle voulait garder sous le coude au cas où elle aurait besoin de briser la glace en faisant rire Per. La blague tenait en ces mots : Il était une fois une jeune Islandaise qui devait aller consulter un ophtalmologiste au Danemark. Lorsque le médecin lui demanda ce qui l'amenait à son cabinet, elle lui répondit en danois, voulant dire : « Je crois que je suis presbyte », et le médecin comprit évidemment : « Je me prends pour une télévision. »

— Je me prends pour une télévision, répétait-elle en s'efforçant de polir son accent.

Elle consulta sa montre qui affichait huit heures dix. Le soir tombait sur la vallée. Elle aperçut tout à coup un homme qui traversait la salle. Il n'y avait aucun doute, c'était Per Møller ! Vêtu d'un costume bleu et d'un polo jaune à manches courtes brodé à son nom : Per Møller. Elle ne s'était pas attendue à ce qu'il soit aussi joli garçon. Il avançait d'un pas mal assuré dans le restaurant, cherchant manifestement du regard sa seule et unique. Sigríður se leva, lissa sa robe du plat de la main et fit de son mieux pour sourire. Per lui sourit également et lui présenta des excuses pour son retard.

— *Have you mangé ?* (La langue danoise avait considérablement dégénéré à ce point de l'Histoire. Leur conversation sera donc traduite en conséquence.)

— *Ja*, répondit-elle, j'avais tellement faim !

Per s'installa face à elle. Il portait des lunettes de soleil à verres miroir qui lui cachaient les yeux.

— Très bien, répondit-il, tournant la tête à droite et à gauche, comme s'il était inquiet.

— Il y a un prøblème ? demanda Sigríður.

Per enfourna une pomme de terre caramélisée et lécha le caramel qui s'était déposé sur son index.

— Tøut va très bien, assura-t-il, même s'il semblait un peu stressé. C'est génial, c'est le plus beau jøur de ma vie. Ça fait juste un peu drôle de te rencøntrer enfin. Dømmage que la musique ne søit pas meilleure.

Il courut vers le bar et bientôt, la chanson préférée de Sigríður résonna dans les haut-parleurs. Une reprise par les Cones d'une reprise des Beatles rendue célèbre par les Boyz. Sigríður était interloquée au retour de son compagnon de table.

— Mais c'est ma chansøn préférée ! s'exclama-t-elle, rayonnante.

Per lui sourit, tout frétillant.

— La mienne aussi ! Je l'ai décøuverte quand j'étais en Sicile.

— Pas pøssible ! Møi aussi, je suis allée en Sicile ! Øù étais-tu ?

— Øuais, génial, la Sicile…

Un silence gêné s'installa quelques secondes durant. Per toussota deux ou trois fois. Sigríður ne savait pas vraiment quoi dire et se souvint de sa petite blague. Il était une fois une jeune femme….

Per resta de marbre.

Sigríður rougit.

— Eh bien, tu vøis, le møt islandais *fjarsýnn* ressemble beaucøup au møt danøis *fjernsyn*. Tu cømprends ? La fille a dit au médecin qu'elle se prenait pøur une télé !

Per tapotait nerveusement la table du bout des doigts.

— Je devrais peut-être m'øffrir une bière pøur me détendre.

Il retourna au bar et en avala deux cul sec. Puis, apparemment un peu plus calme, il se réinstalla sur sa chaise.

— Sigríður, je peux vøir ta main ?

Elle s'exécuta.

Per avança son majeur et se mit à le frotter contre celui de la jeune femme. Concentré sur l'acte, il ne remarquait pas qu'elle le regardait bizarrement.

— Que fais-tu ? demanda-t-elle.

Il reprit ses esprits, ramena sa main à lui et répondit, gêné :

— Je trøuve ça tellement délicieux, tellement *dejligt* de frøtter nøs majeurs l'un cøntre l'autre. Il suait à grosses gouttes : Bøn, je vais peut-être me reprendre une bière.

Le directeur sans fil d'un des départements d'ÍSTAR prenait le soleil en slip de bain rose sous un palmier de la playa Azul, au Costa Rica. Il gérait cent vingt conseillers, chacun chargé d'un groupe cible de cent vingt personnes. Avec sa petite tête et sa grosse bedaine, il avait tout l'air d'une tortue échouée sur la plage. Sa peau tannée était aussi craquelée qu'un manuscrit du Moyen Âge. Dégoulinant de sueur et le visage écarlate, il jurait ses grands dieux et s'en prenait vigoureusement à un ingénieur informaticien :

— Nom de Dieu, qu'est-ce qu'il a foutu ? Ses résultats du mois sont ridicules. Que lui arrive-t-il donc ?

— Nous ne le savons pas encore, il a installé des sécurités supplémentaires sur son espace, précisa l'informaticien, mais je vais essayer de les contourner et d'entrer par la porte de service.

— Comment le chiffre d'affaires de son groupe cible a-t-il pu s'effondrer de 90 % en l'espace d'un mois ? hurla le directeur.

— Ce n'est pas à moi qu'il faut poser la question. Vous auriez dû vous en rendre compte plus tôt, observa l'ingénieur. Ce conseiller est manifestement en roue libre depuis longtemps, il a verrouillé son espace il y a quatre mois.

Au lieu de lui répondre, le directeur s'enduisit de crème solaire.

— Voilà, j'ai réussi à forcer la sécurité, triompha l'ingénieur. Dieu tout-puissant !

— Quoi ?

— C'est incroyable !

— Donnez-moi l'accès, bon sang !

L'informaticien fit entrer le directeur dans l'espace personnel du conseiller.

— Je n'ai jamais vu un truc pareil ! Déconnectez-le immédiatement ! s'écria le directeur abasourdi.

Per se dandinait sur sa chaise au rythme de la musique.

— J'ai hâte de rentrer à la maisøn pøur bricøler un peu, observa-t-il. J'adøre bricøler et je m'intéresse aussi beaucøup aux persønnes âgées.

— Je travaille justement dans une maisøn de retraite, fit remarquer Sigríður qui, incrédule, affichait un grand sourire pour la première fois.

— Ah bøn ? renvoya Per en fredonnant les dernières notes de la reprise de reprise des Beatles. Incrøyables, ces maisøns de retraite ! Mamie tenait absølument à y aller, mais nøus lui avøns tøujøurs dit qu'il valait mieux partir directement avec LøveMørt. Elle ne nøus a pas écøutés et, bien évidemment, elle s'est ennuyée.

— Nøus négligeøns beaucøup trøp les persønnes âgées, regretta Sigríður.

— C'est vrai, mais ce n'était quand même pas à nøus de la divertir ! Les gamins de la famille ønt passé leur temps à la supplier de partir avec LøveMørt et quand elle s'est enfin décidée, elle avait engløuti des milliøns dans cette maisøn de retraite. J'ai l'impressiøn qu'ils prøløngent la vie de leurs pensiønnaires uniquement pøur s'en mettre plein les pøches...

Sigríður ne voyait pas quoi répondre.

— Pøurquøi n'enlèves-tu pas tes lunettes ?
suggéra-t-elle.

— Ah øui, mes lunettes, répondit-il avec un sourire, je les avais øubliées.

Sigríður avança ses doigts vers la monture.

— J'ai envie de vøir tes yeux.

Per lui attrapa les mains.

— Nøn, pas tøut de suite.

Il lança à nouveau des regards inquiets alentour.

— Qu'y a-t-il ? Tu es sûr que tøut va bien ? Tu
cherches quelqu'un ?

— Tu es tellement mignønne que je me demande
si je ne me suis pas trømpé de table, répondit-il.

Sigríður pencha légèrement la tête et afficha un
sourire gêné.

— Je prendrais bien encøre une petite bière,
ajouta Per en retournant au bar.

— Il déconne à bloc, convint l'informaticien,
tout en parcourant les dossiers et le rapport des
connexions visuelles du conseiller.

— Regardez un peu ça ! Il est complètement
obsédé par cette blonde !

Le directeur consulta le rapport.

— Une journée entière passée à regarder une
seule femme ?

— Une journée entière ? Dites plutôt toute une
semaine de la vie de cette fille du lever au coucher ! En train de s'habiller, en train de prendre sa
douche… Hé ! Voyez-moi ça ! Là, elle entreprend
son petit copain ! Décidément, les jeunes d'aujour-
d'hui débordent d'imagination !

— Je vous prie de bien vouloir poursuivre ! tonna le directeur.

— Regardez, elle dort huit heures de suite et lui, il passe tout ce temps à la contempler. Il en est complètement marteau !

Le directeur se taisait, occupé à parcourir le rapport de connexions visuelles et à regarder en avance rapide des heures et des heures d'images où on voyait constamment la même jeune fille.

— Oh là là ! Regardez ça, reprit l'informaticien.

Il ouvrit un dossier contenant des milliers de photos d'un homme dont le visage avait été barré de deux mots qui se répétaient indéfiniment : À TUER ! Il y avait là des clichés retouchés sur ordinateur : des photos de lui avec un trou dans la tête, une blessure béante à la gorge ou encore, écartelé dans une clairière.

— Ce type a complètement déraillé ! s'exclama l'informaticien. Et vous voilà dans une belle merde, cher directeur.

Per Møller revint du bar, la démarche nonchalante. Plein d'assurance au bout de sa cinquième bière, il s'avança droit vers Sigríður et toussota avant de prendre la parole :

— Øn va dans la chambre ? Il y a si løngtemps que j'attends ma seule et unique que je me sens plutôt…

Il fit un geste de la main afin de préciser ce qu'il convenait d'entendre par ce « plutôt » : joignant son pouce et son index gauches, il fit aller et venir son majeur droit à l'intérieur de l'orifice ainsi symbolisé.

Sigríður le regarda et gloussa, pensant qu'il plaisantait, mais il n'en était rien. Il abaissa ses lunettes. Elle observa son regard bleu gris, perdu dans le vague et légèrement globuleux. Elle plongea profondément dans ces yeux, s'attendant à ressentir la décharge électrique qui se produisait si souvent entre elle et Indriði. Elle se préparait à être submergée par un sentiment indescriptible, un éclair, une chose qui l'emporterait loin en lui coupant le souffle. Mais ces yeux étaient vides, cette bouche trop grande, ces doigts trop longs et trop osseux.

— Je crøyais que tu vøulais discuter, objecta-t-elle, cherchant une échappatoire.

— Je vais peut-être empørter une bière, coupa Per. Je møurrai si je n'ai pas ma bière après la baise.

— Je crøis que je vais en prendre une møi aussi, répondit Sigríður, l'estomac noué, cherchant du regard les papillons enregistreurs dans la salle.

Elle en aperçut un qui lui redonna espoir et se dit que la scène était sans doute filmée en caméra cachée pour être diffusée dans une émission. Peut-être participait-elle à son insu à un programme d'inLove où on la séparait de son amour dans l'unique but d'instaurer une tension avant de confirmer finalement qu'Indriði était son seul et unique. Tout le monde rirait de bon cœur et tout serait bien qui finit bien. Certes, elle devait se garder de juger Per en l'espace d'une demi-heure passée avec lui. En revanche, il était impossible qu'il s'agisse là de son âme sœur, approuvée par la science.

— Nøn, tu ne prends pas de bière, va plutôt à la chambre et søis bien chaude à møn arrivée.

Il sortit un paquet cadeau qu'il lui tendit.

— Merci, répondit Sigríður en rougissant.

Elle s'apprêta à lui serrer poliment la main, mais Per l'attira vers lui pour lui enfoncer sa langue dans la bouche.

— Ce n'est pas fini, reprit l'informaticien. Il a trifouillé les connexions du couple et s'est arrangé pour que tous leurs échanges avec l'extérieur passent par lui. Ça a dû lui prendre un certain temps. L'ensemble de leurs transactions commerciales et de leurs communications transitaient par son espace personnel, pas étonnant qu'il ait négligé son groupe cible…

Le directeur était sans voix. L'informaticien le réveilla en lui envoyant un pavé de texte :

— Vous trouverez ici le relevé des cent hébergeurs qu'il a payés sur ses deniers personnels : [SIGRÍÐUR, SAUVE-TOI !] Il a même employé un hébergeur clandestin pour les persécuter. Vous n'avez vraiment rien vu ? Vous n'êtes pas équipé d'un programme de surveillance des activités suspectes ?

— Ouvrez le document !

L'informaticien s'exécuta : [Victimes de la liberté… Défi passionnant pour hébergeurs clandestins ! Tâche : Indriði Haraldsson. Voyage avec LoveMort afin d'abréger les souffrances de l'individu. Commission de 75 % !]

— Un permis de chasse et une commission de 75 % ! s'exclama l'informaticien.

— Qu'est-ce que c'est que ces conneries ?! hurla le directeur. LoveMort n'accorderait jamais à personne une commission de 75 % ! Cela signifie qu'il a payé le voyage de sa propre poche !

— Et un permis de chasse, reprit l'informaticien, consterné. Cette pratique est formellement interdite sauf dans des situations extrêmes.

— Je ne lui ai jamais donné mon autorisation, assura le directeur.

— Aïe, aïe, aïe, et ce n'est pas fini.

— Quoi ?

— Regardez ! Ce sont les relevés d'ondes qui auraient dû parvenir à inLove. Comparez les courbes !

— Quoi ?

— Vous ne voyez pas qu'il a falsifié le relevé de la fille. Il a envoyé son propre profil à inLove en le faisant passer pour celui de la jeune femme. Ce salaud a falsifié les calculs !

— Nom de Dieu !

— Vous auriez dû remarquer ça, nota l'informaticien d'un ton grave. Je suis obligé d'informer la hiérarchie !

— Attendez une minute, interrompit le directeur.

— Quoi ?

— Cela risque de m'attirer pas mal d'ennuis, j'espère que vous le comprenez. C'est vrai, j'aurais dû m'en apercevoir. Je vais m'arranger pour que Per n'ait plus aucune mission. Je trouverai un autre conseiller. Et je vous paierai grassement pour votre aide, pourvu que cela reste entre nous…

— T'es un jøli brin de fille, déclara Per en saisissant sa Tuborg qu'il reposa aussitôt pour mettre la main aux fesses de Sigríður. Øuais, t'es une superbe saløpe ! ajouta-t-il en les pétrissant d'une main tandis qu'il relevait sa jupe de l'autre.

Il écarta avec dextérité l'élastique de sa petite culotte, passa un doigt sur ses poils pubiens en remontant jusqu'aux fesses, comme s'il ôtait le surplus de crème d'un gâteau. Il lécha son doigt et déclara :

— Tu es ma seule et unique, t'es un jøli brin de fille délicieuse, bien chaude et bien gentille.

LARGUER LES AMARRES :
BRÛLER LES CORPS

La nuit tombait. Il subsistait désormais peu d'espoir qu'Indriði retrouve Sigríður. Il était presque vingt heures trente, c'était bien trop tard. Les pluviers dorés chantaient dans la quiétude du soir, les vaches beuglaient, un berger appelait dans le lointain et Indriði perdait courage. Quelque part dans les profondeurs de cette vertigineuse ville de basalte, une Sigríður belle comme le jour s'unissait à Per Møller. L'étoile de LoveStar scintillait derrière les nuages. Les flashes de LoveMort illuminaient par intermittence les parois des aiguilles de lave, magnifiant leurs contours aussi acérés que le couteau qui remuait le fond du cœur d'Indriði. Les grondements résonnaient comme de longs sanglots. La vallée s'emplissait peu à peu de brume et les embruns frais des tirs de LoveMort retombaient sur son visage. Il descendit la colline et se dirigea vers la montagne, entra dans une petite faille au fond de laquelle un ruisseau sautillait entre les pierres et les rives tapissées d'herbe avant de se jeter dans un petit étang. Le dos courbé, il remonta vers un gros bloc de pierre. Sans doute n'avait-il pas versé autant de larmes depuis le jour de sa renaissance. Après, il n'avait plus pleuré que lorsqu'il se blessait. Mais là, il avait terriblement mal et son âme était un torrent de douleur.

Quand Per avait léché le doigt avec lequel il avait saisi la pomme de terre caramélisée, Sigríður ne s'était pas vraiment alarmée. En revanche, elle avait un haut-le-cœur maintenant qu'il lui enfonçait sa langue jusqu'à la glotte, la bouche encore pleine de bière et de restes de nourriture. Elle le regarda avec dégoût et horreur, serra les cuisses et essaya de se libérer de son étreinte au moment où il tendit le bras vers sa Tuborg alors qu'il était déjà bien ivre.

— Tiens, vøilà tøn cadeau. J'arrive !

Elle s'enfuit du restaurant en courant tandis que Per s'attardait encore un peu au bar, elle prit l'ascenseur pour redescendre à sa chambre et ouvrit son cadeau. C'était une boîte de chocolats danois Anthon Berg et une cassette vidéo avec une photo de Per sur la pochette. Debout et torse nu, la braguette de son jean ouverte, il se tenait derrière une femme aux seins nus vêtue d'un uniforme d'infirmière et penchée en avant. Le « M » de Møller empêchait de voir en détail ce à quoi lui et la jeune femme étaient occupés. Une photo de Sigríður avait été collée sur le visage de l'infirmière et la tête de Per était deux fois trop grosse par rapport au corps de l'acteur. Le présent était accompagné d'un message écrit sur papier jaune :

« Je suis célèbre. Tu peux te chauffer en regardant le film. »

Sigríður grimaça, balança le paquet, se précipita hors de l'ascenseur et courut à toutes jambes vers la sortie. Des truites nageaient, tranquilles, au-dessus du plafond en verre. Elle franchit une porte qui donnait sur une grande salle de conférences. De l'autre côté de la baie vitrée, on apercevait une petite cascade et un cheval gris qui broutait. Elle reprit le couloir qui menait à sa chambre, ferma la porte à clef et fit sa valise tout en cherchant un objet pointu pour se défendre en cas de nécessité et en se gardant bien de tourner le dos à la porte. Elle trouva une lime à ongles qu'elle brandit vers le battant, mais elle sentit tout à coup derrière elle une présence qui lui donna la chair de poule. Elle jeta un œil par-dessus son épaule et poussa un cri en apercevant les contours sombres d'un être posté dans la pénombre de l'autre côté de la vitre bombée, taillée dans la pierre.

C'était un homme en pleurs. Un jeune homme en pleurs se tenait debout derrière la fenêtre. Elle scruta les contours de son visage.

— Indriði ? murmura-t-elle. Indriði !

Prostré, appuyé à la roche, il ne l'entendait pas. Elle chercha à tâtons un bouton susceptible d'ouvrir l'issue de secours et trouva enfin une poignée qui actionnait le mécanisme de la porte coulissante. Elle sortit pieds nus de la chambre, vêtue de sa robe blanche, foula l'herbe couverte de rosée puis posa doucement sa main sur celle de son bien-aimé.

— Mon petit Indriði, ne pleure pas, tout va bien. Je suis là, Indriði chéri !

Il leva les yeux. Ils s'étreignirent comme si c'était la première fois qu'ils s'étreignaient, puis s'étreignirent comme si c'était la dernière fois, puis s'étreignirent de l'étreinte de ceux qui veulent s'étreindre pour l'éternité jusqu'à ce que la mort les sépare. Ils s'embrassèrent et se regardèrent dans les yeux, puis Sigríður murmura :

— Pardonne-moi, mon amour. Je ne te quitterai plus jamais.

Elle leva les yeux vers le ciel, il faisait de plus en plus nuit. Une aiguille de lave les surplombait. L'étoile de LoveStar scintillait derrière les nuages et une étoile filante tombait vers la Terre.

— Il y a quelqu'un qui meurt en ce moment, murmura-t-elle.

Perché dans une tour illuminée au sommet d'une aiguille de lave, Ragnar Ö. Karlsson, mortel directeur du service Ambiance, surveillait la progression du jet privé de LoveStar sur sa lentille. Il avait soigneusement réglé les détails des Festivités du million d'étoiles dans sa tête : lorsque l'avion commencerait sa descente et se préparerait à l'atterrissage, cent millions d'étoiles filantes tomberaient du ciel. Quand LoveStar sortirait, il foulerait une terre définitivement pure et libérée de toute trace de pourriture, de décomposition et de mort.

Ragnar se connecta au quartier général d'ÍSTAR et accéda aux commandes des zones langagières des hébergeurs, aboyeurs et conseillers de toutes sortes à l'aide de son ancien mot de passe. Il entra ensuite un autre code pour accéder à l'ensemble de l'humanité sans fil, envisagea plusieurs slogans, mais préféra finalement s'en tenir à une formule simple et efficace :

MOTS :: [FESTIVITÉS DU MILLION D'ÉTOILES !] : MOTS

Il observa le message quelques secondes. L'option CONFIRMER clignotait sous ses yeux. Il confirma, tenté d'ajouter une petite phrase de bienvenue à LoveStar au moment où il sortirait de l'avion :

MOTS :: [GLOIRE À LOVESTAR !] : MOTS

Il se connecta au quartier général de LoveMort, entra encore un mot de passe et un cliché de la Terre pris depuis l'espace apparut sous ses yeux. Fasciné, il contempla sa création : la ceinture du million d'étoiles s'enroulait autour de la planète comme un serpent argenté. Une option clignotait :

[LARGUER LES AMARRES ? : BRÛLER LES CORPS ?]

L'avion de LoveStar commença sa descente, de quarante à trente, puis à vingt mille pieds. Ragnar leva les bras à la manière d'un chef d'orchestre et effleura l'option du bout des doigts :

LARGUER LES AMARRES : BRÛLER LES CORPS

Símon piétinait, déçu, au sommet de la petite colline et soupirait tout en suivant du regard Indriði qui, vaincu et brisé, la tête basse et le pas traînant, montait vers le rocher. Inquiet pour sa voiture garée sur l'arête de la montagne, il vérifia qu'aucun garde ne l'avait repéré, puis décida de se caler entre deux touffes d'herbe en toute discrétion et de laisser à Indriði un peu de temps pour se remettre. Une porte s'ouvrit tout à coup dans la paroi de basalte et une jeune femme tout de blanc vêtue sortit de la roche. Elle serra Indriði dans ses bras. Símon n'en croyait pas ses yeux, c'était Sigríður ! Elle étreignait son bien-aimé et Símon enviait son ami… NON ! IL SE RÉJOUISSAIT pour eux : les larmes lui montèrent aux yeux, son souffle se fit plus léger, ses poumons s'emplirent d'un air qui sentait bon le myosotis et les potentilles dorées. Il avait envie de hurler de joie, mais se retenait, refusant de troubler cette image sublime dans le crépuscule : un homme étreignant une femme aux pieds nus dans l'herbe luisante de rosée. Il les contempla, le sourire aux lèvres et, tout surpris, posa sa main sur sa poitrine, là où il percevait comme un chatouillis, juste au-dessus du diaphragme : je crois savoir où réside le bonheur, pensa-t-il. Il inspira profondément, aussi intensément qu'un homme assoiffé plonge la bouche dans un ruisseau de montagne. C'est ici que le bonheur réside, se dit-il, s'efforçant de bloquer l'air dans ses poumons afin de s'accrocher à la sensation et de la prolonger. Il entendit tout à coup une respiration haletante et sonore derrière lui et, regardant par-dessus son épaule, découvrit l'animal le plus gigantesque et terrifiant qu'il ait vu de toute sa vie.

— AU LOUP ! chuchota-t-il. AU LOUP ! s'écria-t-il. AU LOUP, AU LOUP !!!

Le Grand Méchant Loup l'enjamba d'un bond. Il eut juste le temps d'apercevoir le ventre rose de l'animal qui remonta en haletant et en soufflant le versant tapissé d'herbe pour rejoindre le rocher où Indriði serrait intensément Sigríður dans ses bras, les yeux clos, confiant. Le loup les avala tous les deux en une bouchée, se glissa à l'intérieur de la falaise et se coucha sur le lit moelleux de Sigríður. Il s'était assoupi et ronflait quand Per arriva en titubant, vêtu d'une robe de chambre rouge, une bouteille de bière à la main. De son peignoir ouvert dépassait son membre en érection, tout enduit de chocolat Anthon Berg.

— Il paraît que tu aimes bien les barres chøcølatées à la pâte d'amandes...

Per sursauta en découvrant le loup allongé sur le lit.

— Sigríður, tu es malade ?

Figé, il observa le mastodonte qui ronflait sous la couette : ses yeux aussi larges que des soucoupes, ses dents aussi pointues que les grilles du palais royal d'Amalienborg à Copenhague, puis il s'approcha précautionneusement et souleva la couverture.

— Hé, Sigríður, pourquøi tu as huit seins ? haleta-t-il.

Il recula d'effroi, s'enfuit de la chambre par la fenêtre ouverte avec de grands cris et tomba nez à nez avec Símon qui laissa éclater un rire tonitruant à la vue de son membre qui sautillait entre ses jambes et de sa robe de chambre qui flottait au vent.

Un instant de silence. Ils échangèrent un regard, puis s'écrièrent au même moment :

— Les Festivités du million d'étoiles !

Une étrange quiétude retomba sur les lieux. Ils levèrent les yeux.

Les points lumineux qui apparurent dans le ciel rougeoyaient comme les pupilles de cent mille souris tapies dans la nuit.

FUSÉES DE DÉTRESSE

Debout sur la passerelle vitrée, Grímur remarqua que la calotte nuageuse qui couvrait le mont Esja était devenue noire. C'était la première fois qu'il voyait ça. Quand le bonnet est blanc, on parle de stratus, lui avait dit sa grand-mère, ils se forment avec le vent du nord. Mais d'où soufflait le vent qui tricotait ce bonnet noir ?

Il reçut un message sur son appareil de surveillance :

[loup introuvable]

Sigrún, du service des Mickey, l'appela, affolée.

— Amène tes yeux par ici et tout de suite !

Grímur frissonna de tout son corps en découvrant la scène. Les murs étaient maculés de sang et Sigrún se perdait en jurons devant une cage remplie de lambeaux de chair sanguinolents.

— Que s'est-il passé ? s'alarma-t-il. Tu n'as rien ?

— La nouvelle génération est encore pire, répondit Sigrún. Le Mickey 8.04 était apparemment calme et doux, mais il contenait sa colère et là, elle a explosé. Tu n'as qu'à regarder.

Elle lui envoya une vidéo. On y voyait un Mickey assis dans sa cage qui se mettait à grogner et à montrer les dents. Après avoir essayé de mordre l'un des employés sans y parvenir, sa tête devint rouge écarlate, puis il explosa avec fracas.

— Je n'y comprends rien, observa Sigrún.

— Tu n'as pas augmenté le pourcentage de lapin dans sa composition ?

— J'ai dû le réduire à nouveau. Leurs yeux étaient plus grands, ils étaient plus dociles, mais j'ai constaté des effets secondaires très gênants. Ils ne pensaient qu'à ça !

— Et l'adjonction de tortue ?

— Ça ne fonctionne pas non plus. Ils sont plus calmes, certes, mais ça les rend presque éternels.

— Dans ce cas, tu n'as qu'à sacrifier toute la génération, suggéra Grímur à regret. Nous travaillerons dès demain matin à la conception du Mickey 9.01. J'informerai ÍSTAR, je les avais déjà prévenus d'éventuels retards.

Angoissé, Grímur observait la calotte noire qui descendait peu à peu sur les flancs de la montagne. On s'impatientait chez ÍSTAR. Il avait l'impression que quelque chose d'affreux se préparait. Il tenta de se distraire en regardant les informations. Un reportage sur Paris : ce matin, au réveil des Parisiens, les sternes arctiques ont disparu. On ignore où elles sont allées, mais depuis leur départ, la ville est étrangement vide et silencieuse. Il y avait ensuite un second reportage sur une thématique voisine. Partout dans le monde, les animaux marins venaient s'échouer en masse sur les côtes. Il regarda vidéo sur vidéo, enchaînant les rivages jonchés de capelans, d'orques, de baleines franches, de cabillauds, de méduses et de chaboisseaux. Les animaux affluaient vers la terre, ballottés par la houle, puis pourrissaient sur le rivage tandis que les mouettes et les corbeaux dépeçaient leurs carcasses.

Grímur s'apprêta à éteindre les informations quand une publicité apparut sur sa lentille : on voyait à l'image l'intérieur d'une famille chinoise de classe moyenne (le groupe cible le plus important). Un matou urinait sur la moquette et la mère affichait une mine dégoûtée jusqu'à ce que l'enfant arrive avec son Mickey pour le faire uriner sur le pipi de chat, nettoyant ainsi la souillure. Ils promenaient ensuite le Mickey aux quatre coins de l'appartement en le faisant uriner ici et là, et voyez ça : tout était d'une propreté étincelante. Le chat était mis à la porte d'un coup de pied aux fesses et l'enfant embrassait son Mickey de tout son cœur. La publicité était conçue en images numériques. Le gamin n'aurait pas survécu deux secondes avec le Mickey dans les bras. Puis venait le slogan.

AUJOURD'HUI,
CHACUN PEUT S'OFFRIR SON MICKEY !
LES MICKEY ! MIEUX QUE LES CHATS
ET LES CHIENS RÉUNIS !

Grímur pâlit d'effroi. Ce spot était authentique. Ce n'était pas une pièce jointe à sa seule intention, mais une publicité censée conquérir le marché domestique chinois. Séduire un milliard d'êtres humains. Il appela aussitôt ÍSTAR.

— Ce truc-là s'adresse-t-il à d'autres que moi ?

— Oui, répondit son correspondant, le groupe cible des Mickey inclut l'ensemble de l'humanité.

— Mais ils ne sont pas au point ! Combien de fois devrai-je vous le dire ?

— Nous avons effectué des sondages. Les gens les trouvent irrésistibles.

— Mais ils sont extrêmement dangereux !

— Ils sont surtout ce que veulent les gens et il est trop tard pour arrêter cette campagne.

— NON ! Mais ça ne va pas du tout !

— Vous n'y pouvez plus rien.

— Je ne vous fournirai pas le moindre Mickey avant qu'ils ne soient entièrement au point. Il faut qu'ils aient bon caractère, qu'ils soient châtrés et que leur longévité soit modérée. C'est ce que dit le cahier des charges et j'entends bien le respecter !

— Voyez-vous, ils sont déjà sur le marché chinois et la production tourne à plein régime. Ne vous inquiétez pas, les problèmes d'humeur, de longévité et de fertilité seront réglés grâce à des médicaments.

— Vous ne savez pas ce que vous faites ! Qui vous a communiqué le procédé de fabrication ?

— Celui du Mickey 8.04 a été envoyé aux usines brésiliennes et chinoises. La capacité de production initiale est d'un million d'exemplaires par mois. La campagne publicitaire a débuté et il n'y a aucun moyen de stopper une campagne déjà enclenchée.

— Mes supérieurs du Conseil scientifique vous arrêteront !

— Nous avons consulté nos subalternes du Conseil scientifique. Ils considèrent que cela ne pose pas de problème si on prend les mesures prophylactiques nécessaires. Nous misons toujours sur une sécurité maximale et les centres d'élevage sont conçus pour résister aux attaques nucléaires.

Le service Ambiance avait perdu toute notion de la réalité.

— La campagne vient après l'homologation de nos découvertes et non le contraire ! hurla Grímur avant de raccrocher, excédé.

Il comprit tout à coup que la faute n'incombait pas au service Ambiance, mais qu'elle était intrinsèque à la nature humaine. Doux et blancs comme des bébés phoques avec leurs grands yeux innocents, les Mickey avaient été conçus et longuement affinés pour que les hommes les aiment. Même leur épouvantable cruauté ne suffisait pas à effrayer l'être humain. En cent millions d'années, la nature n'avait pas engendré aussi génial prédateur.

Grímur était submergé de remords. Il regrettait amèrement de s'être laissé embarquer dans ces recherches. Pour la première fois de son existence, il avait envie de consulter ReGret. Il ne croyait pas à ce qu'on nommait la science dès qu'il s'agissait d'une création d'Ístar, mais là, il avait vraiment besoin d'un peu de réconfort et de l'assurance qu'il avait malgré tout fait le bon choix. Il se connecta donc à ReGret et posa sa question :

— Que serait-il arrivé si j'avais refusé de travailler sur le projet Mickey ?

Il opta pour une réponse à dix mille couronnes. Le rapport de REGRET lui parvint cinq minutes plus tard :

« ÍSTAR se serait arrangé pour vous faire créer un médicament permettant aux mammifères d'évoluer en l'espace d'une journée plutôt que sur plusieurs millions d'années. L'entreprise aurait ensuite mélangé ce médicament à l'eau potable, entraînant les conséquences que voici : chaque matin au réveil, d'interminables jambes auraient poussé aux gens afin qu'ils puissent courir à leur travail ; là, ces jambes se seraient rétractées pour ne plus former que deux appendices au bas du corps, leur cerveau aurait grandi de façon démesurée, les yeux auraient gonflé, de même que le cœur, afin de pouvoir entraîner les doigts occupés à frapper frénétiquement sur des claviers. À midi, tout le monde aurait repris sa forme originelle, en version légèrement améliorée, plus musclée et plus ferme, le nez plus droit, le cheveu ondulé, le torse bombé, les fesses rebondies, le regard profond et ténébreux. Bref, tout ce qu'il fallait pour capter l'attention des vendeuses dont les seins auraient grossi afin de piquer des clients à la concurrence. Les lèvres desdites vendeuses auraient également gonflé et leurs mains se seraient multipliées, atteignant le nombre de six : deux d'entre elles auraient rempli les sacs, une troisième, entré les prix à la caisse enregistreuse, une quatrième, attrapé un paquet de bonbons Opal, une cinquième serait passée dans les cheveux de sa propriétaire avant de réajuster son soutien-gorge tandis que la sixième aurait pris le message que le client lui tendait sur un papier : On se voit ce soir ? Réponse : Oui ! Les hormones se seraient alors déversées en trombe dans les corps. Les seins auraient continué de grossir, les membres des hommes auraient poussé comme des bambous (le bambou peut croître d'un mètre par jour) et ils se seraient retrouvés, magnifiques, au bar, qu'ils auraient aspergé de leurs effluves hormonales. Une fois rentrés à la maison, la production d'hormones sexuelles aurait augmenté au point que l'homme se serait transformé en un gigantesque pénis aussi long qu'un boa constrictor et que la femme se serait pratiquement réduite à une bouche, une paire de seins, un clitoris et un vagin. Leurs langues se seraient alors agitées comme deux lances à incendie incontrôlables tandis que leurs cœurs auraient inondé leurs corps d'endorphines pures, de jouissance et de bonheur. Tout cela les aurait mis en appétit et leurs mandibules se seraient allongées jusqu'à la cuisine et au réfrigérateur dont elles auraient aspiré l'ensemble du contenu, boîtes, pots de conserve, afin de fournir au corps l'énergie nécessaire à la production d'endorphines. D'autres mandibules auraient plongé dans le système d'alimentation en eau afin de rafraîchir le corps et de permettre sa croissance. Pour finir, la faim aurait fait sortir des maisons ces tentacules buccaux qui se seraient retrouvés dans la rue, toujours en proie à l'excitation, mais surtout en quête de l'énergie nécessaire à la croissance exponentielle des corps.

Et partout, on aurait vu des bouches béantes à la recherche de viande ou d'herbe jusqu'à ce que les individus aient consommé le dernier oiseau, le dernier chat et le dernier enfant du quartier. Ensuite, elles se seraient unies aux artères plongeant dans les sources et au côlon titanesque qui se déversait dans la mer, puis se seraient fondues avec les gueules béantes et gigantesques écumant les océans comme des monstres marins, avalant plancton et baleines, phoques et bancs de capelans pour assouvir leur appétit insatiable. Leur chair aurait colonisé le monde, couverte de poils drus au pôle Nord. Plus au sud, des seins auraient poussé jusqu'au ciel dans une inutile course vers le soleil et le bronzage. Du lait aurait jailli de poitrines-montagnes, coulant dans les vallées, tandis que les membres auraient continué de pousser comme des champignons sur les chairs et, excités par les averses de grêle, auraient expulsé des jets de semence aussi longs que des bancs de harengs qui auraient frétillé au soleil sur la peau brunie. Cette dernière aurait tellement séché qu'elle se serait craquelée. Le sang aurait giclé, formant des éruptions jusqu'à ce que la chair ne trouve plus rien pour se nourrir et qu'elle pourrisse, rongée par les vers. Mais là, des fleurs et des arbres auraient commencé à pousser à la surface et la couche de chair qui se serait profondément enfoncée sous terre se serait changée en un épais pétrole noir qu'on aurait pu extraire un million d'années plus tard pour alimenter les voitures et sentir l'énergie sexuelle envahir le corps à chaque fois qu'on appuierait à fond sur l'accélérateur. »

Grímur secoua la tête et relut une fois encore le rapport de REGRET. Il avait payé dix mille couronnes pour ce truc-là et n'en comprenait pas un traître mot.

— Quel délire ! Ce REGRET n'est vraiment qu'une monumentale connerie, maugréa-t-il avant de s'écrier : les FESTIVITÉS DU MILLION D'ÉTOILES ! devenant ainsi une voix dans un chœur qui en contenait des milliards.

Il leva les yeux et vit le ciel se parsemer de petits points rouges, comme si dix millions de marins en péril avaient envoyé des fusées de détresse.

NE PAS TROUBLER LE MONDE

À 21 h 20, une femme attendait son bus, place Lækjartorg. Elle attendait depuis longtemps, sans doute deux semaines, qu'arrive la rame adéquate. Une fois de plus, elle consulta ReGret.

— Que serait-il advenu si j'avais pris le 113 de 20 h 56 ?

— Vous seriez morte.

— Comment ?

— Cela aurait sonné la fin du monde.

Soulagée d'un poids, elle éprouva un sentiment agréable et indescriptible. Heureusement, je n'ai pas pris celui de 20 h 56 et j'ai sauvé l'humanité, pensait-elle, heureuse, tout en observant les gens qui vaquaient à leurs occupations. Quand je pense que ça aurait été la fin du monde si j'avais pris le 113, et il n'y en a pas un qui viendrait me remercier, se disait-elle en scrutant le sol dans l'espoir d'y trouver un reste de hot-dog. Elle rampa sous le banc, attrapa la cannette de soda qui traînait par là et, quand elle leva les yeux, un homme en costume sombre la surplombait, accompagné d'un adolescent dégingandé.

— Tu rentres avec nous. Ça commence à suffire. Tu nous accompagnes.

Elle se mit à trembler de peur et à secouer frénétiquement la tête.

— Non ! s'écria-t-elle, les doigts agrippés au banc. Non, je reste ici !

— Maman, allez, viens ! Tout ira bien, nous veillerons sur toi.

— Non ! Ce sera la fin du monde !

— Allons, allons, il faut que tu te reposes, que tu prennes un bain et que tu enfiles des vêtements propres. Nous serons très prudents, c'est promis.

Elle ferma les yeux et secoua la tête en sanglotant.

— Mais vous ne comprenez donc pas ! Je ne dois pas troubler l'équilibre du monde ! Je ne dois pas troubler le monde !

L'homme fit un signe à son fils et chacun l'attrapa sous un bras pour l'emmener jusqu'au 113. Elle avait beau se débattre, hurler et donner des coups de pied dans tous les sens, ils parvinrent finalement à la faire monter dans le bus. Ils l'installèrent entre eux tout au fond en la retenant jusqu'à ce que le chauffeur démarre et elle cessa de se débattre.

— Nous rentrons à la maison, ma petite maman, dit l'adolescent alors que le véhicule remontait à toute vitesse le boulevard Miklabraut.

— Vous ne savez pas ce que vous faites, sanglota-t-elle. Il ne fallait pas troubler l'équilibre du monde ! Vous n'auriez pas dû…

— Les Festivités du million d'étoiles ! s'écrièrent d'une seule voix tous les passagers.

Fasciné, chacun regardait les points rouges qui parsemaient le ciel et descendaient vers la Terre, mais la femme ferma les yeux.

— Je vous avais dit que ce serait la fin du monde ! Je vous l'avais bien dit !

LICHEN DES RENNES

LoveStar était assis dans son avion, une graine dans la main. L'atterrissage était prévu d'ici vingt minutes. Ayant perdu toute notion du temps, il avait l'impression que la carlingue fendait l'atmosphère à sept fois la vitesse du son, mais que parfois, elle restait immobile, suspendue dans le ciel. Alors, tout devenait silencieux, l'air était saturé d'un silence épais et moite, les réacteurs tournaient comme des éoliennes sous une brise tranquille. Il regarda par le hublot. La température glaciale du dehors avait tapissé les ailes de givre, lequel s'étendait et poussait comme du lichen à rennes. Les hublots aussi en étaient recouverts : on eût dit que quelqu'un les avait embués de son haleine. LoveStar s'apprêta à dire quelque chose, mais on n'entendit qu'un interminable mmmmmmmmmmm… Il chercha un endroit du hublot demeuré transparent et baissa les yeux vers le désert gris lunaire tandis que les lichens continuaient d'envahir les ailes. Tout à coup, le temps se remit en route, le gel disparut et LoveStar s'écria :

— Les Festivités du million d'étoiles !

Il sursauta violemment. La graine tomba sur le sol. À quatre pattes, il la chercha désespérément. « Comment ose-t-il me faire aboyer ? » sanglota-t-il en s'étirant sous la table où, soulagé, il venait de retrouver son trésor. Il l'attrapa aussitôt et l'examina dans sa paume : elle était devenue entièrement grise et ne frétillait plus. Elle est peut-être morte, pensa-t-il, terrifié à l'idée de descendre de cet avion sous les yeux de l'humanité, une graine morte au creux de la paume. Pour s'assurer qu'elle vivait encore, il décida de lui adresser une prière. Il l'enserra de ses mains et se mit à prier : *Cher Dieu, ne la laisse pas mourir*, mais la graine demeurait inerte. Il voulait en avoir le cœur net. Peut-être que je devrais dire : *Toi, qui es en ce lieu*, pensa-t-il avec un frisson. Il n'avait d'autre choix, il devait essayer et voir si cette prière-là aurait quelque effet. Il ferma à nouveau les yeux, joignit ses mains et adressa la prière de toute son âme à l'homme qui tenait la graine : *Cher LoveStar, ne la laisse pas mourir*. Les mots résonnèrent dans le vide et se répercutèrent dans sa tête, puis comme foudroyé par l'éclair d'une flèche, son cœur cessa un instant de battre. Suffoquant, il porta la main à sa poitrine. C'est étrange, pensa-t-il, on n'a conscience d'avoir un cœur qu'au moment où il s'arrête.

Lorsqu'il rouvrit les yeux, l'avion volait, cerné par une pluie de rayons rougeoyants. Il fronça les sourcils et vit par le hublot que le ciel était empli de points incandescents. La Terre n'était plus d'un gris lunaire, elle était devenue rouge feu et l'appareil descendait peu à peu.

Le temps s'arrêta à nouveau, chaque fraction de seconde durait une heure entière. Un murmure grave comme une basse lui emplissait les oreilles : un coup de tonnerre qui s'étirait sans fin. Les lueurs frôlaient les hublots et la carlingue se retournait doucement. Tout cela se produisait si lentement qu'il n'avait aucune difficulté à suivre le mouvement. Il tendit l'oreille et constata que le murmure était en réalité *un tumulte au ralenti*. Lorsque l'appareil se fut entièrement retourné, il se leva pour rejoindre la cabine du pilote. En ouvrant la porte, il découvrit la nuit noire et béante, une nuit infinie et rougeoyante, parsemée de corps incandescents qui semblaient suspendus à des cordes, tous à la même altitude. L'un d'entre eux venait de heurter le cockpit et l'avait déchiqueté. Il baissa les yeux sur le glacier blanc rouge et, se sachant arrivé à destination, serra le poing plus fort autour de la graine avant de sauter dans la nuit.

Il atterrit tel un flocon de neige dans le blizzard et même si la résistance de l'air avait failli lui arracher ses vêtements, il n'avait pas perçu le froid car chaque fraction de seconde équivalait à une heure. En l'espace de dix heures, il vit défiler toute son existence sur une pellicule jaunie. Quand son corps heurta le glacier, cela ne lui fit pas mal. Les messages de douleur ne franchissaient plus sa colonne vertébrale brisée pour monter jusqu'au cerveau. Il leva les yeux en se demandant de quelle hauteur il avait chuté et vit scintiller l'étoile de LoveStar à l'arrière des corps sans savoir qu'il avait perdu une jambe, que son foie avait explosé et que son cœur était en bouillie. L'étoile clignota, puis s'éteignit. En ce moment, il y a quelqu'un qui meurt, pensa-t-il en serrant sa main plus fort encore autour de la graine.

LES FESTIVITÉS
DU MILLION D'ÉTOILES

Les Festivités du million d'étoiles ! aboya l'humanité d'une seule voix. Dans chaque maison, chaque village et chaque ville, les gens braillèrent ces mêmes mots qui résonnèrent dans les couloirs des hôpitaux, les pouponnières des maternités, les parlements, les bureaux directoriaux des grandes entreprises, dévoilant ainsi les cambrioleurs et les tueurs à gages. Les Festivités du million d'étoiles ! entonnaient les bouches des journalistes, des hébergeurs clandestins, des aboyeurs, des sportifs et des chanteurs de rue. Tels étaient les mots que criaient les femmes en pleine jouissance, les mots que hurlaient les hommes demandant qu'on abrège leurs souffrances, les dernières paroles des mourants. Les Festivités du million d'étoiles ! s'exclamaient les gens sortis en sursaut de leur sommeil dans un silence de mort. L'humanité entière courut se poster à sa fenêtre, dans la rue ou sur les toits pour lever les yeux vers le ciel, qu'il fasse jour ou nuit, que le temps soit clair ou couvert, qu'il pleuve ou qu'il vente. Le monde retenait son souffle dans l'attente des Festivités. Il n'y avait plus un bruit, pas un murmure, pas un soupir, pas un chuintement et aucun chant au moment où un million de points rouges apparurent dans le ciel.

Au lieu de se consumer telles des paillettes en formant de petites comètes, les corps tombaient, incandescents : jamais le monde n'avait vu tant de beauté. Tout semblait se dérouler selon les projets du service Ambiance, les corps prenaient de la vitesse et chauffaient toujours plus. Aussi jaunes que la flamme d'une bougie, ils laissaient derrière eux des traînées dorées comme des potentilles et la planète entière n'était plus qu'un cri d'admiration.

Au bout de quatre minutes, les corps se teintèrent d'une incandescence verte, qui vira bientôt au bleuté de la flamme d'un chalumeau, puis au blanc immaculé, plus brillant et plus resplendissant que l'astre du jour. Au-dessus de chaque petit d'homme apparurent des milliers de soleils qui parsemaient la voûte céleste du nord au sud et d'est en ouest, illuminant les enfants de la Terre de leur clarté blanche et pure, effaçant leur ombre. Ces soleils radieux fonçaient vers la Terre à la vitesse de trente mille kilomètres-heure.

Símon ferma les yeux, Per ferma ses paupières, Jamaguchi fit de même, tout comme Grímur de l'usine à pluviers et partout, les gens les imitèrent, beaucoup se mirent à plat ventre, le visage tourné contre terre afin de n'être pas aveuglés. Dès que les paupières furent closes, on entendit les premières détonations. Des grondements titanesques, lourds et menaçants, mais personne ne voyait rien : la lumière éblouissante traversait les paupières.

Il se produisait une chose que les employés du service Ambiance n'avaient pas calculée. Les combinaisons étaient si épaisses qu'elles ne se consumaient pas en entrant dans l'atmosphère. Elles chauffaient comme des plaques électriques à l'intérieur desquelles la chair humaine bouillait, cuisait, racornissait. Un corps de quatre-vingts kilos tombant d'une altitude de dix mille mètres et heurtant le sol à une vitesse de trente mille kilomètres-heure libérait une énergie comparable à celle d'une petite explosion atomique.

Ainsi, il y eut un craquement gigantesque au moment où les cent millions de corps percutèrent tous en même temps la planète. Le tremblement de terre qui s'ensuivit fut le plus violent jamais enregistré depuis l'apparition de l'humanité. De vieilles dames respectables fusaient, traversant des immeubles de soixante-dix étages dont elles faisaient exploser les fondations, et les corps rougeoyants pleuvaient sur le monde. Les maisons s'effondrèrent, et les villes furent réduites en cendres. Des feux et des brasiers s'allumèrent, consumant forêts et récoltes partout sur la Terre. Les corps brisèrent la muraille de verre et percèrent la voûte d'Öxnadalur. Ils brisèrent la statue de Jón Sigurðsson et le mont Keilir, ils rasèrent les temples de LoveStar dans les grandes métropoles. Ils abattirent les dirigeables et les avions, tombèrent dans les océans, coulèrent les navires, créant des raz-de-marée qui balayaient les villes côtières. Ils détruisirent le quartier général d'ÍSTAR, le centre de gestion des aboyeurs brûla et l'ensemble du genre humain sans fil s'exclama, une unique et dernière fois :

— Gloire à LoveStar !

Tels furent les mots qui sortirent de chaque bouche pendant que les villes brûlaient, que les champs se consumaient, que les océans bouillon- naient et que les montagnes s'arasaient.

Or dans les profondeurs de la vallée d'Öxnadalur, en un coin reculé du parc d'attractions, il y avait une chambre creusée dans la pierre et nichée au fond d'un étroit ravin. De cet endroit, Sigríður et Indriði n'avaient entendu que les battements de cœur et les ronflements du loup, blottis l'un contre l'autre dans son ventre, comme cousus dans une panse de mouton. Et même si la Terre avait tremblé sous l'averse des corps, le tumulte avait été couvert par les ronflements de l'animal. Indriði caressa la poitrine de Sigríður, elle attrapa vigoureusement son membre de ses doigts délicieusement sensibles et le plaça à l'endroit adéquat afin de prolonger encore l'étreinte. C'est ainsi qu'ils s'aimèrent à l'intérieur du loup tandis qu'à l'extérieur, le monde s'effondrait.

FIN DE VOYAGE

Quand Indriði ouvrit le ventre de l'animal le lendemain matin, tout était calme. Dès qu'il eut rampé vers l'extérieur, il constata que la fourrure était couverte de poussière grise et se boucha le nez : l'air empestait l'argent. Il inspecta les environs. La chambre reposait, elle aussi, sous une épaisse couche de poussière atténuant la clarté diurne au point qu'il avait à peine besoin de plisser les yeux pour s'habituer à la lumière. Dehors, on n'entendait rien que des crépitements, accompagnés par le hululement solitaire du vent sur les parois de la montagne. Sigríður pointa sa tête à l'extérieur et fit la grimace.

— Ça sent l'argent, dit-elle en se pinçant les narines.

Indriði ouvrit entièrement la fermeture Éclair. Le loup se réveilla et se mit aussitôt à faire leur toilette avec application tandis que, figés, ils observaient les alentours, s'efforçant de comprendre ce qui s'était passé. Un énorme bloc de basalte barrait l'accès au couloir et la vitre bombée taillée dans la pierre avait explosé. Sigríður enfila ses chaussures et ils sortirent dans le ravin. Dans cette vallée devenue noir charbon, le sol était si chaud qu'il fumait encore, l'herbe et les bruyères étaient calcinées. De la graisse fondue mêlée à du sang coulait dans le lit du ruisseau. Ils avancèrent précautionneusement, comme si la terre n'était plus qu'une fine écorce recouvrant une solfatare. Une aiguille de lave brisée les surplombait, lame acérée montant vers le gris du ciel. Ils se prirent la main sans dire un mot et, parcourant la vallée du regard, ne virent que ruines, désolation et terre brûlée.

Le loup huma l'air et suivit une odeur jusqu'à trouver un cœur qui avait explosé, non loin d'un crâne noirci par le feu. D'un coup de sa patte grise, il poussa la tête qui tomba avec un plouf dans le ruisseau de sang, dévoilant les restes d'un polo jaune.

Sigríður porta la main à son visage et ferma les yeux.

— Partons d'ici, Indriði !

Pétrifié, le jeune homme observait cette tête emportée par le ruisseau. Sigríður pleurait à chaudes larmes, elle hurla, faisant résonner toute la vallée :

— INDRIÐI, PARTONS !

Il prit l'énorme tête du loup entre ses bras et lui murmura à l'oreille :

— Sauve-nous, mon petit loup ! Emporte-nous loin d'ici !

L'animal se mit à plat ventre. Indriði monta sur son dos et Sigríður s'installa derrière lui. Le loup enjamba les blocs de pierre et les moraines, gravit les éboulis glissants jusqu'en haut de la montagne. Sur les sommets face à eux, les flammes des réservoirs à hydrogène alimentant les rampes de tir se consumaient. Derrière les panaches de fumée et de vapeur, le glacier de Myrkárjökull avait disparu. Les corps stockés dans les chambres froides avaient été emportés par les eaux de fonte et reposaient parmi les armatures des dirigeables de LoveMort, les caissons cabossés et les autocars calcinés. Une étoile était suspendue aux vestiges de la muraille de verre. Noire.

Ils prirent la direction des hautes landes, enjambant ravins et failles, cratères et falaises. C'était partout la même désolation et le pays entier sentait l'argent à plein nez. Le loup haletait, langue pendante, sans toutefois ralentir sa course.

Il longea l'autoroute des hautes terres. Indriði et Sigríður fermaient les yeux afin de s'épargner la vision de corps calcinés assis au volant des voitures. Les avions décrivaient cercles après cercles dans le ciel. Ils essayèrent d'attirer l'attention des pilotes en leur adressant des signes, mais les appareils finissaient tous par s'écraser sur la terre, à court de carburant. Le loup traversa la forêt d'acier déformée par la chaleur, là où les lignes à haute tension se rejoignaient. Il sauta par-dessus les fils qui grésillaient et s'enroulaient comme autant de serpents venimeux projetant des étincelles.

Des volutes de fumée s'échappaient de la terre et formaient des nuages noirs qui emplissaient le ciel, comme des baleines aux dents acérées. Lorsqu'ils eurent dépassé une longue crête rocheuse, ils crurent presque que l'une d'elles était tombée du ciel : le glacier s'étendait face à eux, sale et couvert de sable, comme une baleine franche noire dont la nageoire caudale aurait explosé, laissant entrevoir la couche de graisse blanche d'où sourdait une rivière sanglante, brune et bouillonnante.

— C'est toi qui décides, mon petit loup, déclara Indriði en tapotant la fourrure humide de sueur, c'est à toi de voir.

Ils posèrent pied à terre. Le loup les précéda sur le glacier. L'air avait fraîchi. Bien qu'engourdis par la fatigue et tenaillés par la faim, ils ne devaient pas s'arrêter et contournèrent faille après faille. Ils avaient les pieds mouillés. Leurs vêtements n'étaient pas assez chauds. Le loup se coucha au sommet du glacier, refusant d'aller plus loin, et Indriði s'allongea à ses côtés.

— Sigríður, c'est sans espoir, autant mourir ici, dit-il.

La jeune femme ne vint pas le rejoindre. Debout dans le vent glacial, frissonnante, elle scrutait les alentours et aperçut une forme à proximité. En plissant les yeux, elle reconnut une main. Elle s'approcha. Un vieillard gelé gisait sur la glace, le corps brisé, le crâne défoncé, les yeux grands ouverts.

— J'ai trouvé un homme, cria-t-elle.

— Laisse-le tranquille, répondit Indriði en pleurant. Il n'y a plus rien qui soit vivant, ça ne sert à rien.

Elle s'agenouilla à côté du corps et ouvrit la main blanche du défunt. Apparut alors une petite graine. Verte.

— Indriði, j'ai trouvé une graine !

Elle la retira doucement de la paume de l'homme et, en levant les yeux, aperçut un rai de lumière à la limite du glacier. Son cœur s'emplit aussitôt d'espoir.

— Indriði, viens !

Elle lui prit le bras, l'obligea à se lever et le loup marcha à leur suite en traînant la patte. La graine au creux de la main, elle conduisit l'expédition à travers le désert blanc en direction de la lumière. Au fur et à mesure qu'ils approchaient, la glace redevenait sale et se couvrait de sable. Enfin, ils virent un rayon de soleil illuminer une petite vallée bien verte, encerclée de névés immaculés. Des nuages dissimulaient les sommets alentour, mais le ciel au-dessus du petit val était limpide. Sigríður huma l'air.

— Ici, on ne sent plus l'odeur de l'argent, dit-elle.

En descendant, ils découvrirent un hélicoptère accidenté à bord duquel reposaient deux hommes défunts, comme deux oisillons abandonnés dans leur nid. Ils longèrent le câble d'acier qui partait de l'appareil et gravirent la colline tapissée d'herbe au sommet de laquelle ils trouvèrent une porte. Ils l'ouvrirent, regardèrent à l'intérieur. La clarté entrait par un puits de lumière et par un parchemin translucide, déchiré, qui faisait office de vitre comme dans les fermes en tourbe d'autrefois. La maison était déserte, mais les lits étaient faits. Tenaillé par la faim, Indriði chercha partout quelque chose à manger, en vain. L'une des pièces abritait une foule de caisses marquées au sceau du Musée national. Ils en ouvrirent une, remplie d'épées.

Le loup hurlait à la mort tant il était affamé et Sigríður caressait sa fourrure pour le calmer. Indriði sortit, armé d'une épée et une vieille marmite à la main. Il découpa les deux infortunés à l'intérieur de l'hélicoptère, mit la viande à bouillir, la hacha et en fit de petits paquets qu'il plaça dans le ventre du loup. Le soir même, du lait se mit à goutter des mamelles de l'animal.

— Miam… Du miel…, murmuraient deux voix dans la nuit.

Le lendemain, Sigríður sortit devant la ferme, une écuelle en bois à la main. Elle la remplit de terre et y enfonça doucement la graine avant de tapoter la surface pour la tasser un peu. Elle entendit alors le cri d'un oiseau dans le ciel.

Une sterne arctique ? pensa-t-elle.

Elle appela Indriði qui sortit aussitôt et tous deux observèrent la nuée blanche qui traversait la vallée comme un voile de brume. Bientôt, les lieux furent emplis d'oiseaux.

— Des sternes, dit Indriði, ce n'est donc pas la fin du monde.

L'écuelle à la main, Sigríður regardait les empreintes que ses doigts avaient déposées sur la terre.

Graine devient arbre.

11810

Composition
NORD COMPO

Achevé d'imprimer en Slovaquie
par Novoprint SK
le 22 août 2017.

1er dépôt légal dans la collection : avril 2017
EAN 9782290142998
OTP L21EPGN000625B003

ÉDITIONS J'AI LU
87, quai Panhard-et-Levassor, 75013 Paris

Diffusion France et étranger : Flammarion